아이의 생각은

어떻게 만들어지는가?

THE INTELLECTUAL LIVES OF CHILDREN
by Susan Engel

생각 메커니즘의 이해

아이의 생각은 어떻게 만들어지는가?

수전 엥겔 지음 | 허성심 옮김

EBS BOOKS

일러두기

- 본문의 괄호 중 이해를 돕기 위해 옮긴이가 덧붙인 내용에는 '-옮긴이'로 표시했다.
- 인명, 지명 등 외국어의 우리말 표기는 국립국어원 외래어 표기법을 따르되, 일부 예외를 두었다.
- 미주는 저자의 것이며 원문 그대로 달았다.
- 찾아보기는 한국어판 편집자가 별도로 작업했다.
- 일러스트는 한국어판에만 구성된 것이다.

헨리와 리나에게

차례

들어가며

어머니는 성격이 느긋하고 너그러웠다. 어떤 사람들은 무신경하다고 말할지도 모르겠다. 하지만 그런 어머니였기에 여덟 살 나에게 중요한 가게 두 곳에서 어머니 앞으로 외상을 달아놓고 이용할 수 있다고 알려줬을 것이다. 한 가게는 우리 가족이 사는 농가 마을에 있는 길 아래쪽 작은 잡화점이었다. 자전거로 4분이면 갈 수 있었다. 감자밭과 돼지우리, 마을 광장, 묘지, 헬렌 할머니가 사는 농가를 지나면 드디어 사가포낙 잡화점이 나왔다. 참 다행인 것은 내가 1학년으로 다니고 있는 빨간색 널빤지 지붕의 교실 한 칸짜리 학교 건물에서 멀리 떨어지지 않은 곳에 가게가 있다는 것이었다. 나는 자전거를 타고 통학하고 있었다. 가게에는 달걀, 우유, 베이컨, 빵, 세제, 일회용 기저귀, 볼로냐소시지, 겨자, 감자튀김을 포함해 이것저것 많이 팔고 있었다. 게다가 우체국도 겸하고 있었다. 아버지와 아들이 가게를 운영하고 있었는데, 그들은 우체국 직원 겸 가게 점원인 셈이었다. 하지만 나에게 중요한 것은 오로지 우아하고 높은 둥근 유리 덮개가 덮인 페니 캔디(penny candy, 하나씩 개별 포장해 싼값에 파는 사탕-옮긴이) 판매대뿐이었다. 사탕 판매대 앞에 서서 원하는 사탕을 가리키면 리 힐드레스 아저씨나 메랄이 판매대 안쪽에서 손을 집어넣어 꺼내주곤 했다. 리 아저씨는 내가 그 당시에 생각했던 만큼 실제로 늙은 것은 아니었지만 어쨌든 늙고 성마르고 괴팍한 사람이었다. 하지만 아들 메랄은 마음이 너그럽고 유쾌했다. 그래서 우리는 물건을 고를 때 항상 메랄이 와서 도와줬으면 바랐다. 가게가 학교 가까이에 있어서 나에게는 얼마나 고마운 일이었는지 모른다. 점심시간이 되면 친구들과 함께 자전거를 타고 와서 사탕을 사고 오후 수업이 시작되기 전에 재빨리 학교로 돌아갈 수 있었다. 나는 그 누구보다 운이 좋은 아이였다. 다른 아이들은 10센트 동전과 25센트 동전들을 들고 왔지만(그 정도 동전이면 카우테일즈 캐러멜, 빨간 감초 사탕, 투시롤 사탕, 히스 초콜릿 바를 꽤 많이 살 수 있었다) 나는 그냥 메랄이나 리 아저씨에게 부모님 외상 장부에 달아두라고 하면 되었다. 그렇다고 다른 애들보다 더 많이 사지는 않았다. 나는 그냥 사탕 자체에 더 많이 빠져 있었다. 다양한 종류의 사탕을 먹는 것도 행복했지만 사탕에 관한 모든 세세한 사항을 암기하는 것도 재미있었다. 지금도 사탕에 관한 한 백과사전 못지않게 다양한 지식을 알고 있다.

원하는 것을 살 수 있도록 어머니가 허락한 곳은 사가포낙 잡화점 하나가 아니었다. 그곳까지 가는 것은 조금 더 어려웠지만, 훨씬 더 멋진 곳이 있었다. 그것은 사우샘프턴의 큰 번화가에 있는 킨 아저씨 책방이었다. 집에서 자동차로 20분 거리였다. 아홉 살 때부터 열여섯 살까지 나는 토요일에 사우샘프턴으로 친구들을 만나러 자주 나갔다. 몇 시간 동안 재밌게 놀다 오라고 어머니가 차로 데려다 주곤 했다. 가장 자주 만난 아이는 미켈레 바라디언이었다. 부모님이 사우샘프턴 시내에서 세탁소를 운영하고 있어서 미켈레는 보통 내가 도착하기 전에 먼저 시내에 와 있었다. 미켈레는 엄마에게 10달러를 받곤 했는데, 내가 보기에는 엄청나게 큰돈이었다. 그 애는 대개 아주 작은 유리 동물 모형을 샀다. 우리는 함께 십앤소다라는 간이식당에 가서 라임 에이드와 햄버거를 주문하곤 했다. 내 주머니 사정이 더 빡빡했기 때문에 가끔 미켈레가 점심을 사 주었다. 나는 어머니에게 3달러를 받았는데, 그것으로는 좋아하는 장식 소품과 간식을 다 살 수 없었다. 점심을 먹은 후 우리는 킨 아저씨 책방으로 가곤 했다. 그곳에서 나는 완전히 열중할 수 있었다. 내가 기억하는 킨 아저씨는 얼굴에 얽은 자국이 있고 피부가 붉고 처져 있었다. 옆으로 누인 성근 흰머리는 낡은 스웨터처럼 머리를 덮고 있었다. 아저씨는 볼품없이 절뚝거리며 걸었고 목소리가 걸걸했다. 당시에는 가게 안에서 흡연이 허용되었는데, 아저씨는 분명 담배를 피웠을 것이다. 그는 애서가로 잘 알려졌지만 화를 잘 내는 사람으로도 유명했다. 하지만 나에게는 그러지 않았다. 책방을 사랑하는 나를 보면서 킨 아저씨도 기분이 좋았을 것이다. 나는 책방에 들어설 때마다 사람들이 포르노 가게에 들어갈 때 느끼는 죄의식 뒤섞인 흥분을 기대하곤 했다. 책방에 들어서면 『낸시 드류Nancy Drew』, 『셋방살이 요정The Borrowers』, 『어린 왕자』 같은 어린이 소설 코너로 곧장 갔다. 신나는 일이 많이 있었던 날에는 『나니아 연대기』 전집이 있는 선반으로 향했다. 킨 아저씨는 보통 나 혼자 책을 찾게 놔두었다. 그러고 나서 내가 마치 어른 손님인 것처럼 내 손에 든 책의 제목과 저자와 가격을 장부에 적고 우리 어머니 외상 계산서에 달아놓았다. 내 기억으로는 어머니가 책을 사지 말라고 한 적은 없었던 것 같다. 유명 영화배우를 주제로 만든 크고 화려하고 두툼한 양장본 화보를 좋아하게 되었을 때도 사지 말라고 말하지는 않았다. 그때 화보가 한 권에 18달러였던 것으로 기억하는데, 거의 해마다 가족 여행을 가고 넓은 집에 사는 우리 가족에게도 절대 싼 가격이 아니었다.

나 참, 어떻게 그런 책을 간절히 갖고 싶어 했던 거지. 헤디 라마Hedy Lamarr, 마를레네 디트리히Marlene Dietrich, 그레타 가르보Greta Garbo, 열한 살 내 인생의 최고의 사랑 클라크 게이블Clark Gable을 포함해 모두 다 나열하지 못할 만큼 많은 배우가 한 권에 한 명씩 소개되어 있었다. 하지만 그 책들을 한꺼번에 다 사겠다고 골라 오지는 않았다. 아마 나는 어머니가 한도를 정해놓으리라는 것을 알고 있었던 것 같다. 그래서 일단 한 권을 선택해서 토요일마다 보고 또 보면서 갖고 싶다는 마음만 유지했다. 그러다가 어느 정도 시간이 지나서 이젠 살 준비가 되었다고, 즉 허락을 받았다고 생각되면 그때 책을 샀다. 그 과정은 다음 책을 살 때마다 반복되었다. 킨 아저씨는 한 번에 몇 권만 선반에 갖다 놓고 있었던 게 분명했다. 몇 달이 지나도 나를 유혹하는 새 책이 없을 때가 많았다. 나는 미켈레와 함께 책방 안을 이리저리 돌아다녔다. 다른 코너의 책을 훑어보는 것만으로도 더없이 행복했다. 그러면 킨 아저씨가 다가와서 걸걸한 목소리로 퉁

명스럽게, 아니 내가 듣기에는 수줍은 듯이 말했다. "수지야. 새 책이 들어왔어. 이리 와서 봐봐." 그러면서 서점 바닥 자리를 거의 다 차지한 채 어지럽게 쌓아 올린 책 더미에서 내가 본 적 없는 책을 꺼내줬다. 어떤 날은 매릴린 먼로Marilyn Monroe였고, 어떤 날은 리타 헤이워스Rita Hayworth, 또 어떤 날은 게리 쿠퍼Gary Cooper였다. 나는 천천히 책장을 넘기면서 새로 반하게 된 할리우드 스타들의 멋진 흑백사진에 경탄하면서 잠시 이 새로운 보물에 군침을 흘렸다. 화보집에는 사진만 담겨 있는 것이 아니었다. 어디에서 자랐고 유년 시절은 어땠고 처음 맡은 배역은 어땠는지에 관한 정보와 이야기들도 실려 있었다. 스타의 개인적 신상에 관한 이야기는 아무리 읽어도 질리지 않았다. 마음대로 책을 살 수 있었기 때문에 결국 두툼하고 매혹적인 화보들을 수집할 수 있었다. 나는 사진뿐만 아니라 글을 자세히 읽어보려고 몇 번이고 쌓아놓은 그 책들을 다시 펼쳐보곤 했다. 어떤 때는 배우의 성장 배경에 관심을 두고 책을 다시 읽었고, 어떤 때는 결혼 같은 특정 정보에 초점을 두고 읽었다. 배우들이 어디에 살았었는지도 모두 암기하고 다녔다. 나는 다양한 도식을 사용해 정보를 정리했고 놀라울 정도로 밀도 있는 지식의 네트워크를 만들었다. 심지어 배우들의 가장 추잡한 일화를 정리해두기도 했다. 한번은 진 할로Jean Harlow의 첫 번째 남편이 폭력적이었다는 이야기에 큰 충격을 받고 온통 그것에 사로잡혀 있었다. 소파에서 큰대자로 누워 있거나 집 앞의 풀밭을 뛰어다니거나 부모님이 없을 때 나를 돌봐주는 돌보미 이모에게 작별인사를 하면서도 머릿속은 온통 그 생각뿐이라는 것을 분명 아무도 몰랐을 것이다.

어른들은 대개 아이들이 어떤 생각에 사로잡혀 있는지 주의 깊게 살피지 않는다. 그러나 살펴야 한다. 어린 시절 지적 탐색의 시작은 나중에 더 강력하고 더 완성된 생각을 형성하기 위한 첫걸음이다. 게다가 어렸을 때 정보를 수집하고 재수집하는 방식은 어른이 되었을 때 생각을 조합하는 방식을 좌우할 수 있다. 밥 컨스Bob Kearns의 예를 들어보자. 40대 초반이던 밥은 어느 날 고향 디트로이트에서 운전하고 가다가 빨간 신호등 앞에 멈춰 섰다. 비가 살짝 내리기 시작하자 와이퍼를 켰다. 그러나 와이퍼 작동 스위치는 두 가지 선택만 가능했다. 하나는 일반적으로 비가 내릴 때 사용하는 것이고, 다른 하나는 폭우가 쏟아질 때 사용하는 고속 스위치다. 그의 자동차 앞 유리에 간간이 맺히는 비처럼 보슬비가 내리는 날에 와이퍼를 켜면 끼익 소리를 내면서 힘들게 움직였다. 그것이 앞을 보기 더 어렵게 만들었다. 게다가 밥은 한쪽 시력이 온전치 않았다. 몇 년 전 결혼식 날 밤 샴페인을 따다가 얼굴에 코르크 마개를 직격으로 맞았다. 마개가 눈꺼풀을 강타했고 반사적으로 눈을 깜박거렸다. 그마저 하지 않았더라면 시력을 완전히 잃을 수도 있었다. 빗속에서 빨간 신호등 앞에 대기하면서 밥은 결혼식 날 밤에 일어난 일을 떠올렸다. 그리고 혼잣말했다. "왜 와이퍼는 인간의 눈처럼 작동하지 못할까?" 뜻밖에 터져 나온 그 질문을 계기로 컨스는 지금은 아주 흔해서 우리 모두 아무 생각 없이 사용하고 있는 장치를 발명하게 되었다. 바로 간헐적 와이퍼 작동 스위치다. 새로운 와이퍼 스위치의 발명으로 그는 수백만 달러를 벌었다. 자동차 업계는 훨씬 더 많은 돈을 벌었다. 오늘날 자동차를 구매하려는 사람들은 간헐적 와이퍼 작동 스위치가 없는 자동차는 생각도 하지 않는다. 저널리스트 조시 시브룩 Josh Seabrook은 밥 컨스에 대한 글에서 그의 아이디어를 '번뜩이는 천재성'이라고 묘사했다.[1] 그러나 천재들만 기발한 생각을 해낼 수 있는 것은 아니다. 누구나 그런 생각을 할 수 있다. 생각의 형태와 규모는 매우 다양하다. 그리고 꼭 순간적으로 떠오르는 것도 아니다. 생각이란 지식을 수집하고 정리하는 과정이 정점에 이르렀을 때 맺어지는 결실이다. 며칠, 몇 주 또는 몇 년 동안 어떤 문제나 가능성에 대해 생각하고 머릿속 퍼즐의 조각들을 재배열하고 지적 계획을 개선한 끝에 얻어지는 결과이다. 그런 생각을 하는 데 필요한 기량과 기질은 수년 전에, 즉 아주 어릴 때 뿌리내리기 시작한다.

그때는 몰랐지만 사실 할리우드 스타들에 관한 화려한 양장본 화보 수집이 나의 첫 지적 프로젝트 중 하나였다. 특별한 목적이 따로 있는 프로젝트는 아니었다. 계속해서 정보를 분류하고 정리하고 그것에 대해 곰곰이 생각하면서도 어떤 특정 용도로 사용해야지 하는 의도가 있는 게 아니었다. 영화배우들에 대한 특정 질문의 답을 찾으려 하지도 않았고, 멋진 여자배우나 남자배우들을 모방하고 싶은 것은 더욱더 아니었다. 사실 배우 중에는 조금 구역질이 나는 사람들도 많았다. 느끼하지만 계속 먹고 싶은 네온 핑크 플레이크로 뒤덮인 호스티스 스노우볼 빵과 비슷하다고나 할까. 스크랩북이나 연극 또는 콜라주 같은 내가 만들거나 하고 싶은 것을 위해 자료를 수집하고 있는 것도 아니었다. 학교에서 써먹을 수 있는 새로운 지식을 배우고 있는 것도 확실히 아니었다.

사실 나는 순전히 수집의 즐거움 때문에 수집했다. 나는 지적 탐닉을 즐기는 아이였다. 그러나 모든 아이가 나처럼 가볍지는 않다. 어떤 아이들은 진지한 관심사를 가지고 있다. 보얀 슬랫Boyan Slat(해양 쓰레기를 줄이기 위한 비영리 환경단체 오션클린업을 창시한 네덜란드 청년 사업가-옮긴이)은 고작 십 대 청소년이었을 때 매우 걱정스러운 일을 알게 되었다. 그것은 해마다 수억 톤의 플라스틱이 세상에서 생산되고 있고 그중 상당한 양이 결국에는 강과 호수, 바다로 흘러든다는 사실이었다. 슬랫은 자신이 살아가는 동안 바다에 얼마나 많은 플라스틱 쓰레기가 쌓이고 바다가 얼마나 심각하게 파괴될지 보여주는 현 추세에 소름이 돋았다. 더 심각한 것은 이 문제를 제기했을 때 어른들이 보여준 반응이었다. 심지어 과학자와 환경운동가 모두 뾰족한 수가 없다면서 슬랫의 말을 무시했다. 슬랫은 열여덟 살에 스쿠버다이빙을 하러 그리스로 여행 갈 기회가 있었다. 바로 그때 해양 쓰레기 문제가 슬랫에게 매우 현실적인 문제로 다가왔다. 오리발을 신고 바닷속을 헤엄치면서 해양생물보다 플라스틱 쓰레기가 훨씬 더 많이 떠다니는 것을 목격했다. 바다는 말 그대로 쓰레기로 넘쳐나고 있었다. 그러나 어둡고 깊은 바닷속에서 해류에 몸을 맡기고 있을 때 슬랫은 문제만 생생하게 느낀 게 아니었다. 가능한 해결방법도 함께 떠올랐다.

> 나는 궁금했다. 바닷물이 흘러 우리를 통과해 지나갈 수 있다면 왜 우리가 바다를 헤치며 다녀야 할까? 플라스틱 쓰레기를 찾아다니는 대신에 별도의 에너지를 쓸 필요 없이 그냥 플라스틱이 해류를 따라 휩쓸려 오는 것을 기다릴 수 있지 않은가. 우선 죽 늘어놓은 부유물 울타리로 쓰레기를 잡아 한곳으로 모아놓고, 나중에 플랫폼으로 플라스틱을 효율적으로 수거할 수 있게 하는 것이다. 해양생물은 해류를 따라 울타리 아래로 통과할 수 있으므로 의도하지 않게 잡히는 것을 막을 수 있다. 명쾌한 아이디어가 아닌가. 그러나 TEDx델프트(네덜란드 서부 도시 델프트에서 열리는 TED의 지역 강연회-옮긴이)에서 발표하라는 요청을 받았을 때만 하더라도 이것은 그냥 머릿속 생각에 불과했다.[2]

문제를 포착하고 새로운 해결책을 생각해내는 슬랫의 능력은 청소년기에 접어들어 갑자기 하늘에서 뚝 떨어진 게 아니었다. 그는 오래전부터 여러 다른 문제의 해결방법을 생각했다. 외동이었던 슬랫은 혼자 몇 시간 동안 무엇인가를 만들고 발명하면서 보내곤 했다. 나무로 물건을 만들거나 집 주변에서 구할 수 있는 일상적인 재료로 장치를 조립하는 것을 무척 좋아했다. 고작해야 네 살이었을 때부터 의자를 만들었고, 더 커서는 집라인(zip-line, 두 기둥 사이 줄로 연결해서 도르래로 이동하는 장치-옮긴이)을 갖춘 나무 집을 직접 지었다. 그의 발명 활동은 머릿속에서 흥미로운 도전으로 연결되었다. 열여섯 살에는 한 번에 발사할 수 있는 물로켓 개수 세계기록을 깨기 위해 도전하기로 했다. 그리고 마침내 동시에 213개를 발사해 기네스북에 올랐다. 슬랫은 언론의 관심과 어른들의 감탄을 받는 대상이 되었다. 기네스북 기록뿐 아니라 TED 강연회에서 갈채를 받은 연설은 슬랫의 대단한 의욕과 지적 능력, 기업가 활동에 대한 흥미를 고스란히 보여주고 있다. 게다가 길게 늘어진 머리카락과 자기 생각을 발표하는 스타일, 네덜란드 억양으로 말하는 아름다운 영어도 매력적이었다. 그러나 슬랫을 뛰어난 청년으로 보이게 하는 이런 특징들이 그에 관한 가장 흥미롭고 가장 중요한 사실을 가리고 있다. 슬랫이 아장아장 걸어 다니는 활달한 아기에서 환경기업가로 변신할 수 있었던 것은 다뤄야 할 문제를 찾고 그 해결방법을 고안해내는 노력을 했기 때문이다. 어릴 때의 관심사나 놀이 주제가 어른이 되었을 때 획기적인 생각의 전조가 되는 것은 아니다. 슬랫은 열여덟 살이 되기 전까지 해양 오염에 관해 한 번도 생각해본 적이 없었을 것이다. 아마 밥 컨스도 어렸을 때 자동차 와이퍼에 관심이 없었을 것이다. 그들이 어렸을 적에 마음을 사로잡은 것이 그런 생각을 해내는 데 필요한 과정이 된 것이었다.

유난히 똑똑하거나 자신감이 넘치거나 생각을 소중하게 여기는 가정환경에서 자란 아이들이 있을 것이다. 슬랫처럼 이런 혜택을 모두 누리는 아이도 있다. 하지만 대부분은 그러지 못하다. 대다수 아이는 당연히 아이큐가 85에서 115 사이인 평범한 지능을 가지고 있고 동기 수준도 보통이다. 어른들이 생각이나 혁신에 대해 말할 때 그 논의에 참여할 수 있는 아이들은 비교적 적고, 자신의 지적 체계나 사색에 대해 상세히 설명하도록 요구받는 아이들은 더 적다. 그러나 걸음마기 유아나 취학 전 아동이 생각을 추구하는 어린이나 어른으로 성장하기 위해 반드시 뛰어난 능력과 특별한 기회가 필요한 것은 아니다. 그보다 더 중요한 것은 순전히 아이 스스로 또는 주변의 권유로 사색에 투입하는 시간과 관심이다. 아이들은 누구나 생각하는 일이 찰흙으로 만들기 하는 것만큼 실질적이고 쉽고 매력적인 일임을 배울 수 있다. 주제가 사탕이든 영화배우든 바다이든 간에 정보를 모으는 기회가 출발점이 된다. 그리고 그것은 부엌과 보도블록 그리고 유치원에서 시작된다.

평범한 시선 속에 감춰져 있는 것

아이들이 분주하게 정보를 수집하고 사물에 대해 곰곰이 생각하고 세상에 대해 사색하는 동안 주변 어른들은 이처럼 아이에게 일어나는 정신 활동을 대부분 의식하지 못한다. 어른들은 대개 아이들을 아무 생각이 없는 존재처럼 취급한다. 아이들이 바른 행동을 배우고 있는지, 기술과 정보를 획득하고 있는지, 행복하다고 느끼는지에는 초점을 두면서도 어떤 생각을 하고 어떤 문제에 호기심을 느끼는지는 거의 고려하지 않는다.

미국의 아무 학교를 찾아가서 20분만 지켜본다면 교육제도가 아이들의 지적인 삶에 얼마나 관심 없는지 분명히 알 수 있다. 이것은 매우 아이러니한 상황이다. 인간은 가지고 있는 생각에 의해 그 존재가 정의되고 형성되기 때문이다. 분수식 치아 세척기와 콘택트렌즈 그리고 문자 메시지는 많은 사람의 삶을 훨씬 더 나아지게 했다. 그것은 심리치료, 페미니즘, 농구, 숫자 0의 개념, 사회보장제도, 프라이스 방정식(미국 개체유전학자 조지 R. 프라이스가 발견한, 어떤 특성이 부모에서 자손 세대로 넘어오면서 자연선택과 유전자 전달로 어떻게 변화하는가를 표현한 획기적인 방정식-옮긴이)도 마찬가지다.

어떤 생각은 문제를 해결하지만, 또 어떤 생각은 현상을 설명한다. 예를 들어 1976년 생물학자 리처드 도킨스Richard Dawkins는 자연선택설에 관한 자신의 관점을 제시하는『이기적 유전자』를 출판했다. 이 책은 유기체가 아닌 유전자가 어떻게 스스로 복제해서 온갖 종류의 행동뿐만 아니라 팔다리 길이, 눈 색깔, 사냥 방법, 짝짓기 의식, 입맛 등 무수히 많은 특성을 생성하는지 설명하고 있다. 도킨스는 단순히 다윈의 진화론을 요약하지 않았다. 그는 새로운 생각을 내놓았다. 도킨스 열풍은 들불처럼 번져나갔다. 도킨스는 유전자로 설명할 수 없고 어쩌면 인간 생물학에 뿌리를 두고 있지 않은 매우 다양한 행동 유사성에 매료되었다. 예를 들어 왜 매우 많은 사람이 하나같이 어빙 벌린Irving Berlin의 〈생일 축하합니다〉 노래를 부르고, 넥타이를 매고, 새로운 사람을 만나면 악수를 하는 것일까? 이런 종류의 물려받은 행동은 시간이 흐르면서 조금씩 바뀔 수 있고 결국에는 다른 것에 의해 교체될 수 있다. 그런 행동들은 자기 복제를 하고, 우연한 돌연변이와 더 넓은 환경의 선택적 압력에 의해 변하는 유전자와 같은 패턴을 따른다고 도킨스는 주장했다. 그는 이와 같은 성질을 지닌 행동을 '밈meme'이라 불렀다. 즉, 유전자에 대응되는 문화적 복제자라 할 수 있다.[3] 도킨스의 생각은 그 영향력이 그야말로 엄청나다. 40세 미만의 사람 중 아무나 붙잡고 밈에 관해 말해달라고 해보자. 그들은 망설임 없이 소셜미디어에서 입소문이 난 사진이나 영상을 언급할 것이다. 유전자는 생물학적 변화를 이끌고 밈은 문화적 변화를 이끈다는 도킨스의 주장이 그 어느 때보다 더 적절한 시대가 되었다. 그러나 밈의 개념을 처음 만들었을 때 도킨스는 정확하게 어떤 문제를 해결할 것이라 기대하지 않았다. 단지 유전자에 의해 발생할 수 없는 행동이 어떻게 전파되는 것인지 설명하고 싶었다. 사람들은 질병, 불평등, 비효율성, 지루함 등과 같은 문제를 해결하기 위해 아이디어를 생각해내지만 잘 이해되지 않는 현상을 설명할 목적으로 어떤 생각을 해낼 때도 그에 못지않게 많다.

노벨 경제학상을 수상한 대니얼 카너먼Daniel Kahneman의 의사결정에 관한 연구는 "사람들이 좋은 결정을 할 수 있는 필요한 정보가 바로 앞에 있을 때도 왜 그렇게 자주 나쁜 결정을 내릴까?"라는 문제 인식에서 출발했다.[4] 레온 페스팅거Leon Festinger 역시 사람들이 믿음이 틀렸다는 명백한 증거가 있는데도 종종 그 믿음을 고집하는 이유를 이해하기 위해 '인지부조화cognitive dissonance'라는 개념을 만들었다.[5] 클로드 스틸Claude Steele은 지능검사에서 흑인 학생들의 당혹스럽게 낮은 성적 패턴은 '고정 관념의 위협'으로 설명할 수 있음을 통찰을 통해 알아냈다.[6] 이 세 경우 모두 새로운 생각으로 그전까지 전혀 이해되지 않던 것을 쉽게 이해하도록 만들었다. 종종 이런 이론들은 매우 강력하고 전파력이 강해서 심지어 이제 더는 하나의 새로운 생각으로 인식되지 않는다. 한 예로 저널리스트 스티븐 멧칼프 Stephen Metcalf는 신자유주의를 가리켜 '세계를 집어삼킨 관념'이라고 표현했다. 그는 신자유주의가 우리 일상의 무수히 많은 모습을 형성하고 있는데도 우리는 그것을 알아차리지도 못하고 있다고 주장했다.[7] 우리의 일상생활은 낡은 생각이든 새로운 생각이든 '생각'에 기초하고 있다.

당연히 모든 생각이 다 좋은 것은 아니다. 때로 효과가 없거나 현상을 적절히 설명하지 못하는 나쁜 생각도 많다. 또 어떤 경우에 생각을 통해 문제가 해결되기보다 그 생각으로 인해 생기는 문제가 더 심각할 때도 있다. 대표적인 예가 감옥 제도, 크린랩 같은 식품 포장용 랩, 낙수효과(trickle-down economics, 대기업이나 고소득층의 경제 활동 성과가 늘어나면 경기가 부양되어 전체 소득이 늘고 저소득층까지 혜택이 돌아간다고 보는 이론-옮긴이)일 것이다. 그러나 나는 이 책에서 좋은 생각과 나쁜 생각을 비교하려는 게 아니다. 이 책은 우리가 어떤 생각을 하게 되는 과정에 관한 책이다. 그 과정은 생각을 통해 산출해낸 어떤 특정한 개념의 장점이나 단점보다 더 중요하고 심리적으로도 더 흥미롭다. 아이디어는 그것이 건강 보험이나 민주주의, 마이크로플레인(레몬 껍질을 벗길 때나 치즈처럼 단단한 식자재를 갈 때 사용하는 강판

상표명-옮긴이) 또는 그 무엇이 되었든 간에 한 개인이 깨어 있는 시간 동안 바닷물처럼 불규칙하게 계속 밀려왔다 밀려갔다 하는 정신 과정의 최종 산물이다. 식료품을 새로운 방식으로 정리하기, 더 좋은 대통령 선거 방법, 왜 모든 집에 말썽꾼이 한 명씩은 있을까 하는 새로운 통찰 등 누구나 이따금 어떤 생각을 해낸다. 여덟 살쯤 되면 거의 모든 아이가 생각을 만들어내는 데 필요한 요소들을 습득한다. 그런데 열 살이 되면 생각을 지어내는 아이들은 점점 줄어든다. 유치원부터 시작된 거의 모든 공립학교 교실에서의 활동 모음집이 그것을 증명해줄 것이다. 학생들이 특정 기술을 연마하고 어떤 사실을 습득하고 있는 증거는 많이 찾을 수 있다. 그러나 아이들에게 자신의 독창적인 생각을 추구하거나 그들의 마음을 사로잡는 기존의 생각을 조사할 수 있는 시간과 지원 그리고 안내가 제공되고 있다는 증거는 전혀 찾을 수 없을 것이다. 이 책에서 우리는 생각을 추구하는 과정이 어떻게 전개되고, 그것이 왜 중요한지 이야기할 것이다.

나는 평생 아이들을 관찰하면서 아이들 머릿속에서 어떤 일이 벌어지고 있는지 알아내려고 노력해왔다. 나 역시 세 자녀를 둔 엄마이다. 그래서 처음부터 어린아이들이 어떻게 놀고 어떻게 감정을 표현하고 어떻게 이야기를 지어내는지에 대해 연구할 게 많다는 생각이 들었다. 나는 오랫동안 아이들의 반응과 질문에 관심을 두고 있었다. 그러나 50대에 들어서야 아이들도 자기 생각을 추구한다는 사실을 깨닫게 되었다. 그 계기가 된 두 가지 사건이 있다.

첫째 사건은 아동의 호기심에 관한 연구를 하고 있을 때 일어난 것이다. 아이들의 탐색을 다룬 거의 모든 기존 연구는 아이가 브로콜리 위로 꿈틀거리며 기어가는 벌레에 놀라거나, 베인 상처에 생긴 딱지에 호기심을 느끼거나, 밤이 되면 왜 태양이 사라지는지 이해하지 못할 때처럼 단일 순간에 초점을 두고 있다. 호기심에 관한 실험들은 어떤 현상에 관한 단기적이고 상황적 견해를 반영하고 있었다. 연구자들은 이상한 물건이 담긴 상자를 내밀거나 이전에 본 적 없는 것을 짧은 영상으로 보여줘서 아이를 깜짝 놀라게 한 후에 아이가 어떤 반응을 보이는지 관찰했다.[8] 결과적으로 아이들의 호기심은 항상 순간적이고 오직 바로 그때 그 자리에서 발생하고 있는 것에 의해서 자극된다고 보는 설명 모델이 개발되었다. 그러나 내가 관찰한 것들은 완전히 다른 것을 암시했다. 나는 끈질기게 특정 주제에 관해 더 많은 정보를 좇는 아이들에게 계속 주목했다. 때때로 아이들 탐색의 초점은 트럭, 개구리, 공주와 같이 물리적인 것에 있었다. 그러나 아이들은 때때로 공손함, 존재, 힘과 같이 추상적인 것에 관심을 쏟기도 했다. 내가 보기에 아이들은 몇 가지 중요한 질문을 머릿속에 가지고 있는 듯했다. 다만 우리가 그 질문이나 답을 찾으려는 아이들의 노력에 별로 신경을 쓰지 않았던 것 같았다.

호기심에 관한 연구를 수행하던 같은 시기에 나는 교육에 관한 연구를 하기 위해 몇몇 학교를 방문했다. 그곳에서 어린 학생들과 학부모, 교사, 행정가들을 관찰하면서 많은 시간을 보냈다. 나는 사람들이 말해주는 다양한 주제의 이야기에 귀를 기울였다. 그러다가 어느 순간 어른들이 전혀 언급하지 않은 한 가지가 있다는 점에 주목하기 시작했다. 그것은 다름 아닌 아이들의 생각이었다. 교사들은 학생들의 가정생활과 건강 문제에 관한 이야기를 해줬고, 아이들의 자제력과 시험 점수, 정신 건강과 학습 의욕을 높이기 위해 많은 시간과 노력을 쏟아붓고 있었다. 어떤 학생이 성적이 좋고, 어떤 학생이 문제를 일으킬 소지가 있는지도 말해줬다. 그러나 나는 어느 교사에게서도 학생들이 어떤 주제에 대해 무슨 생각을 하는지를 듣지 못했다. 나는 어린아이나 고학년 아이들의 생각을 다룬 최근 교육 기사도 찾아보았다. 그러나 아무것도 찾을 수 없었다. 나는 그제야 어른들이 아이들의 지적인 삶에 대해 대체로 인지하지 못하고 있음을 깨닫기 시작했다.

어른들이 아이들의 지적 능력을 깨닫지 못하는 이 같은 현실은 참 이해하기 어렵다. 어른들은 고등학생이 된 아이에게 전쟁, 진화, 평균으로의 회귀 같은 개념을 설명하라고 요구하지 않는가. 심지어 어떤 교사들은 학생들에게 역사, 문학, 과학, 수학에 관한 자기만의 생각을 발전시키라고 요구한다. 어른들은 아이가 고등학교 건물로 들어서면 마치 마법처럼 갑자기 생각을 추구할 수 있는 능력을 갖추게 된다고 믿는 것 같다. 말도 안 되는 소리다. 우리는 아이들이 어릴 적에 어떤 생각을 하는지 알아야 하지 않을까? 그러고 나서 그런 지적인 활동에 불을 지펴줄 경험이 무엇인지 확인하는 것이 현명하지 않을까? 다행히 심리학자들이 아이들의 지적인 삶을 조명할 수 있는 많은 자료를 이미 수집해놓았다. 과거의 연구 자료를 오직 새로운 방식으로 조합하기만 하면 된다. 이 책은 어린아이들의 머릿속에 어떤 일이 벌어지는지에 관한 이야기다. 그리고 아이들이 성장하면서 더 많은 생각과 더 강력한 생각을 해낼 수 있도록 이끄는 대화와 취미, 경험에 관한 이야기다.

게리 쿠퍼와 진 할로의 화려한 사진을 탐닉하던 나의 취미는 끝이 아니라 시작이었다. 열다섯 살이 되었을 때 나는 영어 선생님에게 토머스 하디의 『테스』를 건네받았다. 문체가 구식이고 주제가 청소년기 초반의 내가 겪을 수 있는 경험의 범위를 훨씬 벗어난 것이었지만, 어떤 예리한 탐지기가 내가 그 소설을 대단히 좋아할 것이라고 선생님에게 말해줬는지 누가 알겠는가? 정말로 나는 그 책을 매우 좋아했다. 책을 받은 후로 몇 주 동안 저녁을 먹고 나면 의자에 걸터앉거나 소파에 몸을 파묻었다. 나는 테스와 에인젤의 가슴 아프고 어긋난 사랑에 감동하고 또 그에 못지않게 농장 생활에 대한 묘사에 전율을 느끼면서 책 속으로 빠져들 수 있었다. 생물학, 대수학, 역사 공부는 점점 내게서 멀어졌고 『귀향』, 『캐스터브리지의 시장』, 『성난 군중으로부터 멀리』는 다가왔다. 이 책들이 모음집이나 시리즈로 나올 수 있음을 알게 되었을 때 나는 너무 좋아서 생애 두 번째로 아찔한 행복을 경험했다. 책의 끝부분에 도달한 것을 후회할 필요가 없어졌다.

그즈음 나는 두 달에 한 번씩 친아버지와 지내기 위해 뉴욕으로 여행을 갔다. 저녁 식사를 마치고 거실에 앉았는데 아버지가 저녁 식사 손님에게 헨리 제임스의 『정글의 짐승』을 막 다시 읽었다는 말을 무심코 꺼냈다. 아버지는 조금 사색에 빠진 듯이 말했다. "난 항상

이 이야기가 실제로 억압된 성적 욕구에 관한 것이라는 생각을 하고 있었어. 알잖아, 성기는 짐승이고 음모는 정글이라는 거." 나는 아버지의 노골적인 성적 용어에 놀라지 않았다. 그것은 아버지의 전형적인 모습이었다. 오히려 내가 놀란 것은 신선한 문학적 분석을 시도하는 것이 마치 저녁으로 국수 대신에 밥을 먹자고 제안하는 것과 다를 바 없다는 듯이 아주 여유롭고 즐겁게 새로운 생각을 내놓는 아버지의 모습이었다. 아이에게는 부모가 생각을 말해주는 것이 케이크를 굽거나 고장난 기계를 고치는 모습을 보여주는 것과 같음을 나는 그 후 몇 년이 지나고 나서야 깨달았다. 아이들은 무엇이든 어른이 하는 것을 할 수 있고 어른이 어떤 활동을 가치 있다고 생각하는지 알 수 있다.

3월이 되자 내게 『테스』를 줬던 그 통찰력 있고 활달한 영어 선생님이 이제 글쓰기를 배워야 할 때가 되었다고 말했다. 선생님은 토머스 하디의 소설 주제를 하나 선택해서 그것에 관한 '대단한' 글을 써보라고 했다. 책을 제외하고 당시 나의 최대 관심사는 몇 달 전부터 드디어 시작된 생리였다. 나는 여전히 어린 여자아이처럼 보였다. 그래서 생리 시작은 엄청난 업적처럼 느껴졌다. 내가 연애를 하게 되는 것은 먼 훗날의 일이었지만 당시 나는 항상 연애에 대해 생각하고 있었다. 그래서 집중해서 하디에 관한 글을 써보라는 말을 들었을 때 영화 광고판처럼 주제가 머릿속에 떠올랐다. 나는 선생님에게 자연을 사용해서 성에 관해 말하는 하디의 방식에 초점을 둘 것이라고 설명했다. 선생님 얼굴에 비친 재미있어하는 듯한 미소가 지금도 희미하게 기억난다. 아직 어린아이 티를 완전히 벗지 못한 근심 걱정 없는 소녀가 그런 주제를 선택하다니, 분명 터무니없는 소리처럼 들렸을 것이다. 하지만 선생님은 무시하거나 못마땅해하는 기색을 전혀 드러내지 않았다. 그저 "좋은데." 하고 유쾌하게 말해줬다.

그때 제출한 글을 생각하면 지금도 오글거린다. 하지만 글을 썼던 과정이 아직도 생생하다. 나는 주제를 여러 개의 소주제로 나눠 분석하는 방법을 찾으려고 고심했다. 소주제의 순서를 결정하는 데도 시간이 꽤 걸렸다. 생각이 머릿속에 떠오르는 순서대로 글에 담고 싶은지 아니면 다른 방식으로 하고 싶은지 묻는 선생님의 목소리가 지금도 들리는 듯하다. 생각의 순서를 다시 배열할 수 있다고? 정말 뜻밖이었다! 무엇보다 내 직감을 뒷받침해줄 문구를 찾기 위해 책장을 다시 넘기면서 느낀 전율은 잊을 수가 없다. 글을 써 내려가면서 새로운 생각이 생겨난다는 것을 알았을 때 느꼈던 기쁨도 생생하다. 내가 하는 생각에는 발이 달려 있었다.

1장

Inquiry 탐구

호기심은 거의 모든 평범한 아이들이
어떻게 별다른 노력 없이도 광대한 지식과
기술의 땅을 획득하는지 설명해주는 심리적 근거이다.

○

왜 내가 가는 곳마다 일이 벌어지는 걸까요?*

– 아동 언어 데이터 교환 시스템(Child Language Data Exchange System, CHILDES)에 보관된 만 4세 아동의 대화 내용 중에서

첫 번째 낙엽은 크고 주홍색이었다. 애디의 손보다 컸고, 폭은 두 손을 합친 것보다 넓었다. 손가락이 너무 짧고 통통한 탓에 크기로 보나 모양으로 보나 애디의 손은 그 보물을 옮기기에 적절하지 않았다. 잎을 뭉개지 않고서는 잡을 방법이 없는 듯했다. 다행히 쉽게 잡을 수 있게 손잡이같이 생긴 부드럽고 긴 잎자루가 달려 있었다. 잎자루는 잎의 가운데를 가로지르며 척추처럼 뻗은 잎맥과 이어져 있었다. 잎맥은 다시 양쪽 가장자리까지 뻗어 있었는데 끝으로 갈수록 희미해졌다. 애디는 마냥 잎을 감상하며 앉아 있지 않았다. 계속 걸어야 했다. 사실 경보에 가까운 빠른 걸음으로 걸었다. 그래야만 다리가 훨씬 긴 동행인들을 쫓아갈 수 있었다. 반들반들한 잎의 겉면이 햇빛에 반짝거리면서 작은 깃발처럼 산들바람에 흔들리도록 잎자루를 잡고 애디는 걸음을 재촉했다. 머리 위

로 높이 솟은 나무들은 대단히 커서 하늘 위로 무한히 뻗어 있는 것만 같았다. 그러나 애디는 오래 올려다보지 않았다. 주변 땅바닥을 살펴보기에도 바빴다. 애디의 동행인들은 무엇인지 모르겠지만 애디가 대단한 목적을 가지고 걸어가고 있다는 것을 알아차렸다. 그들은 그저 자주 다니던 작은 호수 둘레를 걷고 있었다. 결국에는 출발지점으로 다시 돌아갈 것이다. 왜 애디는 무슨 일이라도 있는 듯 그렇게 바쁘게 성큼성큼 걷고 있을까? 이 아이 머릿속에는 도대체 무엇이 들어 있을까?

2분쯤 더 걸어가더니 애디는 땅바닥 가까이 웅크리고 앉았다. 멀리 간 것도 아니었다. 애디는 재빨리 손을 뻗어 젖은 땅에 떨어져 있는 조금 축축한 낙엽 하나를 집었다. 이번에는 선명한 진홍색이었다. 처음에 주운 낙엽을 한 손에 쥔 채 다른 한 손으로 냉큼 낙엽을 높이 들어 올렸다. 그러고 나서 두 낙엽을 번갈아가며 자세히 살폈다. 그렇게 몇 초 동안 살피더니 두 번째 주운 낙엽을 단호하게 땅에 던진 후 일어났다. 애디는 다시 총총걸음으로 걷기 시작했다. 15미터쯤 갔을 때 또 낙엽이 보였다. 다시 쭈그려 앉아 낙엽을 주워 처음 것과 나란히 놓고 살펴봤다. 이번 것도 불합격이다. 두 어른과 네 살배기 애디, 이렇게 세 사람이 호수 둘레를 다 돌 때까지 애디는 처음 주운 낙엽과 열여덟 개의 다른 낙엽을 비교했고, 결국 주황색과 붉은색이 섞인 크고 멋진 첫 번째 낙엽을 이길 만한 것이 없다는 결론을 내렸다.

그런데 애디는 낙엽을 하나 더 주웠다. 짙은 다홍색이었다. 처음 것보다 작았지만 모양은 완벽했다. 카시트에 앉히고 안전하게 안전띠까지 맸을 때 애디의 뭉툭한 두 손은 낙엽 잎자루를 하나씩 쥐고 있었다. 애디는 집으로 돌아가는 내내 두 낙엽을 번갈아가며 살펴봤다. 아직 다섯 살도 안 된 애디가 물건을 수집한 것이었다. 그러나 자세히 비교하고 탐색하는 태도는 2년 전, 애디가 태어난 지 얼마 안 되었을 때 뿌리내린 것이었다.

놀라움의 연속

아기는 새로운 것을 탐지할 수 있는 능력을 갖추고 태어난다. 대부분 태어나면서부터 눈에 보이거나 귀에 들리는 새로운 물건이나 사건을 알아차릴 수 있다. 연구에 의하면 아기들은 엄마 배 속에 있을 때부터 엄마의 음색과 억양을 아주 잘 안다고 한다. 아기들은 대부분 태어난 직후부터 양육자가 아닌 다른 사람이 말을 걸었을 때 다르게 반응하기 시작한다. 생후 몇 개월이 지나면 전에 봤던 것과 다른 것을 볼 때마다 심장 박동 수가 변하고 호흡이 빨라지며 피부가 더 촉촉해지는데, 모두 무엇인가를 알아차렸을 때 나타나는 신호다. 스크린에 특정 얼굴의 이미지를 연속으로 투사해서 보여주면 아기는 곧바로 지루해한다. 아기는 얼굴을 쉽게 익히고, 일단 익히면 대부분 더는 흥미를 보이지 않는다. 그러나 새로운 얼굴을 보여준다면 얼마간 자세히 살필 것이다.[1] 아기들은 차이를 알아차릴 수 있다. 단지 새로운 것을 감지하는 것으로 끝나는 게 아니다. 새로운 것을 감지하는 것은 시작점에 불과하다.

아기들은 새로 익숙한 것을 만들어내기 위해 익숙하지 않은 사물과 사람, 사건을 본능적으로 자세히 살피려고 한다. 시각적 문양이나 이미지를 보여줬을 때 전에 본 적이 없는 것은 더 오래 본다. 새로운 현상일지라도 더는 놀라지 않을 때까지 계속 보거나 들어서 그것을 흡수한다. 그러나 얼마 지나지 않아 눈과 귀만 사용하는 단계에서 벗어난다. 탐색 방법을 확대해 만지고, 움켜잡고, 핥고, 입에 가져가는 방법도 사용한다. 생후 몇 개월이 되면 물건을 잡기 위해 손을 뻗고, 새로운 물건의 특징을 알아내기 위해 두드리고 흔들고 발로 차기 시작한다.

아기들은 익숙하지 않은 것을 감지할 수 있는 정교한 레이더를 갖추고 있을 뿐 아니라 뜻밖에 어떤 물건이나 사건을 만나게 되면 그것이 무엇이든 조사하고 싶은 강한 충동을 느낀다. 가능한 모든 탐색 전략을 사용해 조사하는 것이 불확실성을 줄이기 위한 아기들의 방식이다. 일상생활에서 새로운 광경과 소리가 무차별적으로 쏟아져 나오므로 아기와 걸음마기 유아들은 거의 쉴 새 없이 강력한 지적 도구인 시각과 청각에 기댄다. 하루가 탐색으로 가득 차 있다는 사실이 아이의 발달에 중요할까?

이 질문에 답하기 위해 신생아와 걸음마기 유아의 차이를 아주 대략만 살펴봐도 충분할 것이다. 태어난 지 몇 시간이 지나면 스스로 걷고 먹을 수 있는 다른 포유동물의 기준으로 보면 인간의 아기는 한심할 정도로 무력하기 짝이 없다. 하지만 아무리 똑똑하다고 하더라도 개나 쥐나 돼지라면 결코 얻을 수 없는 매우 다양한 지식과 기술을 인간은 태어난 지 3년째 되는 해부터 이용할 수 있다. 신생아는 울음소리나 다른 생리적인 소리를 내지만, 보통의 만 3세 아동은 완전한 문장으로 말하고 복잡한 대화를 실행하며 과거와 미래를 가리킬 수 있다. 그리고 인물과 줄거리, 놀라운 결말이 포함된 복잡한 이야기도 말할 수 있다. 신생아는 그저 보고 듣고 움켜잡기만 하지만, 만 3세 아동은 사물을 분리하거나 조합하고 탑을 쌓고 연극을 하고 그림을 그린다. 신생아는 주변 사람들에게 관심을 보이지만 그 방식이 애매하고 냉정해 보일 때가 많다. 예를 들어, 아빠가 말을 걸어주면 기뻐하며 웃지만 낯선 사람이 다가오면 무서워 울음을 터뜨린다. 그러나 만 3세가 되면 다양한 사회성 기술을 습득한다. 누군가 가짜로 행동할 때와 똑같은 행동이더라도 진짜 행동일 때를 구분하고, 설득하는 법과 거짓말하는 법을 배우고, 가족과 가족이 아닌 사람의 차이를 이해한다. 사회적으로 해도 되는 것과 하지 말아야 하는 것에 대해서도 놀라울 만큼 많이 알고 있을 것이다. 게다가 유아들은 상당히 다양한 시나리오를 가지고 있다. 아침 식사로 무엇을 기대해야 하는지, 강아지가 어떻게 행동하는지, 마트에 간다는 것이 무엇을 의미하는지, 어린이집에 어느 길로 가는지 알고 있다. 그뿐 아니라 일상생활 속에 불쑥불쑥 나타나는 수천 가지 사물과 사람과 사건에 대해서도 조금은 알고 있다.[2] 인간 아기가 태어난 지 몇 년 사이에 놀랍도록 빠르게 광범위한 지식을 습득하는 것을 무엇으로 설명할 수 있을까? 이처럼 대단한 학습 기계의 원동력은 무엇일까? 답은 불확실성을 줄이고 싶고, 뜻밖의 것이 왜 생기는지 알고 싶어 하는 욕구에 있다. 놀라움과 그것을 분석하고 싶은 강한 욕구가 트림이나 하고 까르륵거리고 발로 차고 울기만 하던 무력한 아기를 3년 만에 지적인 사회 구성원으로 탈바꿈시킨 것이다. 호기심은 거의 모든 평범한 아이들이 어떻게 별다른 노력 없이도 광대한 지식과 기술의 땅을 획득하는지 설명해주는 심리적 근거이다.[3]

그러나 끝없이 쏟아져 나오던 놀랍고 신비한 것들이 언제까지 계속되지는 않는다. 세 돌이 지나면 아이는 매일 일어나는 일과와 주변 환경에 관한 유용한 지식을 매우 많이 알게 된다. 아침 식탁에 올라오는 것, 가족들이 일반적으로 하는 행동과 말의 종류, 식료품점에서 보게 되는 것, 목욕 시간에 하는 일, 생일이 있을 때 벌어지는 일 등등 많은 것에 익숙해진다. 이 시기에 거의 모든 아이의 내면에는 미묘하지만 심오한 변화가 일어난다. 놀라운 것들 중 어떤 것에 주목하고 무엇을 추구할지 선택하는 데 적극적으로 참여하기 시작한다. 일상의 세계는 더 깊은 설명이나 전문적 지식을 요구하는 더 독특한 사건과 사물의 친숙한 배경이 될 수 있다. 예를 들어 18개월 남자아이가 태어나서 처음으로 동물원에 갔다고 해보자. 할아버지가 입장권을 사는 매표소, 물에서 다이빙하고 몸을 까닥거리고 바위 위로 몸을 던지는 물개들, 아이스크림콘이 떨어져서 한바탕 울고 있는 아기, 작은 쓰레기 더미를 부리로 쪼아대는 비둘기, 우리 안에 근엄하게 앉아서 어린 관람객들을 못마땅하게 쳐다보고 있는 덩치 큰 고릴라를 포함해 많은 것들이 아이의 시선을 끌 것이다. 어쩌면 아이는 다른 것보다 영장류관 입구의 물웅덩이를 폴짝 뛰어서 건너는 것에 가장 큰 흥미를 느낄지도 모른다. 이제 이 아이의 2년 후의 모습을 상상해보자. 매표소, 비둘기(아이가 만약 도시에 살고 있다면), 물웅덩이, 울고 있는 아기들 등등 동물원에서 흔히 볼 수 있는 많은 요소가 아이에게는 평범한 것이 되고 만다. 어떤 요소들은 아이가 일상에서 자주 만나는 것이 아닐 것이다. 그러나 동물원에 여러 차례 방문하고 동물에 관한 책을 봤거나 영화나 TV 프로그램, 유튜브 영상을 통해 물개와 고릴라 그리고 가까운 곳에 살지 않는 다른 동물들에 관한 무수히 많은 실사 영상을 봤을 것이다. 그렇다면 여전히 아이의 시선을 사로잡고 지속적 관찰과 질문 또는 다른 형태의 탐구를 끌어낼 정도로 아이에게 놀라움을 일으키는 것은 무엇일까? 어느 정도 그것은 아이가 어떤 특정한 관심이 있는지에 달려 있다.

놀라움에서 조사 단계로

만 4세가 되면 일상생활은 아이들에게 이제 더는 거의 놀라운 일이 아니며 좀처럼 호기심을 일으키지 않는다. 이 시기가 되면 아이들은 조금 더 까다로워질 준비를 마친다. 일상생활의 어떤 측면은 대강 훑어보고 어떤 것에 관심을 집중할지 결정할 때 더 적극적인 역할을 하기 시작한다. 사실상 모든 18개월 유아는 깨어 있는 대부분 시간에 호기심으로 이것저것 알고 싶어 하는 듯하지만 만 4세 아동들은 일상생활의 많은 부분에 대해 흥미가 시들해진 듯 보일 것이다. 점심 식사, 유치원 등원, 주기적으로 방문하는 할머니, 집에서 기르는 동물의 버릇은 어른들에게 그러는 것 못지않게 아이들에게도 단조로운 일상의 일부이다. 반복적인 일과와 일상 속 평범한 존재들은 오직 우리 삶에 존재하지 않거나 그것들이 특이한 무엇인가를 할 때만 우리에게 놀라운 것이 될 수 있는 삶의 요소들이다. 일상이 재미없어지는 이 시기에 아이들은 대부분 아주 구체적인 관심사를 갖게 된다. 어떤 아이는 곤충에 빠지고, 어떤 아이는 사람들이 웃고 서로 싸우는 것을 보고 듣는 데 열중하고, 또 어떤 아이는 소형장치나 기계나 퍼즐 같은 기계적인 것에 매료된다. 두말할 것도 없이 아이들의 관심사가 항상 뚜렷하게 나타나는 것은 아니다. 공룡에 빠져 있다고 확실하게 말할 수 있는 아이가 있는 만큼 비교적 모호하거나 불분명한 관심사를 가지고 있는 아이도 있다. 예를 들어 어떤 아이는 작은 일들이 연결되는 방식에 주목하거나 다른 사람들이 사용하는 말을 가만히 듣다가 전에 들어본 적 없는 특이하고 흥미로운 단어를 재빨리 습득한다. 그러나 뚜렷하고 실질적이든 겉으로 드러나지 않는 무형의 것이든 상관없이 호기심 대상에 대한 몰입은 아이가 깨어 있는 동안 길을 안내하는 힘을 제공한다.

1883년 미국 심리학자 그랜빌 스탠리 홀Granville Stanley Hall은 지금은 거의 잊힌 고전적 논문 「등교하는 아이들 머릿속에 들어있는 것The Contents of Children's Minds on Entering School」을 발표했다.[4] 홀의 논문은 1869년부터 1870년까지 독일에서 수행된 연구 결과를 기술하면서 시작된다. 그 연구에서 베를린 시내 여러 학교의 교사들은 연구자의 요청에 따라 교실에 도착한 아이들과 다양한 주제에 대해 면담하고 아버지의 직업에 대한 인식, 하늘에 대한 이해, 버섯, 쟁기, 저녁 하늘, 삼각형, 유원지, '지체 부자유자를 위한 공원' 같은 것에 대한 익숙함 등 연구계획서에 제시된 75개 항목을 평가했다. 이 연구에 기초해서 미국 어린이들의 '머릿속 생각'을 조사하기 위해 홀은 비슷한 주제 목록을 만들고 캔자스와 보스턴의 교사들에게 학생들을 면담해달라고 부탁했다. 주제 항목은 대부분 어느 것이 왼손이고 어느 것이 오른손인가, 다양한 수가 가리키는 양은 얼마인가, 바느질은 어떻게 할까 하는 아이들 머릿속에 들어 있는 생각의 성질을 자세히 조사하는 질문이라기보다 기본 지식이라 할 만한 것을 묻는 것들이었다. 홀은 교사들에게서 돌려받은 면담 자료를 분석해서 도시 아이와 시골 아이, 남자아이와 여자아이, 유치원을 다닌 아이와 안 다닌 아이 사이에서 나타나는 차이의 패턴을 발표했다. 그가 만든 질문은 참나무, 버터컵, 이끼, 벌레, 달팽이, 양을 포함해 온갖 종류의 동식물과 폭풍우, 월출, 일출 같은 다양한 자연현상은 물론이고 가죽은 어떻게 만드는가, 시계 기술자는 어떻게 일하는가, 무엇으로 벽돌을 만드는가 등 특정 직업에 대해 아이들이 알고 있는 지식을 자세히 물었다. 홀은 아이들이 성경 이야기를 얼마나 알고 있는지, 그림동화를 몇 개나 알고 있는지에 관한 자료도 받았다. 홀의 연구 자료는 일반적인 종류의 지식과 핵심 기술을 특정 정보와 기묘하게 조합한 것이기 때문에 그 유용성이 동시대 학자들에게 한정되어 있었다. 그러나 폭넓고 다방면에 걸친 조사는 어린 피실험자들이 일상생활의 어떤 면에 관심을 기울이는지 어떤 것을 무시하거나 놓치는지 어렴풋이 이해할 수 있게 해준다. 지금 홀의 자료를 살펴보면 그가 실제로 아이들 머릿속에 들어 있는 내용을 파헤쳤다고 단언할 수는 없다. 하지만 아이들의 관심사는 달라지며 그 관심사가 무엇을 알고 있느냐를 결정한다는 중요한 결론에 이르게 한다. 결국에 홀이 도입한 설문 방법은 생산적인 것으로 드러났다. 그러나 그의 연구 방법은 거의 50년 동안 묵혀 있었고, 게다가 드디어 세상 밖으로 나왔을 때 처음에 그 방법이 적용된 연구는 아동 관련 연구가 아니었다.

1950년대 후반과 1960년대에 대니얼 벌린Daniel Berlyne은 성인을 대상으로 정보가 호기심을 자극할 때 사람들이 그 정보를 더 잘 기억한다는 것을 보여주는 일련의 실험을 했다. 실험 결과, 사람들이 이상하거나 놀라운 정보에 호기심을 느끼며 그런 정보에 더 주의를 기울이므로 결과적으로 더 오래 더 정확하게 기억한다는 것을 알아냈다.[5] 비교적 최근에는 사람들이 알고 싶은 것이 있을 때 더 자세히 탐구한다는 연구 결과가 추가로 나왔다. 한 예로 크리스토퍼 시Christopher Hsee와 보언 루안Bowen Ruan이 어른들을 대상으로 벌인 실험을 들 수 있다. 그들은 실험에 참여할 어른들을 모집하고 참가자들이 도착했을 때 우선은 대기실로 안내하고 잠시 후에 호출했다. 실험 참가자들은 대기실에서 기다리는 동안 다른 연구의 재료로 사용되는 실험용 펜을 마음껏 만지거나 작동시켜볼 수 있다는 말을 들었다. 참가자의 절반은 빨간색 펜 다섯 자루와 초록색 펜 다섯 자루가 비치된 대기실로 들어갔다. 실험자는 빨간 펜에는 배터리가 장착되어 있어서 버튼을 누르면 작은 충격이 전달되고 초록 펜은 그렇지 않다고 설명했다. 나머지 참가자들에게는 노란색 펜 열 자루를 주면서 그중 일부가 전기 충격 펜이라고만 말했다. 두 번째 피실험자 집단은 빨간색과 초록색 펜을 섞어서 받은 피실험자들보다 볼펜을 더 많이 눌러봤다. 다시 말해 불확실성이 호기심을 일으킨 것이다. 두 연구자는 그 현상을 '판도라 효과Pandora effect'라고 불렀다.[6]

어른들이 놀라운 일이나 신비한 것을 만났을 때 더 깊이 탐색하고 더 많은 것을 배운다고 한다면 아이들은 어떨까? 여러 연구에 의하면 불확실성이 아이들에게 정보를 탐색하게 하는 매우 강력한 동기가 된다는 것이 입증되었다. 로라 슐츠Laura Schulz와 엘리자베스 보나위츠Elizabeth Bonawitz는 실험에서 취학 전 아동들에게 어떤 '기계'를 보여줬다. 옆에 레버가 두 개 달린 상자 모양의 기계로 레버 하나는 잡아당기면 장난감 오리가 튀어나오고 다른 레버는 당기면 인형이 나오게 되어 있었다. 첫 번째 실험 조건에서는 아이가 레버 하나를 누를 때 실험자가 다른 레버를 동시에 눌러서 어느 레버가 오리가 나오게 하고 또 어느 레버가 인형이 나오게 조절하는지 알 수 없게 만들었다. 두 번째 실험 조건에서는 실험자가 아이보다 먼저 또는 나중에 레버를 눌러서 어느 레버가 어떤 장난감이 나오게 하는지 곧바로 명확하게 알 수 있게 했다. 아이들은 첫 번째 실험 조건일 때 즉 장난감의 인과 구조가 애매할 때 상자를 더 오래 가지고 놀았다.[7] 이 실험 결과는 호기심이 학습을 유발한다는 것을 보여주는 최근의 많은 다른 연구와 맥을 같이한다. 클레어 쿡Claire Cook과 그의 동료 연구자들은 만 4세 아동들에게 기계 표면에 어떤 구슬을 대면 불이 켜지고 다른 구슬이나 여러 구슬을 혼합해서 대었을 때는 불이 켜지지 않는 장난감 기계를 보여주고 그 기계를 조사할 기회를 줬다. 첫 번째 실험 조건에서는 패턴을 명확하게 해서 어느 구슬들을 대었을 때 불이 켜지는지 쉽게 알 수 있게 했다. 두 번째 조건에서는 불이 켜지는 패턴이 비교적 명확하지 않았다. 아이들은 패턴이 모호한 조건일 때 기계를 계속 가지고 놀 확률이 훨씬 더 높았다. 아이들은 사물의 원리를 알고 싶어 하므로 불확실성이 아이들을 더 끌어당긴다고 연구진은 결론지었다.[8] 다른 최근 연구들은 세 살밖에 안 된 어린아이라도 좋은 인과관계와 나쁜 인과관계의 차이를 파악할 수 있다는 것을 보였다.

레이철 마기드Rachel Magid의 연구진은 어린아이들에게 데스크톱 컴퓨터를 '큰 기계'라고 소개하고 화면에 두 가지 시각적 효과를 보여주는 실험을 했다. 첫 번째 실험 조건은 무지개 색깔의 회전하는 공이 화면 하단 왼쪽 구석에서 상단 오른쪽 구석으로 대각선으로 왕복운동을 하는 '연속적 효과'을 보여주는 것이었다. 두 번째 조건은 같은 공이 정지된 상태로 하단 왼쪽 구석과 상단 오른쪽 구석에 번갈아가며 나타나는 '불연속적 효과'을 보여주는 것이었다. 기계에는 두 가지 종류의 '조절장치'도 있었다. 하나는 올리거나 내려서 증가량을 조절하는 '휠' 스위치이고, 다른 하나는 자석을 붙여서 두 개의 금속 정사각형 중 하나를 선택하는 형식이었다. 먼저 아이들 각자에게 '전원에 연결되지 않은' 상태에서 두 조절장치를 조작할 기회를 줬다. 그런 다음 실험자가 전원을 연결하고, 조절장치가 어떻게 사용되는지 볼 수 없게 천 가리개를 설치하는 것을 구경하게 했다. 화면에 처음에 봤던 두 효과 중 하나를 보여줬다. 그런 다음, 아이에게 실험자가 어느 조절장치를 사용했는지 맞혀보게 했다. 불연속 효과(공이 한쪽 구석에 나타났다가 반대편 구석에 다시 나타나는 것)를 본 아이들은 대체로 실험자가 두 가지 이산적 선택을 할 수 있는 자석을 사용했다고 생각했고, 공이 연속적으로 미끄러지듯이 화면을 가로지르는 것을 본 아이들은 대부분 실험자가 휠을 굴렸다고 생각했다. 다시 말해 아이들은 원인의 종류와 결과의 종류 사이를 추상적으로 연관 지어 생각했던 것이다.[9] 이 같은 연구는 아이들이 단지 설명을 얻으려고 하는 것만이 아니라 좋은 설명을 추구한다는 것을 보여준다. 모호한 것의 원인을 밝힐 기회가 주어졌을 때 아이들은 열심히 하고 꽤 잘하기도 한다. 그러나 100년 전에 홀이 보였듯이 모든 퍼즐이 모든 아이에게 똑같이 매력적인 것은 아니다. 다섯 살쯤 되면 어떤 사물이나 사건이 지닌 고유의 신비함에 못지않게 특정한 관심사도 중요해진다. 아이들의 흥미는 패턴을 따르는 것일까? 모든 연구가 그런 것은 아니지만 일부 연구는 이 질문의 답을 알아냈다.

데보라 켈리먼Deborah Kelemen이 이끄는 연구진은 어머니들에게 자녀와 2주 동안 나누는 모든 대화에 관해 묻는 인터뷰 조사를 했다. 연구진은 아이가 질문했을 때 어머니가 제공하는 설명의 유형에 관심을 뒀다. 특히 "꽃이 자라려면 비가 필요하니까 비가 내리고 있어."라는 목적론적 설명이 아닌 "하늘에 구름이 있어서 비가 내리고 있어, 그러고 나서 날씨가 따뜻해졌어."와 같이 심리학자들이 말하는 일상적 설명을 얼마나 자주 하는지 알고 싶었다. 대화를 보면 아이들이 몇몇 특정 정보에 훨씬 더 깊은 관심을 보인다는 것도 알 수 있었다. 아이들은 동물과 인간에 관해서 설명 듣는 것을 유난히 좋아했다. 산 같은 무생물 자연계나 기계 같은 비자연적 세계에 관한 이야기에는 큰 관심을 보이지 않았다.[10]

내 연구실에서도 비슷한 패턴을 암시하는 연구 자료를 수집했다. 우리는 만 5~7세 아동들에게 여러 콜라주를 보여주고 그중에서 더 보고 싶고 대화 주제로 삼고 싶은 것을 고르라고 했다. 처음 보여준 콜라주는 동물을 묘사한 것이고 두 번째는 사람을 묘사한 것이었다. 세 번째는 기계와 여러 장치를 묘사한 것이었다. 아이들은 압도적으로 동물 콜라주를 보는 것을 선호했고 동물에 관해 이야기하는 것에 가장 큰 흥미를 보였다. 두 번째로 선호하는 것은 사람 콜라주였고, 기계 콜라주가 마지막 순위였다. 다는 아니더라도 이 나이대의 아동들에게는 관심을 끄는 것에 대한 광범위한 경향이 있는 듯하다. 우리는 주로 지각력 있고 예측할 수 없으며 어느 정도 우리와 비슷한 존재에 관해 더 알고 싶어 한다. 그러나 이와 같은 일반적인 패턴이 전부를 말해주는 것도 아니다. 어느 부모나 말해줄 수 있겠지만 한 아이에게 따분해 보일 수 있는 것이 다른 아이에게는 매우 흥미로운 것이 될 수 있기 때문이다.

아이들이 알고 싶어 하는 것

아이들은 누구나 놀랍거나 불투명한 것에 호기심을 느끼지만 특별한 흥미를 느끼는 관심사는 아이에 따라 매우 다양하다. 아이들에게 동물 콜라주를 보여줬을 때 어떤 아이들은 바다 동물을 더 알고 싶어 했고 어떤 아이들은 사자나 호랑이 같은 대형 고양잇과 동물에 더 큰 관심을 보였다. 1996년 스테이시 베이커Stacey Baker와 제임스 젠트리James Gentry는 아이들의 수집품에 관해 더 자세히 알아보기 위해 초등학교 1~5학년 학생 79명을 대상으로 면담 조사를 했다. 그중 72명이 수집하는 것이 하나 이상 있다고 대답했다. 고학년 학생 중에는 순전히 소유하는 즐거움에 중점을 두는 아이가 많은 듯했다. 그러나 저학년 아이들은 거의 그러지 않았다. 사실 저학년 학생 상당수가 수집 취미가 자신의 호기심을 충족시키는 데 어떻게 도움이 되는지 말했다. 연구자들이 한 남자아이에게 왜 살아 있는 개구리를 수집하는지 물었다. 아이는 "볼 때마다 항상 새로운 것을 발견하기 때문이에요. 그래서 더 흥미를 느끼게 돼요."라고 대답했다. 플라스틱이나 유리로 만든 말 조각품을 수집하는 여자아이는 자신의 수집품에 대해 이렇게 묘사했다. "카탈로그나 잡지, 우리가 방문하는 가게 같은 곳에서 말에 대한 정보를 보게 돼요. 그러면 말을 봤던 경험이나 언제 말을 얻었고 누가 나에게 줬고 뭐 이런 것이 기억나지요……. 보통 그렇게 말에 대해 생각하며 많은 시간을 보내고 있어요."[11] 이와 같은 아이들의 대답은 일시적인 흥미가 아니라 지속적인 흥미를 끄는 주제가 무엇인지에 관한 중요한 단서를 제공한다. 아이들이 사물에서, 책 속의 그림에서, 또는 경험을 통해서 오랜 시간에 걸쳐 정보를 수집하는 이유는 대개 그 주제가 퍼즐을 제공하거나 해결해야 할 수수께끼를 제시하거나 설명 욕구를 자극하기 때문이다.

호수 둘레길에서 낙엽을 찾아내어 비교하면서 분주하게 돌아다닐 때 애디는 단순히 정보를 찾고 있었던 것이 아니다. 아무리 직접 표현되지 않고 아직 완벽한 형태를 갖추지 못한 질문이라 하더라도 그 질문을 해결하기 위한 정보를 찾고 있던 것이다. 걸음마기 유아들은 혼자서는 질문을 말로 명확하게 표현할 수 없으므로 어떤 질문이 낙엽 찾는 행동을 일으킨 동기인지 확실하게 알기 어렵다. 아마 애디는 낙엽의 다양한 크기와 관련된 무엇인가를 즉 가장 큰 나뭇잎은 어떤 것이고 가장 작은 나뭇잎은 어떤 것인지 찾고 싶었을 것이다. 어쩌면 나뭇잎마다 색조의 짙고 옅음이 다르다는 것에 관심이 있었을지도 모른다. 애디가 어떤 점에 중점을 두고 나뭇잎들을 비교하려고 했든 간에 초보 단계의 수집 행위는 어린아이에게 이제 막 시작된 지적인 삶의 중요한 특징을 암시한다. 세상은 미숙하고 어린 지성인에게 그저 억지로 놀라움을 떠안기지 않는다. 아이들은 불행하게 자신에게 닥치는 그 모든 자극에 반응하면서 그냥 세상에서 벌어지는 예상치 않은 이런저런 사건에 휘청거리고 있는 것이 아니다. 네 살밖에 안 된 아이도 자기가 흥미를 느끼는 특정한 것과 관련해서 적극적으로 지식을 쌓는다. 차이점과 유사성 또는 규칙성을 알아차리고 자신만의 새로운 미스터리를 창조한다. 한 영역에 대해 더 많이 알수록 아이는 작은 놀라움의 원천을 더 잘 인지할 수 있고 결과적으로 더 깊은 지식으로 이어질 수 있다. 낙엽들을 줍고 서로 번갈아 보는 것은 정보를 찾는 하나의 방법이다. 만 3세 6개월쯤 되면 아이들은 대체로 주제를 조사하기 위한 특유의 강력하고 새로운 도구를 갖추게 된다. 다른 영장류와 구별시켜주는 특징인 그것은 다름 아닌 질문하기이다.

심리학자 미셸 쉬나드Michelle Chouinard는 어린이 네 명의 일상 속 질문으로 구성된 엄청난 양의 언어 자료를 조사했다. 녹음은 아이들이 만 3세일 때 시작해서 만 5세가 될 때까지 집에서 주기적으로 행해졌다. 쉬나드는 229시간 30분이 넘게 녹음된 대화 중에서 총 24,741개가 넘는 질문을 검토했다. 그중 아담이라는 이름의 아이는 55시간 녹음된 대화 중에 10,905개가 넘는 질문을 했다. 평균적으로 1시간 동안 약 198개의 질문을 했고 1분 동안 3개 이상의 질문을 했다는 말이다. 이와 대조적으로 사라라는 이름의 아이는 거의 70시간 동안 6,296개의 질문을 했다. 시간당 질문 개수를 따지면 사라는 아담의 절반에도 미치지 못한다. 그렇다고 해도 사라는 평균적으로 1분에 하나 이상의 질문을 한 것이다. 아이들은 관심을 얻기 위해, 허락을 구하기 위해, 어른에게 어떤 행동을 요구하기 위해 등등 온갖 이유로 질문을 했다. 질문의 70퍼센트 이상이 정보를 얻기 위한 욕구를 반영하고 있다. 아이들은 만 3세에 "저건 뭐예요?" 또는 "공이 어디에 있어요?"라고 질문하면서 주변 사회와 물리적 세계에 관한 구체적인 사실을 알려고 했다. 그러나 만 5세가 되자 "아기는 왜 울어요?", "시리얼이 왜 뜨거워요?", "두 눈으로 왜 두 개를 못 봐요?", "어떻게 그걸 저기로 옮겨요?"처럼 이해하기 어려운 사건과 사물, 대화에 관해 많은 설명을 요구하는 질문도 했다.[12]

만 1세 아동이 던지는 질문에는 사실상 설명을 원하는 질문이 없다. 그러나 만 5세가 되면 아이들이 하는 질문의 대략 3분의 1이 '왜'와 '어떻게'를 알아내기 위한 질문이다. 이 나이의 아이들은 사소해 보이는 온갖 일상적인 사건에서 놀라움을 경험한다. 어떤 아이는 왜 얼음이 물로 변하는지 묻고, 어떤 아이는 왜 어떤 개는 짖는데 다른 개는 짖지 않는지 알고 싶어 한다. 또 어떤 아이는 노인에 대해 궁금해하면서 왜 주름이 있고, 이빨은 왜 누렇고, 왜 지팡이를 사용하는지 묻는다. 어린아이들은 그게 무엇이든 자기에게 가장 중요한 정보를 수집하기 위해 질문을 사용한다. 그러므로 아이들이 하는 질문은 어떤 지적 관심사에 몰입하고 있는지 들여다볼 수 있는 창이다.

어른들이 어린아이의 질문에 담겨 있는 많은 정보를 살펴보는 것은 그다지 어렵지 않다. 그러나 아이들이 물을 수 있는 질문이 놀라울 정도로 다양하다는 것은 그 질문들이 더 흥미로운 사실을 드러낼 수 있음을 시사한다. 그 가능성을 입증하는 증거는 다양한 문화권의 아이들이 하는 질문을 비교한 연구에서 찾을 수 있다. 메리 고베인Mary Gauvain과 동료 학자들은 벨리즈, 케냐, 네팔, 미국령 사모아 이렇게 네 곳 어린이들의 질문을 녹음하고 그것을 쉬나드의 자료와 비교했다. 네 국가의 아이들도 미국 아이들과 마찬가지로 매우 많은 질문을 했다. 하지만 설명을 얻기 위해 하는 질문의 비율은 훨씬 낮았다.[13] 다른 문화권의 아이들에게는 비교적 흥미롭지 않거나 적어도 질문하기에 적절하지 않다고 여겨지는 것이 미국 아이들에게는 궁금증을 일으키는 주제인 것 같다.

고베인의 연구진은 미국 어린이들이 다른 네 문화권의 어린이들보다 설명을 요구하는 질문을 더 자주 하는 이유를 밝혀내고 싶었다. 그들은 이해가 안 되는 주변 모습을 이해하기 위해 끈질기게 질문하는 한 미국 어린이의 예를 들었다.

어머니: 그 꼬마는 그림을 그리고 있는 거야.
아이: 왜 그림을 그리고 있어요?
어머니: 그림 그리는 것을 좋아하기 때문이지.
아이: 왜 그림 그리는 거 좋아해요?
어머니: 재미있기 때문이지.
아이: 왜 재미있어요?
어머니: 그 아이가 좋아하는 일이기 때문이지.

아이: 왜 그 일을 좋아해요?[14]

미국 어린이들은 다른 문화권의 어린이들보다 이런 문제가 더 흥미롭다고 생각하는 것일까? 아니면 질문을 하는 것에 더 거리낌이 없는 것일까? 연구진은 사모아, 네팔, 벨리즈, 케냐의 아이들에게는 어른과 아이 사이 어느 정도의 거리를 존중해야 한다는 기대가 있음을 지적한다. 그런 사회에서는 설명을 구하는 질문('왜' 질문)이 무례하게 보일 수 있다. 그러므로 아마 그런 문화의 아이들에게는 허락을 구하거나 사물의 이름이나 정확한 방법을 물어보는 질문을 많이 하는 것이 더 편하게 느껴질 수 있다. 문화권 간에 차이가 생기는 원인이 무엇이든지 그 효과는 아마 강력할 것이다. 미국 어린이들이 아주 어린 나이에 주변에 대해 매우 많은 설명을 듣는다는 사실은 주목할 만하다. 무엇보다도 어린이의 호기심은 대부분 초기 단계의 특정 관심사로 이어진다. 그러므로 어릴 때 부모와 질문과 대답을 교환하는 대화가 나중에 생각을 형성하는 데 도움이 된다.

예를 들어 메러디스 로웨Meredith Rowe와 동료 연구자들이 미국 아버지와 어린 자녀 사이 대화를 분석한 연구를 보자. 연구진은 아버지가 걸음마기 자녀에게 어떤 질문을 하는지 조사하고, 몇 년 후 아이들을 관찰했다. 아버지가 말을 이제 막 배운 아이에게 '왜'와 '어떻게' 질문을 더 많이 한 경우 아이가 유치원생이 되었을 때 아는 것이 더 많고 더 높은 수준의 인지 기능을 보였다.[15] 점점 많은 연구자가 부모와 어린 자녀 사이 대화는 매우 일상적이더라도 아이의 지성에 강력하고 지속적인 영향을 미친다는 의견에 동의하고 있으며, 로웨도 그중 한 명이다. 질문은 아이들이 원하는 대답을 얻기 위한 독특한 도구가 된다. 그러나 이처럼 지식을 형성하는 대화는 아이들이 얻으려고 하는 특정 정보 이상을 제공할 수 있다. 로웨의 연구 자료는 가정에서 묻고 답하는 질문의 성질이 아이의 사고 습관 형성에 영향을 미친다는 점을 암시한다. 구체적으로 말해 어린 나이에 '왜'와 '어떻게' 질문에 노출되는 경우가 많으면 논리적 사고 능력이 더욱 향상되도록 토대를 마련할 수 있다. 대화를 많이 하는 가정에서 자란 아이들은 나중에 학교에서 좋은 성적을 거둘 가능성이 크고 반면에 대화를 별로 하지 않는 가정에서 자란 아이들은 학교에서 힘들어한다는 강력한 증거가 이미 나왔다.[16] 이처럼 기본적이고 대략적인 차이 외에도 순전히 가정에서 얼마나 많은 말을 하는지뿐만 아니라 어떻게 말을 사용하는지도 아이의 지능을 자극하는 주요 요인이라는 것이 입증되었다. 가족끼리 대화하고 추억담을 나누고 감정과 생각을 공유하는 가정의 아이들은 그저 언어를 사용해 지시하거나 나무라는 일상을 사는 가정의 아이들과 비교했을 때 배우는 것이 다르다.[17] 더 긴 대화에 더 자주 참여하는 아이들이 글을 더 쉽게 배운다는 것이 연구를 통해 입증된 지도 이제 꽤 되었다.[18] 아이들은 주변 세상에 관해 대화를 나누면서 먼 장소, 모르는 사람, 먼 과거의 사건 같은 매우 다양한 경험에 관한 글을 읽는 데 필요한 사고를 준비하는 듯하다. 로웨의 연구 자료로부터 우리가 얻을 수 있는 교훈은 가정에서 아이에게 물어보는 특정 종류의 질문과 질문을 권장하는 문화가 지성의 문을 더 활짝 열어준다는 것이다. 게다가 아이들 주변에 항상 존재하는 질문은 아이들에게 지식이란 추구할 가치가 있고 지적 추구는 소중한 것임을 가르쳐줄 수 있다. 새로 마련된 지식 창고에 정보를 더해주는 질문은 아이가 단순히 지식을 '사용'하기보다 지식에 대해 '사고'할 수 있는 능력과 기질을 개발하도록 돕는다.

이것을 보여주는 뚜렷한 증거는 종교공동체에서 성장한 아이들이 무신론자 가정에서 자란 아이들보다 새로운 정보에 대해 비판적으로 사고할 확률이 낮음을 보여주는 여러 연구에서 얻을 수 있다. 구체적으로 말해 익숙하지 않은 자료나 새로운 주장이 제시되었을 때 무신론자 가정에서 자란 아이들은 증거나 이유를 찾으려고 할 공산이 크다.[19] 그 이유로 삶의 가장 큰 미스터리에 대한 해답을 신앙에서 찾아야 한다고 믿도록 길러진 아이들은 일반적으로 자기가 들은 말에 의문을 제기하는 것의 가치를 인지하지 못할 가능성이 있기 때문이라는 분석이 있다. 어른들이 세상에 접근하고 세상에 대해 말하는 것을 아이가 어떻게 인지하느냐는 매우 중요하다. 그것은 아이가 무엇을 믿고 무엇을 아는지 형성할 뿐만 아니라 아이의 믿음과 지식이 어느 만큼 성장할지도 결정할 것이다.

성장하면서 아이들이 하는 질문도 성숙해진다. 잘 알고 있듯이 아이들의 첫 질문은 보통 '누가', '무엇을', '어디에서'와 같이 사물의 이름이나 위치를 알아내기 위한 것들이다. 그러다가 만 3세쯤부터 '왜'와 '어떻게'처럼 설명을 추구하는 질문을 하기 시작한다. 심리학자들은 이런 질문을 '인식론적 질문'이라고 하는데, 세상 이치의 항구적 사실에 대한 사고를 의미하는 아리스토텔레스 철학 용어에서 빌려온 것이다. 그런데 인식론적 호기심을 다룬 많은 연구는 예를 들어 동물이 갑자기 소리를 내거나 한 번도 본 적 없는 이상한 물건이 만들어지거나 어떤 물질이 뜻밖의 방식으로 움직일 때처럼 구체적 사물과 단일 순간에 대한 아이들의 반응에 초점을 두고 있다. 그런 연구에서는 뚜렷이 나타나는 놀라운 사물이나 상황에 의해 아이의 호기심이 자극되고, 관찰 가능한 반응으로 단 몇 분 사이에 호기심이 풀린다. 그러나 모든 호기심이 그렇게 명백하게 드러나거나 단시간에 사라지는 것은 아니다.

호기심 생성

애디는 낙엽을 수집할 때 단지 정보만 찾고 있었던 것이 아니라 정보에 대한 요구를 창출하면서 자신만의 지성의 땅을 개척하고 있었다. 낙엽을 수집하는 데는 시간이 오래 걸리지 않았다. 40분이 채 되지 않아 전체 과정이 끝났다. 애디는 그런 간단한 수집품 사냥을 여러 차례 실시했다. 어느 오후에는 해변에서 유리 조약돌을 모았고, 할머니 집 부엌에서 죽은 파리를 수집했다. 폭풍이 지나간 다음 날 집 근처에서 나뭇가지를 모으기도 했다. 또 어느 추운 날 오후에는 현관 지붕 아래에 매달려 있는 고드름을 뜯어내기도 했다. 그러나 그렇게 여섯 살이 될 때까지 빈번하게 행해진 간단한 수집 활동은 더 지속적인 활동을 위한 밑거름이 되었다. 6월 어느 무더운 날 애디가 아버지와 함께 어린이집에 가려고 집을 나섰을 때 그것이 시작되었을 것이다. 애디는 현관문 밖으로 나가려다가 하마터면 크고 광채 나는 암갈색 풍뎅이를 밟을 뻔했다. 그때 애디는 맨발이었다. 카시트에서 내리기 바로 전까지 맨발로 있다가 따뜻한 날씨에 신는 아주 작고 밝은 오렌지색 크록스 샌들을 신고 교실로 걸어가겠다며 여느 때처럼 고집부리고 있던 터였다. 흙이 잔뜩 묻은 애디의 작고 땅딸막한 발바닥은 예전에 날카로운 모서리와 굵은 돌, 널빤지 파편에 찔리고 부딪히는 사고를 겪어서 이미 흉터가 있었다. 이제 애디의 발은 왕풍뎅이의 털이 많아 보이는 다리 바로 옆에 나란히 있었다. 이 생명체의 두 더듬이가 움직이기 시작하고 다리가 활동을 개시하자 애디는 모든 동작을 멈추고 완전히 넋을 잃고 바라보았다. 그러고 나서 바로 너머에 있는 현관 바닥을 훑어봤더니 똑같이 생긴 생명체들이 왔다 갔다 움직이고 있었다. 움직임이 이상하게 몽환적이었지만 녀석들은 부지런히 움직이고 있었다. 애디의 눈은 다시 처음에 본 풍뎅이에게로 향했다. 애디의 다리가 조금 미끄러지면서 발이 풍뎅이의 금속성 껍질을 살짝 건드렸다. 아버지는 애디가 흥미를 보인다는 것을 거의 알아차리지 못했다. 그저 애디의 손을 잡고 자동차 쪽으로 데리고 가면서 꼭 집어 누구에게 말하는 것인지 알 수 없게 모호하게 말했다. "저것들을 다 치워야겠어."

"치워?" 애디는 안전띠를 채워주는 아버지에게 물었다.

"뭐?" 아버지는 멍하니 대답했다.

"아빠가 치워야겠다고 말했잖아요. 뭘 치워요?"

"아, 맞아. 저 풍뎅이들 말한 거야. 저녁에 집에 돌아오면 잊지 말고 저것들부터 치워야지 해서 한 말이야."

"풍뎅이들이 더러워요?" 애디가 말했다.

"아니. 하지만 골칫거리지. 그 누구도 풍뎅이가 집 안으로 날아드는 것을 좋아하지 않지."

"풍뎅이가 날아요?" 애디의 눈이 조금 커졌다. 그러나 이미 아버지는 운전대를 잡았고 차는 도로를 향해 움직이고 있었다. 애디는 창밖으로 빠르게 지나가는 나무들을 구경했다. 15분 후에 어린이집 교실에 도착했다. 애디는 구석에서 큰 종이상자로 짓고 싶은 집을 설계하고 있는 친구들 무리에 행복해하며 끼어 들어갔다. 왕풍뎅이와 만남의 순간은 그렇게 지나갔다. 아니 그렇게 지나간 듯 보였다.

며칠 후 애디와 친구들은 만 3세 유아에게 꼭 맞도록 만들어진 낮은 식탁에 앉아 각자 집에서 가져온 음식을 먹고 있었다. 아이들은 누가 용감하게 차가운 물에서도 수영할 수 있는지 이야기하고 있었다. 그때 애디가 무엇인가 식탁 귀퉁이에서 움직이고 있는 것을 알아차렸다. 애디는 아버지가 싸준 멜론을 먹고 있었다. 한입 가득 물고 있어서 볼은 불룩하고 멜론즙이 턱으로 조금씩 흘러내리고 있었다. 애디는 벌레 한 마리가 멜론 그릇을 향해 지그재그로 움직이는 것을 구경하기 위해 씹는 것을 멈췄다.

"왕풍뎅이다!" 애디가 소리쳤다. 바로 옆에 선생님이 서 있었다.

"아니. 그건 왕풍뎅이가 아니란다, 애디. 그건 개미야. 네 멜론을 나눠 먹고 싶은 것 같은데. 꼬마 아가씨들이 난장판을 벌여놓았네. 안 그래? 이런 더러운 벌레들에게 잔칫상을 차려줬어." 애디는 벌레에게 시선을 고정했다.

"그런데 얘는 날아요?"

네 살쯤 되면 많은 아이가 자연에, 특히 동물과 동물의 행동에 특별한 관심을 보인다. 여러 심리학자 중에서도 특히 수전 캐리Susan Carey의 연구에 따르면 동물에 대한 강한 관심은 어느 정도는 생물과 무생물의 차이 같은 핵심적인 생물학적 개념을 직관적으로 이해할 수 있는 타고난 능력에서 생겨난다고 한다.[20] 그러나 그것은 시작점에 불과하다. 타고난 성향이 아이들을 무엇으로 이끌든 아이들은 학습 시간과 에너지를 어디에 써야 할지와 관련해서 선택의 폭이 넓다. 쉬나드는 연구를 위해 취학 전 아동 112명의 부모에게 휴대용 소형 녹음기를 제공하고 자녀와 함께 인근 동물원에 방문해서 동물원 안에서 일어나는 모든 것을 녹음해달라고 부탁했다. 그 연구에서 아이들은 다른 환경에서 연구된 비슷한 아이들보다 훨씬 더 많은 질문을 했다(평균 질문 수는 시간당 95개였다). 질문을 분석한 결과, 나이가 많을수록 아이들은 호기심 대상을 겨냥한 질문을 했다. 가장 어린 아동들이 하는 질문은 약 20퍼센트가 꼬리에 꼬리를 무는 집중적인 질문이었지만 만 4세 아동들의 질문은 거의 절반이 그런 질문이었다.

어떤 주제는 다른 주제에 비해 더 집중적인 탐구를 끌어낸다. 그런 면에서 동물은 순위가 높은 주제다.[21] 토머스 비어리Thomas Beery와

크리스티 레키즈Kristi Lekies는 대학생 5,000명을 대상으로 어렸을 때의 수집 습관에 관한 설문 조사를 했다. 거의 88퍼센트나 되는 압도적으로 많은 학생이 만 3세에서 10세 사이에 밖에서 표본을 채집했다고 답했다. 어떤 주제는 다른 주제보다 더 인기가 많았다. 예를 들어 대략 30퍼센트가 나뭇잎, 깃털, 씨앗, 나무 막대, 버섯, 과일, 산딸기, 화석, 곤충 등을 수집했다고 했다. 지금은 어른이지만 응답자의 상당수가 어린 시절의 수집 활동에 대해 놀라울 정도로 상세하게 기억하고 있다는 점은 주목할 만하다.

> "가끔 얕은 물가에서 살아있는 장어를 잡았는데 물론 5분, 10분 후에는 풀어줬습니다."
> "어떤 것은 큰 초록색 광석인 에메랄드처럼 보였습니다."[22]

분명 그들은 세세한 모든 것에 주목하고 지속적이고 생생한 이미지를 그리면서 자신이 수집한 물건에 더 많은 주의를 기울였을 것이다.

기억에 의존해 대답해야 하는 어른에게 어린 시절의 수집품을 묻는 조사 방법으로는 편향된 자료를 얻을 위험이 있다. 자신의 어린 시절을 떠올릴 때 사실은 그러지 않았는데도 그 당시 활동이나 경험에 집중하고 스스로 주도면밀했다는 느낌을 보탤 수 있다. 산발적으로 일어난 일화들인데도 회상을 통해 중요한 의미와 일관성을 띠는 사건으로 그려질 수도 있다. 그런데 부모들에게 어린 자녀가 수집한 것에 관해 물었을 때 그들의 대답은 대학생들이 기억하는 것과 같은 양상을 보였다. 아이들은 자연계에 대단한 흥미를 느끼는 것 같다. 그리고 아이들의 관심 대상은 생물의 범위를 벗어나 무생물까지 확대된다. 다음은 메릴랜드에 사는 젊은 연구자가 쓴 여섯 살 소녀 알마의 수집 행위에 관한 보고서에서 발췌한 내용이다.

> 알마는 다섯 살 때 시작해서 지금까지 일 년 넘게 돌과 조개껍질을 수집하고 있다. 가끔 수집하지 않고 그냥 몇 주를 쉬기도 한다. 그럴 때는 수집에 관한 모든 것을 잊어버린 듯 보인다. 그러나 어느 날 공원에 소풍하러 가거나 사촌 집에 방문했다가 집에 돌아올 때면 주머니에 새로운 돌이나 작은 조개껍질로 가득 차 있을 것이다. 알마는 돌과 조개껍질을 가지고 다른 어떤 것도 하지 않는다. 그냥 방 한쪽 구석에 쌓아두기만 한다. 새로운 돌이나 조개껍질을 발견하면 그것을 더미에 추가할 것이다. 이 아이는 대개 수집품 더미를 살피면서 꽤 많은 시간을 보낸다. 그저 다양한 모양의 돌과 조개껍질을 만져보고 조용히 혼잣말한다. 가까이 다가가면 알마가 중얼거리는 소리를 들을 수 있다. "이건 아주 매끈하고, 이건 거칠고, 이건 조금 울퉁불퉁해." 가끔 새로운 것을 발견하면 수집물들을 질감이나 크기에 따라 작은 더미로 다시 분류할 것이다. 이따금 다른

사람이 돌멩이나 조개껍질을 줄 것이다. 하지만 알마는 그것을 다 받지 않는다. 그게 무엇이든 자기에게 의미 있는 '적합한 것'만 받는다.

알마와 같은 어린아이의 관심은 언제부터 더 집중적이고 목표지향적으로 바뀔까? 어린 수집가는 언제 어린 연구자가 될까? 쉬나드의 연구진은 화제를 이것저것 바꾸는 질문에서 한 주제를 더 깊이 파고드는 질문으로 바뀌는 때가 언제인지 조사하기 위해 만 1세부터 만 5세까지 아동들의 질문을 모아놓은 대규모 코퍼스(말뭉치)를 분석했다. 아이들이 처음 단어와 몸짓을 사용해 질문할 때는 97퍼센트가 서로 별개의 주제에 관한 것들이었다. 즉 하나의 호기심이 하나 이상의 질문으로 확장되지 않았다는 말이다. 흔히 사용한 표현은 "저건 뭐예요?", "뭐 하는 거예요?", "뭐라고 불러요?"이다. 아이들은 그물을 넓게 쳐놓고 매우 다양한 것에 관한 자질구레한 정보를 수집하는 것 같다. 그러나 대략 만 4세 6개월이 되면 아이들의 질문은 한 주제에 대해 한 번으로 그치는 단일 질문과 탐구를 추구하는 연속 질문으로 반반 나뉘었다.[23]

네 어린이의 장기간에 걸친 언어 자료를 분석하면서 쉬나드는 특히 만 1세 직후에 한 질문을 자세히 살폈다. 전체 질문의 87퍼센트가 하나의 주제에 대해 단 한 번의 질문으로 그치는 '단발성 질문'이었다. 쉬나드는 이어서 아이들이 만 5세 이후에 한 질문들도 살펴봤다. 상당한 변화가 있었다. 질문의 37퍼센트만 단발성 질문이었고

63퍼센트는 한 주제를 더 깊이 탐구하기 위한 연결된 질문들이 차지하고 있었다. 이 분석 결과를 기반으로 쉬나드는 새로운 연구 문제를 도출했다. 만일 더 깊은 이해를 위한 첫걸음으로 아이들이 다양한 정보를 얻으려고 질문을 사용하는 것이라면 지식을 쌓는 그다음 단계로 올라갔을 때 질문의 종류가 바뀔 것이라는 가설을 세웠다. 이 가설을 입증하기 위해 쉬나드는 아이들이 무엇인가를 우연히 발견했을 때 묻는 말들을 자세히 조사했다. 그 결과 취학 전 아동들은 사실을 수집할 수 있게 해주는 단발성 질문으로 탐구를 시작하는 것이 일반적인 접근 방법임을 알아냈다. 아이들은 말을 시작할 때 강아지, 날씨, 사람의 행동을 포함해 온갖 종류의 화제를 꺼냈다. 그리고 일단 '무엇' 정보를 어느 정도 수집하면 그 정보에 대해 '왜' 질문과 '어떻게' 질문을 하면서 더 깊이 조사하기 시작했다.[24] 쉬나드의 자료를 보면 심지어 취학 전 아동일지라도 호기심을 충족하기 위해 지략을 사용한다는 증거가 있다. 아이들의 질문은 대부분 마구잡이로 나오는 듯한 인상을 줄 수 있으나 실제로는 일정한 패턴을 따르고 있다.

애디도 분명 그랬다. 세 번째 생일이 지난 후로 일 년 동안 애디의 삶은 온통 곤충에 관한 것으로 채워졌다. 매주 잠깐이라도 그림과 책에서 그리고 생활 속에서 곤충을 보고 곤충에 대해 말하면서 지냈다. 곤충을 실제로 만지거나 심지어 직접 잡아서 더 자세히 조사할 기회가 주기적으로 생겼다. 조사는 산발적이었고, 어떤 때는 1분 만에 끝나고 어떤 때는 20분 동안 계속되었다. 따뜻한 여름 동안에는 거의 매일 벌레가 일상의 일부였다. 개미, 딱정벌레, 노린재, 좀벌레는 물론이고 흑파리, 말벌, 사슴파리, 벌 같이 날아다니는 곤충도 무수히 많았다. 가끔 흥미진진한 일들이 벌어졌다. 하루는 아버지가 차고 처마 끝에 매달린 말벌집을 막대기로 쳐서 떨어뜨렸고, 또 어떤 날은 어머니가 핀셋으로 다리에 붙은 진드기를 떼어내는 것을 조마조마하게 그러면서도 아주 재미있게 구경했다. 진드기를 잽싸게 떼어내 불에 태우는 것을 구경하는 것 못지않게 어머니가 진드기로 인한 라임병 위험에 관해 말해주는 것도 좋았다. 애디는 겁을 먹기보다 호기심을 느꼈다. "어떻게 그렇게 작은 벌레가 사람을 아프게 만들 수 있어요?" "정확히 어떻게 아프게 했어요?" 그리고 어느 날 이웃집 아저씨가 늘씬한 몸에 휘어진 나뭇가지처럼 보이는 다리가 네 개 달린 벌레를 가리켰을 때 애디는 어리둥절했다. 아저씨는 그것이 연못 위에 뜰 수 있는 곤충인 소금쟁이라고 했다. 곤충이 날아다니고 기어 다니고 재빨리 달리는 것만 하는 게 아니라 물에 뜨고 수영도 할 수 있다니 정말 뜻밖의 사실이었다.

애디는 얼마 동안 벌레에 관한 충분한 정보를 얻을 수 없었다. 날씨가 서늘해지면서 애디의 관심은 사그라들었다. 주변에 보이는 벌레가 줄어든 데다 발야구, 읽기 공부, 새로 전학 온 여자아이 등등 해결해야 할 다른 문제들이 많았다. 그러던 중 11월 어느 날 오빠가 초근접 잠자리 사진이 표지에 실린 《내셔널지오그래픽》을 보여줬다. 마치 눈부신 초록색 가면이 잠자리의 눈과 뺨을 가리고 있는 것처럼 보였고 스펀지처럼 생긴 회색 얼굴은 가운데가 불룩했다. 징그럽고 무서웠다. 애디가 가지고 노는 것을 무척 좋아하는, 오빠의 작은 플라스틱 슈퍼악당 인형 하나와 비슷했다. 애디는 흉측하고 인상적인 잠자리의 사진에서 시선을 뗄 수 없었다. 여름이 끝나면서 동면에 들어갔던 벌레에 대한 깊은 관심이 잠에서 깨어났다.

애디는 일주일 동안 잡지를 계속 가지고 다니면서 다른 활동을 하는 틈틈이 봤다. 며칠 동안 잡지는 변기 옆 작은 공간에 끼워져 있었다. 그러나 애디가 잡지를 자세히 읽거나 공부한 것은 아니었다. 애디는 주기적으로 가족들에게 질문을 퍼붓기도 했다. "파리도 진드기처럼 병에 걸리게 할 수 있어요?", "개미가 내 시리얼도 먹어요?", "그게 벌레 똥이에요?", "날 수 있는 벌레예요?". 부엌 바닥에 떨어진 쿠키 조각까지 길게 줄지어 왕복 행진하는 개미들을 보고서는 "개미들은 어떻게 줄짓는 법을 알아요?"라고 물었다.

실험을 한 날도 여러 번 있었다. 8월 어느 날 할머니가 낡은 오렌지색 플라스틱 파리채로 무장하고 해마다 벌이는 대대적인 파리 사냥을 시작했다. 애디는 자기도 하겠다고 나섰다. 처음 예닐곱 번 시도는 실패로 끝났다. 그다음 엄청난 집중력을 발휘해서 식탁 위에 앉아 있는 큰 흑파리에게 살금살금 다가가 온 힘을 다해 파리채를 내리쳤다. 명중했다. 애디는 파리채를 들어 올렸다. 너무 짓눌리지는 않은 죽은 파리가 식탁 위에 누워 있었다. 애디는 최대한 조심히 짧고 통통한 손가락으로 파리를 집어 얼굴 가까이 가져갔다. 저절로 눈이 휘둥그레졌다. 파리도 잠자리처럼 윤이 나는 눈가리개를 쓰고 있었다. 다만 초록색이 아니라 검은색이었다. 게다가 잠자리처럼 파리 얼굴의 가운데에 스펀지 같은 것이 있었다. 그런데 더 놀라운 것은 파리 몸에는 털처럼 보이는 것이 있다는 것이었다. 그때 막대기 같은 다리 하나가 움직였다. 애디는 할머니가 파리채로 때려잡은 모든 파리가 그랬듯이 이 파리도 죽었고 그래서 움직이지 않으리라 생각했다. 다리를 다시 움직이는지 보기 위해 파리를 식탁 위에 도로 내려놓고 가만히 살폈다. 그때 옆에서 청소하고 계시던 할머니가 파리채를 쥐고 다시 찰싹 내리친 다음 파리를 내다 버렸다. 그날의 실험은 그렇게 끝났다.

그 후 어느 날 애디는 친구 메이와 함께 인어의 존재 가능성에 관해 이야기하면서 잔디밭을 걷고 있었다. 그때 왠지 익숙해 보이는 아주 작은 물건 위로 벌레들이 무더기로 기어오르고 있는 것이 보였다. 애디는 친구에게 소리쳤다. "야, 저기 봐봐, 메이야." 두 아이는 벌레들이 뒤덮고 있는 것이 무엇인지 보기 위해 허리를 굽혔다. 그날 먹은 샌드위치에서 떨어진 햄 조각이었다. 메이는 집에서 기르는 개를 부르자고 제안했다. "멍멍이가 얘네들을 먹을지 몰라! 먹는지 안 먹는지 한번 보자. 멍멍아, 이리 와. 맛있는 간식 먹지 않을래?" 두 아이는 온순한 래브라도가 킁킁거리며 코로 햄 조각을 미는 엽기적인 광경을 재미있게 구경했다. 애디가 신이 나서 말했다. "우리 멍멍이, 잘한다. 맛있는 작은 개미는 먹고 싶지 않니?" 두 소녀는 멍멍이가 다시 햄 조각을 살살 밀자 기대를 하며 몸을 앞으로 더 숙였다. 그러나 개는 더는 흥미를 보이지 않고 그냥 돌아서서 가버렸다.

그냥 지나가는 사람에게는 이 일이 전혀 중요해 보이지 않았을 것이다. 두 어린이가 한가로이 걷다가 잠시 개미에게 몰두하고 반려견과 노는 기회로 보였을 것이다. 그것이 계속 진행 중인 애디의 곤충에 관한 관심이나 곤충에 대해 더 많이 알고 싶어 하는 욕구와 연결되리라고는 전혀 몰랐을 것이다. 그러나 그 행인이 틀렸다. 아무리 산발적이더라도 벌레와의 만남은 애디에게 꾸준히 정보를 제공했다. 곤충에 관한 애디의 관심은 몇 년 동안 계속되었고, 몇 단계에 걸쳐 초점이 바뀌었다. 처음에는 왕풍뎅이의 특징과 행동에 매료되었지만, 나중에는 다양한 벌레들의 특정한 능력에 대해 더욱더 알고 싶었다. 그리고 여섯 살이 되자 벌레들의 차이점, 비슷한 점, 행동 패턴, 심지어 약점 등 벌레의 생태에 관련된 더 일반적인 결론을 도출했다. 애디는 곤충광이 되어가고 있었다.

전문지식의 힘

1980년대 초 미셸린 치Micheline Chi와 동료 연구자들은 어린아이가 사고할 때 무엇이 '발달'하는지 밝히기 위한 연구를 진행했다. 아이가 어떤 능력이나 행동 방식에 대해 성공적으로 변화를 이뤄낼 때—예를 들어, 기억력이 향상되거나 특정 개념을 더 쉽게 이해할 수 있게 되었을 때—정확히 무엇이 발달한 것일까?[25] 그전까지만 해도 대부분의 20세기 발달 및 인지 심리학자들은 아동 인지발달의 위대한 선구자 장 피아제Jean Piaget가 구축한 이론을 받아들이고 있었다. 피아제의 이론에 따르면 아동의 사고는 결정적 시기에 이르면 광범위한 변화를 겪는다. 예를 들면 만 2세에 상징적 사고를 시작하고, 만 5세에는 단지 세상이 요구하는 대로 행동하는 것으로 그치는 게 아니라 세상에 대해 생각할 수 있고, 만 7세에는 추상적인 개념을 어느 정도 이해할 수 있다.[26] 피아제의 시간에 따른 인지발달 단계는 매우 설득력이 있었다. 그러나 아동이 경험하는 어떤 기제가 새로운 방식으로 사고하는 다음 인지 능력 단계로 넘어가게 하는지는 설명하지 못했다. 피아제는 성숙만으로 인지발달을 설명할 수 있다는 의견을 받아들이지 않았다. 그보다는 세상과의 상호작용이 인지발달을 촉진한다고 주장했다. 하지만 그런 상호작용이 어디에서 어떻게 성장하든 간에 상관없이 모든 아동이 경험하는 극적인 인지발달 변화를 어떻게 설명할 수 있을지 확실하지 않았다.

그러다가 1970년대와 1980년대에 들어오면서 컴퓨터가 사회적 주류가 되었다. 심리학자들은 이 새로운 기계의 작동방식이 발달 단계에 있는 인간의 정신 활동 방식과 놀랍도록 비슷하다는 점을 발견했다. 그들은 다양한 과제를 수행하기 위해 컴퓨터에 무엇을 입력해야 하는지 이해하고 그것을 기반으로 발달 단계에 있는 아이가 어떤 행동에 숙달하기 위해 무엇을 알아야 하는지 나타내는 모델을 만들 수 있었다. 게다가 아동이 단계별로 과제에 어떻게 접근하는지 보여주는 모델도 만들었다.[27]

결과적으로 이것은 연구자들에게 아동의 사고가(그리고 그 사고로 유발되는 행동이) 점점 정교해지면서 변하는 것이 무엇인지 알려줬다. 미셸린 치는 아이가 어떤 주제에 대해 얼마나 알고 있느냐는 우리가 생각하는 그 아이의 '발달 단계'와 복잡하게 얽혀있음을 입증하는 일련의 중요한 연구를 이끌었다.[28] 그녀의 연구진이 실시한 유명한 연구 조사에서 만 5세 아동들 사이에서 적잖게 발견되는 공룡 전문가 아동들은 다른 문제를 다룰 때보다 공룡과 관련된 질문에 대답할 때 더 수준 높은 사고 기능을 사용했고, 같은 연령대의 공룡 초보자 아동들과 비교했을 때 다른 면은 모두 비슷했지만 사고 수준은 훨씬 더 높은 것으로 나타났다. 다른 연구에서는 만 7세 아동들에게 플래시 카드와 공룡 관련 사실을 묻는 열여덟 개의 질문으로 사전 테스트를 했다(예를 들어 "브론토사우루스라는 이름은 어떤 도마뱀을 의미할까?"). 그리고 테스트 결과를 사용해 아이들을 전문가와 초보자 집단으로 나누었다.[29] 그다음으로 양쪽 집단의 아이들에게 다양한 공룡 그림 카드를 보여주고 각각에 대해 알고 있는 것을 전부 말하게 했다. 당연히 전문가 집단이 초보자 집단보다 많은 정보를 제공했다. 미셸린 치와 동료 연구자들이 더욱 주목한 점은 전문가 아이들의 반응을 보면 이 아이들이 훨씬 더 복잡한 방식으로 주어진 주제에 대해 생각하고 있다는 것이었다.

초보자 아이들은 눈에 보이는 정보에서 벗어나지 않았다("입이 열려있어요", "뿔이 세 개예요"). 반면에 전문가 아이들은 실제로 카드에 묘사되지 않은 특징까지 말하는 경우가 많았다("육식 공룡이에요", "작은 무리를 지어 다니는 공룡이에요").[30] 게다가 전문가 아동들은 '만약', '왜

냐하면', '그러고 나서', '아니면' 등의 연결어를 더 많이 사용하면서 더 세련되게 정보를 연결해 말했다. 예를 들어 한 아이는 "아마 어떤 것도 그 공룡들을 공격하지 못할 거예요. 왜냐하면 공룡들의 왕이라 불리는 종류이거든요. 그래서 아무도 녀석들을 공격할 수 없다고 생각해요."라고 말했다. 또 어떤 아이는 "만약 더 큰 동물을 본다면 그것들은 도망칠 거예요."라고 말했다. 이와 같은 대답은 초보자 아동들이 하는 "이빨이 날카로워요. 손가락이 세 개예요. 날카로운 손가락과 발톱 그리고 긴 꼬리를 가지고 있어요."처럼 단순히 나열되는 묘사보다 훨씬 더 복잡한 사고를 담고 있다. 마지막으로, 전문가 아동들은 잘 모르는 공룡들을 보여줬을 때 겉으로 뚜렷하게 드러나지 않는 유사점을 바탕으로 분류할 수 있었다. 예를 들어 한 아이는 이렇게 말했다. "그것을 보면 육식 공룡이라는 것을 알 수 있어요……. 왜냐하면 앞에 달린 것이 몸을 감싸고 있기 때문이에요……. 그리고 그것이 공룡을 안전하게 지켜줄 거예요." 미셸린 치와 동료 학자들은 한 분야에 관한 많은 정보를 가지고 있을 때 아이들은 더 통합적이고 일관된 사고를 할 수 있고 주어진 주제에 관한 더 깊고 더 풍부한 사고를 시사하는 의견을 내놓게 된다고 주장했다. 그러나 중요한 것은 잘 알지 못하는 주제에 관해 생각할 때에는 그런 사고 능력이 나타나지 않았다는 것이다.[31] 연구 결과를 보면 아이들이 어떤 주제에 관해 많이 알 때 더 복합적인 사고를 한다는 점을 알 수 있다. 그러므로 아이가 행하는 사고의 정교함은 아이의 전체 발달 수준에 의해서만 결정되는 것이 아니다. 아이가 그 주제를 얼마나 잘 알고 있느냐도 영향을 미친다.

연구 결과는 수집에 관해서도 말해주고 있다. 아이들이 정보를 수집할 때 수집이 아무리 불규칙적이고 산발적으로 일어난다고 할지라도 단지 정보를 수집하는 것만이 아니라 다른 방식으로는 불가능했을 일종의 사고를 위한 기반을 다지는 행위라는 것이다. 즉 정보를 연결하고 밑바탕이 되는 원리를 확인하고 눈에 보이는 것을 넘어 보이지 않는 것도 찾아본다. 이와 같은 사고 활동은 오직 한 영역의 정보를 특정 임계치만큼 가지고 있을 때 일어날 수 있다.

이런 일련의 사고 활동에 따라 애디는 다양한 종류의 벌레를 수집하고 벌레와 관련된 경험을 하게 되자 벌레에 대한 다양한 사고를 할 수 있었다. 주변에서 애디를 보거나 애디와 함께 지낸 사람들이 보기에도 그것은 분명한 사실이었다. 멍멍이가 개미가 우글거리는 흙 묻은 햄 조각을 건들지 않고 내버려뒀을 때 애디는 아주 근엄하게 설명했다. "멍멍이에게는 개미가 너무 많아. 개미들은 항상 그래. 언제나 함께 움직인다고. 군대 같아. 개미 군대."

그러나 여섯 번째 생일이 가까워질 무렵 벌레는 애디의 관심에서 멀어져 있었다. 딱히 새로운 것으로 관심을 돌린 게 아니었다. 더 좋아하는 주제가 생긴 것도 아니었다. 그보다는 더 큰 것, 아주 더 큰 어떤 것에 벌레가 묻혀버린 것이었다. 하지만 처음에는 애디 본인도 그 누구도 그것을 알아차리지 못했다. 유달리 기분 좋은 8월 어느 날이었다. 애디는 돌보미 이모 마가렛과 함께 마트에 가기 위해 집을 나섰다. 도중에 자동차가 갑자기 속도를 줄이더니 길가에 멈춰 섰다. 마가렛이 소리쳤다. "저기 좀 봐." 이제 만 5세 6개월이 된 애디는 앉은키가 너무 작아서 마가렛이 가리키는 것을 볼 수 없었지만 분명 재미있는 것이라는 확신이 들었다. 두 사람은 이미 엄청나게 많은 시간을 야외에서 탐색하면서 보내고 있었다. 만지고 냄새 맡고 자세히 살펴볼 표본을 찾아 애디네 마당과 마가렛네 마당, 동네에 있는 연못 주변, 공동묘지 뒤편 숲을 돌아다녔다. 일 년 전 한번은 마가렛이 양의 방광을 작은 단지에 담아서 가져온 적이 있었다. 단지는 애디네 식탁 위에 일주일 동안 놓여 있었다. 두 사람은 식탁에 앉아 그것을 보면서 마음껏 이야기할 수 있었다. 그래서 갑자기 차가 길 한쪽으로 빠지고 멈췄을 때 애디는 채집 활동에 나설 준비가 되어 있었다.

마가렛이 차 문을 열어서 애디의 안전띠를 풀어준 후에 잡초가 우거진 갓길을 가리켰다. 그곳에는 아주 큰 새가 누워 있었다. 한쪽 날개 끝이 포장도로에 닿았고 나머지는 높은 풀에 가려 안 보였다. 가까이 다가가면서 애디는 새의 크기가 자기만 한 것 같다고 생각했다. 그런 새를 실제로 본 적은 없어도 책에서 사진으로 많이 봤었다. 목은 길고 부엌 싱크대 배관처럼 휘어져 있었다. 축 처지고 무거워 보이는 새의 몸은 꿈쩍도 하지 않았다. 애디는 그런 모습을 전에도 봤었다. 그것은 죽은 새였다.

"왜가리네!" 마가렛이 소리쳤다. "길가에서 왜가리를 본 것은 오늘이 처음이야. 아주 큰 녀석인데. 무슨 일이 있는 것 같구나." 마가렛은 성큼성큼 차로 돌아가서 이런 때를 대비해 싣고 다니는 큰 절단 가위를 꺼내 왔다. 그리고 큰 소리로 말했다. "다리를 가져갈 수 있는지 보자꾸나." 두 사람은 축축하고 더러운 모래땅에 함께 웅크리고 앉아 일을 시작했다. 애디가 왜가리의 발을 붙잡았다. "그쪽을 잡아당겨. 그러면 내가 자를게." 마가렛이 말했다. 새의 발은 무척 컸다. 새의 다리를 당기기 위해 애디의 양손이 모두 동원되었다. "잡아당겨." 마가렛의 말에 애디는 힘껏 잡아당겼다. 그러나 실제로 자르는 모습을 가까이에서 보고 싶었던 애디는 왜가리 쪽으로 고개를 내밀면서 몸을 앞으로 기울였다. "으악, 냄새!" 애디가 말했다. 절단 가위가 비쩍 마르고 비늘 덮인 발을 향해 돌진했다. 애디는 눈을 크게 뜨고 초집중하며 유심히 봤다. 왜가리의 다리를 자르기는 쉽지 않았다. 마가렛은 다리를 붙잡고 낑낑거렸다. 가윗날이 가죽과 뼈까지 파고들자 으드득거리며 부러지는 소리가 들렸다. 다리는 깨끗하게 절단되지 않았다. 마가렛은 절단 가위를 비집어 열어서 가위에서 다리를 떼어놓았다. 그러고 나서 애디도 네 개의 긴 발가락을 자세히 볼 수 있도록 다리를 들어 올렸다. 발가락 끝에는 좁고 휘어진 발톱이 있었다. 너무 몰입해 있어서인지 수다쟁이 애디가 아무 말도 안 했다. 왜가리 다리는 작고 흉측한 회백색 돌기들로 덮여 있었다. 가위로 절단된 부위에는 어두운색의 작은 덩어리가 있었는데 가는 철사가 엉킨 것처럼 보였다. 마가렛은 가위를 들고 일어서서 말했다. "좋아. 꼭 잡고 있어. 이걸 너희 집으로 가져갈 거야." 애디가 새의 다리를 잡았을 때 이상하게 차가웠다.

따뜻한 봄날 냄새가 코를 찌르는 새의 다리를 옆에서 도와서 절단한 경험이 애디에게 일어날 무엇인가의 조짐 같지는 않았다. 죽은 왜가리와의 만남은 어린아이가 경험하는 다른 많은 몰입의 순간처럼 나타났다가 사라졌다. 집으로 돌아온 두 사람은 새 다리에 끈을 감고 그것을 건조하기 위해 차고 지붕 끝에 매다느라 한 시간 이상을 썼다. 그런데도 서녁 식사 시간 즈음해서 애디는 오빠의 야구 시합을 구경하러 가버렸다. 그러고 몇 시간 후 잠잘 준비를 할 즈음 애디의 머릿속에는 다른 중요한 생각으로 가득 차 있었고 왜가리의 다리는 멀리 밀려나 있었다. 애디는 어머니에게 야구 시합 동안에 친구들과 뭐하면서 놀았는지, 어떻게 무릎에 긁힌 상처가 났는지, 생일 선물로 무엇을 받고 싶은지 전부 말했다. 다음 날 아침 애디는 식탁에 앉아 구운 와플을 먹다가 차고 지붕 아래 매달려 바람에 살짝 흔들거리는 새의 다리를 보게 되었다. 갑자기 질문이 하나 떠올랐다. 그래서 곧바로 오빠에게 물어봤다. 열세 살인 오빠는 모든 것을 알고 있을 것 같았다.

"어떻게 피가 없어?"

"몰라." 오빠가 어깨를 으쓱하며 말했다. "마가렛 이모에게 물어봐."

몇 시간 후 애디가 통학버스에서 내리는데 마가렛이 마중 나와 있었다. 애디는 꾸물거릴 시간이 없이 곧장 물었다. "어떻게 피가 안 나요?" 낮 동안 애디의 궁금증은 마음 한쪽 구석으로 조용히 물러나 있었다. 받아쓰기 시험, 점심, 발야구, 1분 안에 주어진 문제를 다 풀어야 하는 수학 학습지, 체육 수업 마지막에 토하는 여자아이 등등

학교에서 벌어지는 일을 위해 공간을 비워둬야 했다. 그러나 통학버스 뒤쪽으로 가서 자리를 잡고 앉았을 때 왜가리 다리에 관한 생각이 다시 떠올랐다. 버스 창밖으로 마가렛이 보이자 애디의 궁금증은 아주 긴급한 질문으로 바뀌었다. 애디는 운이 좋았다. 마가렛이라면 알고 싶어 하는 애디의 욕구를 완벽하게 해소해줄 것이다. 마가렛은 애디의 질문을 무시하지 않았다. 그러나 정확한 답을 해주지도 않았다. 대신에 "가서 살펴보자. 충분히 말랐는지 확인해보자." 말했다.

"뭐 하려고 충분히 말라야 하는 거예요?" 애디가 물었다.

"걸어둔 걸 내려서 네 방에 놓을 수 있게 말이야. 그러면 네가 항상 볼 수 있잖아." 마가렛이 대답했다. 툭하면 더러워지는 도시락 가방과 작고 찢어진 책가방을 마당 진입로 한쪽 가장자리에 내려놓은 후 애디는 마가렛과 함께 왜가리의 다리가 있는 곳으로 걸어갔다. 이상한 냄새가 풍겨왔다. 그렇다고 두 사람의 걸음을 멈추게 하진 못했다. 마가렛은 애디의 짧고 통통한 다리를 잡아 위로 올려줬다. 애디는 몸을 약간 숙여 아주 가까이에서 다리를 볼 수 있었다.

"잘라낸 부위가 아직 축축해 보이니, 아니면 잘 마른 것 같니?"

"조금 축축해요." 애디가 대답했다. "잠깐만요. 아직 내리지 말아주세요. 피를 보고 싶어요. 어디에 피가 있어요?"

"피는 없어." 마가렛이 말했다. 그 말을 믿을 수 없는 애디는 더 자세히 봤다. "정말 잘 마르게 되면 선반에 올려놓고 영원히 보관할 수 있어. 발톱이 얼마나 멋진지 봐. 반짝거리는 멋진 검정 발톱이야."

애디는 손을 뻗어 손가락 끝으로 천천히 발톱을 만졌다. 얼마나 날카로운지 보기 위해 끝부분도 눌러봤다. 그런 다음 비늘 덮인 가죽을 손가락으로 훑었다. 애디는 어느새 다리 중간에 있는 통통하고 주름진 부분을 손가락으로 집어보고 있었다. "여기 무릎을 봐요. 엄마 팔꿈치처럼 주름져있고 꼭 칠면조 같은 소리가 나요." 마가렛은 위로 올렸던 애디의 몸을 땅으로 내려놓았다.

"다른 것도 찾으러 가자. 지금은 봄이니까 죽은 토끼를 찾을 수 있을 거야. 토끼 뼈를 수집품에 추가할 수 있어."

그 후 10년 동안 애디의 수집품은 확장되었다. 애디와 마가렛은 차에 치여 죽은 동물의 부위를 떼어 가져오거나 들에서 발견한 작은 동물 사체를 가져와서 깨끗이 닦고 다듬어 표백제에 담그고 그런 다음 밖에 매달아두고 건조했다. 그러면 영구 보존이 가능한 표본을 만들 수 있었다. 어떤 때는 동물의 습성에 관해 더 알아보기 위해 인터넷이나 오듀본Audubon 조류도감을 찾아보기도 했다. 또 어떤 때는 동물을 눌러보고 쿡쿡 찔러보고 자세히 살피면서 어떻게 죽었는지 추측해보기도 했다.

애디네 가족이 할머니네 집에 머물고 있던 어느 여름 해변에서 죽은 모래상어를 발견한 애디가 집까지 400미터 넘는 거리를 상어를 끌고 가져왔다. 할머니는 상어를 집 안에 들이는 것을 허락하지 않았다. 그래서 지하저장고 입구에 그냥 뒀다. 다음 날 아침 지독한 악취가 났다. 그러나 애디는 상관하지 않았다. 계속 숨을 깊이 들이마셨고 그러다가 역해서 웩웩거렸다. 황홀감과 역겨움이 공존했다. 상어는 며칠 동안 그곳에 놓여 있었다. 애디는 자주 그곳에 들러 상어를 조사했고 어떻게 수집품에 추가할지 고민했다. 이제 열일곱 살이 된 오빠가 드디어 도와주기로 했다. 오빠는 아주 날카로운 접이식 칼이 있다고 자랑했다. 우선 다른 가족들이 썩어가는 상어 살 냄새를 계속 맡지 않아도 되게 할머니 집에서 멀리 떨어진 곳으로 상어를 옮겼다. 그런 다음 오빠가 가늘고 뾰족뾰족한 뼈가 드러나게 하려고 살을 잘라내기 시작했다. 살 속은 악취가 더 심했다. 남매는 몇 시간 동안 그 일에 매달렸다. 어느 순간 단단하고 검붉은 살점이 떨어져 나오면서 뼈대가 드러났다. 애디는 오빠에게 "물고기는 포유류와 달라서, 그러니까 토끼나 다람쥐처럼 온혈동물이 아니라 변온동물"이라고 알려줬다.

애디가 열세 살이 되었을 무렵 동물 수집품은 애디의 방 벽면 세 개를 가득 채우고 있었다. 열다섯 살이 되었을 때는 근처에서 수집한 동물 표본뿐만 아니라 외래종 표본도 용돈으로 구매했다. 지금은 없어진 뉴욕 북서쪽에 있었던 맥실라 앤 맨디블Maxilla & Mandible이라는 큰 상점이 애디의 단골 가게였다. 여행 다녀온 친척이 멀리서 표본을 구해다 주기도 했다. 삼촌이 너구리 음경골이 확실하다고 하면서 준 것이 있고 보존 처리된 악어와 작은 거북이까지 있었다. 수년 전 대서양 연안 해변으로 쓸려온 고래를 발견한 부모님의 오랜 친구가 거대한 고래 등뼈를 줬다. 한번은 할머니를 따라 할머니 친구분 집에 방문한 적이 있었다. 애디는 정말 기뻤다. 그 친구분은 자연에 대한 글을 쓰는 작가로 아마존에 탐사하러 갔다가 축소된 머리(아마존 원주민 부족이 전쟁 전리품으로 만들던 것으로 두개골과 뇌는 빼내고 얼굴 형태는 그대로 살려 사람 머리를 어른 주먹만 하게 축소한 것-옮긴이)를 어찌어찌 얻게 되었다. 애디는 책장에 꽂혀 있는 그 작가의 책과 사전 사이에 놓여 있는 그것을 얼빠진 듯이 바라보았다. 그 불행한 희생자가 어떤 일을 겪었을지 상상하지 않을 수 없었다. 나중에 머리 축소 의식의 실제 과정에 관한 책을 읽었지만, 애디가 처음 그것을 봤을 때 떠오른 이미지는 포로로 잡혀 온 원주민이 펄펄 끓는 가마솥에 던져질 때 비명을 지르고 결국에는 아주 작은 크기로 졸아드는 모습이었다. 애디는 주기적으로 그처럼 소름 끼치는 일이 어떻게 전개되었을지 생각하면서 어머니에게 말하곤 했다. 그것이 신경 쓰였고 계속 그 생각을 했다.

그동안 수집한 자료는 애디의 침실 벽면을 다 채우고도 남았다. 선생님들이 주제 하나를 선택해 글을 써 오라고 할 때마다 애디는 동물을 주제로 선택하고 어디에 살고, 무엇을 먹고, 사냥 전략은 무엇이고, 천적이 무엇이고, 기관이 어떻게 작동하고, 배설물은 어떻게 생겼는지 설명했다. 애디의 지식은 차츰 체계적으로 정리되었고 오듀본 조류도감 같은 동물도감 수준으로 발전하기 시작했다. 처음에는 왜가리는 새이고, 새 다리에는 살이 거의 없고, 물고기는 변온동물이고, 토끼는 왜가리보다 피가 더 많이 나온다 등과 같이 사실이나 관찰한 내용을 목록으로 만들고 새로운 정보가 생기면 계속 추가하는 형식이었지만 애디의 지식은 어느새 단순한 목록만으로는 다 표현할 수 없을 정도로 복잡하고 방대한 정보의 집합체가 되었다. 물고기, 토끼, 왜가리에 관해 머릿속에 저장한 개개의 항목들은 다양한 생물 종에 관한 역동적인 정보를 제공하고 여러 생물 종이 어떻게 관련되어 있는지 계층 구조를 보여주는 방대한 정보 네트워크로 발전했다. 이런 점에서 애디만 특출한 것이 아니다. 흥미를 느끼는 주제에 관한 충분한 자료를 모을 수 있는 아이라면 누구나 지식을 체계적으로 정리할 수 있다.

심리학자 앤 브라운Ann Brown은 연구실과 실제 교실 환경 양쪽에서 이루어진 선구적 연구를 통해 어린이들이 어떤 주제에 완전히 깊이 파고들 수 있다면 별개의 사실들을 연결해서 새로운 생각을 생성하는 능력을 크게 향상할 수 있다는 것을 입증했다. 그뿐 아니라 학습 내용과 학습 방법과 관련해서 학생들이 인지심리학자 제롬 브루너Jerome Bruner가 도입한 개념인 '주체성agency'을 갖는 것이 매우 중요하다는 것도 입증했다. 브라운의 연구팀은 초등학교 4학년 학생들에게 동물들이 어떻게 서식지를 만들고 선택하는지 탐구하는 과제를 냈다. 이때 주제를 마음껏 선택할 수 있는 자유를 줬다. 연구 결과는 아이들이 답을 찾아야 하는 문제에 진정한 관심을 두는 것이 매우 중요하다는 것을 보여줬다. 단순히 아이들에게 동기나 재미를 제공해야 한다는 의미가 아니다. 진정한 관심은 아이가 정보를 완전히 자기 것으로 만들도록 유도하는 것 같았다. 진정한 관심이 있는 아이들은 자기가 알고 있는 정보를 다른 아이에게 가르칠 수 있을 만큼 체계적으로 정리하고 동물과 서식환경에 대한 새로운 의견을 생각해낼 수 있었다는 점도 주목할 만하다.[32]

중학생이 된 애디는 이제 단순히 필요할 때 정보를 수집하는 것에 그치지 않고 그 이상을 할 수 있었다. 어떤 동물에 관한 몇 가지 정보를 얻었을 때—예를 들어 냉혈동물이고 털이 없고 특정한 골격 형태를 가지고 있다고 한다면—그것의 식습관과 약점, 심지어 어떤 종류의 신경계를 가지고 있을 것 같은지도 추측할 수 있었다. 게다가 추측하는 것을 매우 좋아했다. 지식이 점점 많아지면서 일상에서 만나게 되는 평범한 종류의 동물에게서는 점점 놀라움을 느끼지 못했다. 그러나 몇몇 동물에 대해 새로움을 느끼지 못하게 억누르는 바로 그 지식이 애디에게 새로운 놀라움을 생성할 수 있는 능력을 줬다. 애디는 파리를 냉동실에 10분 동안 뒀다가 다시 따뜻하게 하면 어떻게 되는지 알아냈다. 여름 내내 애디는 죽은 생명을 다시 살리는 그 마법을 집에 찾아오는 거의 모든 사람에게 반복해서 보여줬다. 어떤 음식으로 박새를 손바닥으로 유인할 수 있을지도 추측했다. 하루는 오빠와 함께 아버지 정원 둘레에 쳐진 철조망 가까이에서 금방 죽은 새끼 토끼들을 발견했다. 잔디 깎는 기계가 토끼의 보금자리를 치는 끔찍한 사고의 여파였다. 토끼 사체를 보자 애디는 토끼 눈의 해부학적 구조에 대해 먼저 추측을 하고, 필요한 해부를 하려고 핀셋을 찾아 집 안으로 뛰어 들어갔다. 새로운 '실제' 사실이 겹겹이 쌓이면서 '가능한' 사실의 세계가 확장되었다.

동물에 관한 관심과 표본 수집에 대한 사랑은 가끔 애디에게 놀라운 만남의 기회를 제공했다. 애디는 오빠와 같이 야구를 할 수 있도록 실력을 쌓기 위해 어느 날 오후 잔디밭에서 스윙을 연습하고 있었다. 얼핏 30센티미터 정도 되는 뱀이 풀밭 가장자리에서 꿈쩍도

하지 않고 있는 것이 보였다. 애디는 야구 방망이를 내려놓고 뱀이 있는 쪽으로 성큼성큼 걸어가서 자세히 보려고 쭈그리고 앉았다. 죽은 것이 분명했다. 뱀의 머리 바로 아래에는 이상하게 불룩한 것이 있었다. 애디는 조금 전에 안으로 들어가 창으로 내다보고 있던 마가렛에게 소리쳤다. "이모, 와보세요. 여기 끝내주는 것이 있어요!" 마가렛이 옆으로 와서 물었다. "뭔데?"

애디는 불룩한 것이 무엇인지 알아내기 위해 손을 뻗어 만져보려고 했다. 그때 뱀의 입 밖으로 무엇인가 삐져나온 것이 보였다. 작은 개구리 발이었다. 그런데 그 발이 꿈틀거렸다. "아직 살아있어요." 애디가 소리쳤다. "우리가 구해줘요!"

박제를 만들 때 언제나 기꺼이 도와주는 파트너인 마가렛은 특유의 침착한 걸음으로 부엌으로 가서 과일칼을 가지고 나왔다. "네가 뱀의 머리와 꼬리를 붙잡고 잡아당겨. 내가 가운데를 자를게. 그러면 개구리를 구할 수 있을 거야." 마가렛이 뱀의 배를 갈라 열 수 있도록 애디는 주저 없이 과감하게 죽은 뱀의 양쪽 끝을 잡고 일직선이 되게 잡아당겼다. 그러나 칼끝이 뱀의 살을 찌르자 애디의 왼손에 잡혀있던 뱀의 머리가 갑자기 앞뒤로 마구 움직였다. 뱀이 살아 있었다. 하지만 배에 낸 구멍이 충분히 커서 마가렛은 엄지와 검지로 개구리를 용케 붙잡았다. 이제 뱀이 진짜로 죽은 것이 확실했다. 애디는 놀라고 당황해서 얼굴이 붉어졌다. 그들은 상황을 잘못 파악했고 그들 때문에 뱀이 죽은 것이었다.

"괜찮아." 마가렛이 말했다. "가끔 이럴 때가 있어. 그냥 실수한 거야. 그게 다야. 그리고 이제 선반에 채워 넣을 새로운 수집품이 두 개나 생겼네."

어린 수집가

모든 아이가 진정한 관심에서 무엇인가를 수집하는 것은 아니다. 윌리엄 리즈William Reese의 예를 보자. 2018년 그가 사망했을 때 《뉴욕타임스》 부고란에 "희귀 서적 판매자 가운데 단연 뛰어난 인물"이라고 묘사되었듯이 그는 미국 역사에 관한 서적과 미국 풍물에 관한 한 손꼽히는 전문가였다.[33] 그는 1955년 메릴랜드에서 태어나서 그곳에서 어린 시절을 보냈고 책과 풍물에 관한 관심은 어릴 때부터 시작되었다. 그의 아버지는 새를 사랑했고 존 제임스 오듀본John James Audubon(19세기 미국의 조류학자로 조류도감을 펴내고 새를 전문적으로 그린 화가로도 유명하다-옮긴이)이 그린 새 그림을 매우 소중하게 여겼다. 오듀본의 그림을 사기 위해 필라델피아와 볼티모어로 여행 갈 때는 어린 리즈를 데리고 갔다. 윌리엄 리즈는 어릴 때부터 신체적인 활동을 하는 것보다 무엇을 기록하거나 묘사하면서 시간을 보내는 것을 더 좋아했다. 《타임스》는 "리즈의 가족 목장에서는 블랙 앵거스 소를 길렀다. 그러나 윌리엄은 목장주가 되고 싶은 마음이 전혀 없었다. 대신에 윌리엄은 그의 첫 번째 서지학 서적 『120: 목장 산업에 관한 최고의 책 120권Six Score: The 120 Best Books on the Range Cattle Industry』을 출판했다. 그때 그는 아직 대학생이었다." 라고 전했다. 몇 년 후 중고 서적 판매상으로 알려졌을 때 윌리엄은 스스로 '증거'를 파는 상인이라고 자처하는 것을 좋아했다. 그의 마음을 사로잡은 것이 바로 그 증거와 그런 증거의 출처였다.

책을 사랑하는 많은 아이에게 수집하고 사유할 가치가 있는 것은 책이라는 물건 자체가 아니다. 아이들을 매혹하는 것은 등장인물과 인물 관계, 모험 같은 책에 들어 있는 내용이다. 자신의 지적 삶과 직업적 삶이 어떻게 형성되었는지 천천히 되돌아본 어른들은 대부분 어렸을 적에 읽은 특정 소설을 지목한다. 예를 들어 프랜시스 스퍼포드Francis Spufford는 그의 저서 『책이 만든 아이The Child that Books Built』에서 『버드나무에 부는 바람』, 『나니아 연대기』, 『호빗』 등등의 책이 어떻게 다양한 세계에 대해 생각하게 하고 책을 벗어나 현실을 살아가는 방식에 어떻게 영향을 미쳤는지 설명했다. 그는 이렇게 기술하고 있다.

> 아서 랜섬Arthur Ransome의 『제비호와 아마존호Swallows and Amazons』 시리즈를 예로 들면 나는 아마존호의 낸시 블랙켓 선장에게 홀딱 반했을뿐더러 이 책을 읽으면 늘 케임브리지셔에 사는 사촌들이 떠올랐다. 크게 보면 사실상 가족이나 다름없는 내 사촌들은 윈더미어 호수에서 돛단배로 항해하는 랜섬의 소설 속 아이들처럼 소택지 연못에서 카누를 타며 즐겼다. 총 12권으로 구성된 랜섬의 책은 아주

> 세세한 것까지 상술하고 깃발 신호와 측량술, 금 정제 방법에 관한 유용한 정보를 제공하는 목가적 이야기다. 이 책은 나의 현실과 다른 삶이 어떨지 상상하게 했다. 생기 없고 허약한 4인 가족이 아닌 지극히 평범한 가족을 상상하게 했다. 소설 속 형제들은 모두 튼튼했다. 그들은 같이 무리 지어 다녔다. 첫 페이지에서 부모는 부두에 서서 모험을 떠나는 아이들에게 잘 다녀오라고 손을 흔들었다. 누구에게서도 강한 불안감의 기색은 보이지 않았다. 이야기는 내가 상상했던 내 사촌들의 삶과 일치했다. 나는 아서 랜섬의 책을 읽으면서 가족을 배신한다고 느낄 필요 없이 가상의 가족을 상상해볼 수 있었다.[34]

『미들마치 속 나의 인생My Life in Middlemarch』에서 레베카 미드Rebecca Mead는 열아홉 살에 처음으로 조지 엘리엇George Eliot의 소설 『미들마치』을 읽었을 때를 기술하고 있다. 그녀는 소설을 읽고 자신이 소설 속 인물 도로시아와 비슷하다는 것을 곧바로 알아차렸고 "내가 그 책을 읽고 있을 때 그 책도 나를 읽고 있었다."라고 생각했다.[35] 미드는 이어서 영국의 아주 작은 마을에 살던 자신과 친구들이 삶을 탐색하는 방법으로 어떻게 함께 책을 읽고 토론했는지를 묘사하고 있다. 한 친구는 D. H. 로렌스에 흠뻑 빠지고 다른 친구는 F. 스콧 피츠제럴드에게 그리고 그녀는 당연히 조지 엘리엇에게 빠져 있었다. "책은 우리 자신을 형성하는 길을 열어줬다. 즉 생각을 형성하고 우리가 누구인지 또 어떤 사람이 되고 싶은지 서로에게 알리는 방법이었다. 책은 우리가 입는 옷처럼 자신의 모습을 형성하는 한 부분이었다." 미드는 도로시아라는 인물을 통해 자신을 경험했다. 하지만 『미들마치』에서 상당히 많은 정보도 배웠다. 미드는 자신에게 벌어지는 일에 따라 다양한 종류의 정보를 떠올렸다. 예를 들어 아들 낳는 것에 관해 묘사하다가 갑자기 도로시아의 여동생 실리아가 아들 아서에게 보이는 집착에 대해 완전히 새로운 관점으로 설명한다. 미드는 한 친구에게 이렇게 편지를 보냈다. "지금까지 나는 내가 도로시아 같다고 생각했었어. 그러나 이제 밤사이에 나는 실리아로 바뀌었어."

스퍼포드와 미드 두 사람 모두 그저 책을 많이 읽기만 한 것이 아니다. 그들이 읽은 특정 책들은 그들의 관심사와 생각 그리고 무엇보다도 정신세계를 형성하도록 도왔다. 나비, 조개껍질, 화석이 그것을 수집하는 사람에게 쌓여가듯이 열렬한 독자들이 책을 통해 만나는 특정 인물과 사건과 드라마도 지식의 저장고에 쌓여간다. 그리고 결국에는 개별적인 사실들이 유용한 범주로 묶이게 된다. 암석 수집은 광택 암석과 무광택 암석으로 분류되고 뼈는 보행 동물, 수영 동물, 비행 동물의 뼈로 분류될 것이다. 책의 경우 어떤 사람은 여자 주인공이 등장하는 책을 모두 모으거나 마법이 포함된 책을 모두 모아서 따로 분류할 것이다.

이처럼 체계화된 지식은 결국 아이들이 일반화를 도출할 수 있게 해준다. 예를 들어 뼈를 수집하는 아이는 새의 두개골이 일반적으로 포유동물의 두개골보다 작다는 사실을 알아차릴 것이다. 아동문학을 즐겨 읽는 아이는 세상의 모든 어린이는 비밀을 가지고 있음을 알게 될 것이다. 수집을 통해 모은 지식은 또한 아이들이 어떤 것을 추측할 수 있게 해준다. 공룡과 관련된 정보를 수집한 아이는 특정한 두 공룡이 싸운다면 몸집이 작더라도 더 날카로운 이빨을 가진 공룡이 이긴다고 추측할 것이다. 과거를 배경으로 한 이야기를 읽은 아이는 오래전에 살았던 사람들이 더 신나는 삶을 살았으리라 추측할 것이다. 축적된 지식은 결국에는 예측을 할 수 있게 한다. 애디는 너구리 머리를 보면서 "이것을 말린다면 크기가 훨씬 더 작아질 거야."라고 생각할 것이다. 『나니아 연대기』 제1권을 읽기 시작한 베테랑 독서가는 이야기의 끝부분에 이르렀을 때 아이들이 옷장 벽을 통과해서 왔다는 것을 잊어버리리라 예측할 것이다. 마지막으로, 이처럼 놀라우리만큼 크고 종종 복잡하게 정리된 정보 수집품은 "새는 몸 안에 알을 가지고 다녀요?", "착한 사람이 패배하면 무슨 일이 일어나요?"와 같은 새로운 질문을 유발할 수 있다. 어떤 주제에 대한 정보를 모으고 정리하는 것은 새로운 질문을 허용할뿐더러 새로운 궁금증도 자극한다. 털과 가죽 아래에 있는 뼈, 다양한 모양의 조개껍질, 고군분투 끝에 나오는 찬란한 아름다움 같이 한때 시선을 사로잡았던 세세한 것들이 새로운 호기심의 도약대를 형성한다. 새로움에 대한 욕구를 느낀 어린 수집가들은 놀라움의 새로운 원천을 찾아 탐색을 시작한다.

전 세계의 어린이들이 물건을 수집하고 이야기를 듣고 책을 읽으면서 지식을 습득한다. 어떤 아이들은 조개껍질이나 모험 이야기보다 더 특이한 것을 수집한다. 나는 부모 36명에게 어린 자녀의 수집품이 무엇인지 물어봤다. 젊은 남녀 32명에게는 자신이 어렸을 적에 수집한 물건이 무엇인지 물었다. 한 젊은 여성은 망설임 없이 "깨지기 쉬운 것들을 수집했다."라고 대답했다. 그녀는 웃으면서 "내가 보기에 섬세한 것, 즉 쉽게 깨질 수 있는 모든 것으로 구성되어 있었는데 어떤 것은 새끼 새가 깨고 나온 알껍데기처럼 정말로 깨지기 쉬운 것이었고 어떤 것은 중고품 할인 매장에서 발견한 오래된 보석 장식처럼 그냥 쉽게 깨질 수 있을 것 같은 것들이었다."라고 말했다. 다른 젊은 여성은 그녀가 수집품이라고 생각했던 "이상한 잡동사니"에 대해 설명했다. 그것은 "죽은 사람이나 이제 더는 가까운 곳에 살지 않는 사람이 지녔던 온갖 물건"을 모은 것이었다.

나는 어떤 열한 살 남자아이로부터 그 아이 일생의 관심사인 슈퍼영웅에 대한 자세한 설명을 듣게 되었다. 아이 머릿속에 수집된 캐릭터에는 스파이더맨, 그린 랜턴, 헐크와 같이 잘 알려진 슈퍼영웅 외에도 온라인에서 발견하거나 잘 알려지지 않은 만화책에 등장하는 별로 유명하지 않은 캐릭터 30개 이상이 포함되어 있었다. 그런데 그 아이는 슈퍼영웅의 특징이나 탄생 이야기, 가장 유명한 모험 등과 같은 세부 정보에 관심이 있었던 게 아니었다. 아이는 슈퍼영웅의 전투 스타일과 전략을 이해하고 적과 대적했을 때 힘이 얼마나 되는지 평가하는 데 모든 초점을 집중하고 있었다.

아이 부모에 따르면 아이의 관심은 다섯 살 때부터 시작되었다.

아이는 학교 가기 전과 다녀온 후, 저녁 식탁에서 먼저 일어나도 될 때 그리고 주말에 시간을 내서 매주 몇 시간씩 슈퍼영웅에 관한 정보를 수집하고 그 정보를 활용한 전투 장면을 연출하면서 보냈다. 아이는 여덟 살 때의 기억을 떠올리면서 그때는 더 많은 시간을 대부분 〈스타워즈〉의 캐릭터와 전투에 집중하며 보냈다고 설명했다. 아이는 영화 속 캐릭터의 전략을 '자신만의 동작'에 결합하는 것을 좋아했다고 하면서 이어서 설명했다. "내가 제다이 전사가 되는 것을 상상하곤 했어요. 광선 검을 두 번 휘두르고 그러다 내 다리를 내리치고, 악당의 손을 움켜잡거나 그물을 던져서 악당을 내 쪽으로 끌어당긴 다음 발로 차는 상상을 해요."

아이는 슈퍼영웅과 그들의 전투 습관을 조사하고 그것에 대해 생각하고 흉내 내면서 혼자 시간을 보낼 때가 많았지만 이런 정신세계를 좋은 친구들과 공유하기도 했다. "가끔 친구 잭과 얘기를 나눠요. 그 애는 DC 유니버스를 무척 좋아하고 나는 마블 유니버스를 상당히 좋아하지요. 우린 'DC 유니버스와 마블 유니버스만 있고 다른 세계가 없다면 DC가 마블을 무너뜨릴 거다. 그러나 스파이더버스 같은 다른 세계가 있다면 마블이 이길 거다.' 뭐 이런 얘기를 해요."(DC 코믹스에서 출판하는 대부분 만화의 배경이 되는 세계가 DC 유니버스이고, 마블 코믹스 만화의 배경이 되는 세계가 마블 유니버스이다. 마블 코믹스에서 스파이더맨 만화에 다중우주 개념을 도입한 세계가 스파이더버스이다-옮긴이)

주제가 암석이든 여자 주인공이든 전투이든 간에 이처럼 유치한 탐색은 아이들에게 새로운 사고를 하고, 새로운 질문을 하고, 덤

불을 헤쳐 그들을 둘러싼 새로운 주제와 새로운 세상으로 들어가기 위한 풍부한 자원을 제공한다. 그러나 앞서 언급했듯이 모든 아이의 관심사가 조개껍질이나 깨지기 쉬운 물건처럼 뚜렷하고 확실하게 그리고 쉽게 이름을 붙일 수 있는 것은 아니다. 많은 호기심이 일시적인 것으로 그친다. 때때로 호기심의 대상은 아이들이 편하게 고려할 수 있는 것이 아니거나 어른들이 편하게 인정할 수 있는 것이 아닐 때가 있다. 호기심에 관한 내 연구를 보면 아이들은 놀라울 만큼 어린 나이에 불멸과 성, 불가시성, 신, 기술적 불가사의 같은 어른들이 씨름하는 복잡하고 심란하고 방대하고 중요한 문제에 호기심을 느끼는 것을 알 수 있다. 우리가 어린아이들의 일시적인 지적 호기심에 대해 많이 알지 못하는 것은 관련된 자료를 포착하기 어렵기 때문이다. 어린아이들은 자신이 해결하려고 하는 추상적인 문제를 잘 표현하지 못하고, 관심의 징후는 예기치 않은 순간에 고조되어 나타난다. 다행히 이제 해답을 탐색할 때 우리를 도와줄 자료가 그 어느 때 보다 많아졌다.

신God, 성Sex
그리고 다른 수집품

1984년은 인터넷이 나온 지 고작 1년이고 전 세계적인 통신망 월드와이드웹이 생기려면 아직 몇 년을 더 기다려야 하는 해였다. 그러나 바로 그해에 발달심리학자 브라이언 매퀴니Brian MacWhinney와 캐서린 스노우Catherine Snow는 귀중한 온라인 데이터베이스를 구축할 기회를 포착했다. 그것은 부모들이 자녀의 언어를 기록한 일지와 심리학자들이 아이들의 일상생활을 녹음한 자료를 보관하는 일종의 중앙학술저장소였다. 두 학자는 그 데이터베이스를 '아동 언어 데이터 교환 시스템Child Language Data Exchange System'이라 이름 붙였고 간단히 'CHILDES'라 불렀다. CHILDES에 보관된 일부 자료는 1960년대에 기록된 것이었고 이 기록보관소의 규모는 계속 확대되었다. 이제 CHILDES에는 언어 수로 따지면 26개가 넘고 모두 130개 이상의 서로 다른 언어 자료를 포함하고 있다.[36]

최근 나는 시간이 지나도 어린아이들이 계속 관심을 두는 것이 어떤 것인지 알아내기 위해 학생들과 함께 CHILDES의 자료 중에서 아이가 여러 번의 대화를 통해 탐구를 추구하거나 추측을 하려고 하는 언어 자료를 모두 조사했다. 우리는 아이들이 놀고 있거나 저녁을 먹을 때나 차에 타고 있을 때도 기술적 불가사의, 정의, 불가시성, 죽음처럼 어려운 화제에 흥미를 보인다는 것을 발견했다.[37]

예를 들어 다음의 두 녹음 대화에서 에이브라는 이름의 여섯 살 남자아이는 신에 대해 곰곰이 생각하고 있다. 첫 번째 대화에서 에이브는 엄마와 이야기를 하고 있다.

아이: 알았어요, 엄마. 엄마는 천국을 기억해요?

엄마: 응.

아이: 나도 그래요. 근데 어디에 있는지 기억나지 않아요.

엄마: 전에 우리가 하늘에 있다고 얘기했던 것 같은데.

아이: 맞아요. 근데 한 번도 본 적이 없어요.

3개월 후 에이브가 엄마 아빠와 나눈 대화는 그 주제에 대해 계속 관심이 있었음을 보여준다.

아이: 하느님은 발이 아주 커요. 진짜로 커요.

엄마: 요즘 그것에 대해 많이 생각하고 있구나.

아이: 매일 매일 생각했어요.

아빠: 얼마나 큰데, 에이브? 아빠 발보다도 커?

아이: 음. 아빠보다도 크고 다른 사람들보다 커요.

아빠: 그럼 하느님이 지구에 발을 내디딘다면 어떻게 될까?

아이: 하느님의 발이 지구예요.

아빠: 그게 지구라고?

우리는 어린아이들이 어떻게 죽음에 관한 지식을 모으는지 아직 다 알지 못한다. 그러나 10년 전보다는 더 많은 것을 알고 있다. 예를 들어 심리학자와 인류학자들은 다양한 문화권에서 아이들이 사후세계에 대해 어떤 말을 듣는지 비교 연구를 진행해왔다. 미국의 어린이들은 어른들로부터 사랑하는 사람의 영혼이 천국으로 가고, 그곳에서는 계속해서 사랑하는 사람이 살아가는 모습을 보고 말하는 것을 들을 수 있다고 배운다. 아프리카 마다가스카르의 한 부족인 베조족 아이들은 죽은 사람의 영혼 중에 어떤 영혼은 살아있는 생명체 사이에 머무르면서 말썽을 일으킨다고 배운다. 두 경우 모두 아이들은 죽음의 과정에 대해 어른들에게서 들은 말과 직접 사람과 동물과 식물을 관찰함으로써 마음속에 구성한 개념을 기반으로 사멸에 대한 새로운 개념을 형성한다.[38] 어른들이 말하고 질문하는 것들이 아이들의 사고를 형성하고 심지어 아이들이 추구하려고 하는 사고의 종류에도 영향을 미친다.

CHILDES에는 로라라는 아이가 5년 동안 다양한 상황에서 한 말을 녹음한 자료가 포함되어 있다. 로라는 4세부터 6세까지 주기적으로 죽음이라는 주제에 대해 말했다. 예를 들어 집에서 키우던 새가 죽은 후에 엄마 아빠와 나눈 대화를 보자.

엄마: …… 로라야, 새는 이미 죽을 준비를 하고 있었어. 둥지를 허문 걸 보면 알 수 있단다. 자기가 죽어가고 있다는 걸 알고 미리 준비했던 거지.

로라: 자기가 죽을 것을 알고 있었다고요?

엄마: 그래.

아빠: 그래, 알고 있었어.

로라: 자기가 죽어가고 있다는 것을 어떻게 알아요?

엄마: 마음속에서 느낄 수 있단다.

아빠: 느낌이라는 게 있어.

로라: 난 죽고 싶지 않아요.

엄마: 음. 우린 죽지 않을 거야.

[로라는 혼자서 놀기 시작했다. 그러나 몇 분 후에 다시 말을 꺼냈다.]

로라: 죽는다는 것이 어떤 기분인지 궁금해요.

대화 기록을 보면 로라는 2년 동안 열 번 이상 죽음을 언급했다.[39] 공룡에 빠진 아이가 계속 공룡에 대해 말하는 것과 비교하면 대단한 관심을 보인 것이라 말할 수 없을지도 모른다. 그러나 분명 주목할 만한 사례이다. 예를 들어 트럭이나 로봇, 요정에 관해 쉴 새 없이 재잘거리는 것과 비교하면 죽음에 관해 가끔 말하거나 질문한다면 어른들은 모르고 지나치기 쉽고 관심 있는 주제로 인식될 가능성이 별로 없다. 죽음이라는 주제는 완전히 심취할 만한 매력이 없는지도 모른다. 하지만 다른 주제보다 더는 아닐지라도 못지않은 강한 지적 추구를 불러올 것이다.

상상력에 관한 초기 연구에서 폴 해리스Paul Harris는 만 4세 남자 아이가 "이모가 착한 사람은 모두 하늘나라에 간다고 했는데 그러면 땅에 묻히는 사람은 나쁜 사람이에요?"라고 질문했다고 서술하고 있다.[40] 내가 부모들을 직접 면담하고 아이들이 일상에서 하는 말을 녹음해서 얻은 자료를 보면 만 3~6세 아동의 적어도 3분의 1은 죽어간다는 것과 죽음에 대해 질문하고 있다. 게다가 대부분 수개월 또는 몇 년 동안 지속적으로 질문했다. 죽음에 대한 질문은 종종 누군가 죽었다는 소식을 듣거나 주변에서 죽은 벌레나 동물을 발견하는 경우처럼 특정한 사건에 의해 촉발된다. 그러나 죽음에 관한 어떤 사실을 고찰하고 나면 아이들은 더 알고 싶어 하고, 어른들처럼 죽음이라는 불확실성의 영역을 계속해서 다시 논의하고 싶은 욕구를 느끼는 것 같다.

고작 여섯 살의 어린 나이에도 아이들은 신과 죽음에 관한 불확실성을 해결하려는 어려운 과제에 도전한다. 아이들에게 상당히 신비하고 매력적인 또 다른 주제는 성sex이다. 20세기 초반 수전 아이작Susan Isaacs은 영국 케임브리지 어린이 교육 기관인 몰팅하우스스쿨Malting House School의 학생들을 관찰했다. 1923년부터 1927년까지 그곳에서 관찰한 내용을 바탕으로 두 권의 고전 『아동의 지적 성장Intellectual Growth in Young Children』(1930)과 『아동의 사회성 발달Social Development in Young Children』(1933)을 세상에 내놓았다.[41] 아이작은 만 2~5세 아동들이 2년 동안 부모나 교사에게 질문한 것들을 분석했다. 다음 두 개의 인용문은 『아동의 사회성 발달』에 실린 것으로 원래는 어슐라라는 여자아이의 어머니가 기록한 일지에서 발췌한 것이다.[42] 첫 번째는 어슐라가 3년 9개월일 때 나눈 대화이다.

> (3년 9개월) 어슐라는 엄마와 함께 목욕하고 있었다. 엄마가 물었다.

"어슐라, 여기 엄마 배 속에 뭐가 있는지 알아?"
"아니, 뭐가 있는데요?"
"네 동생이 들어 있어."
어슐라는 얼굴이 매우 빨개졌고 금방이라도 울 듯한 목소리로 말했다.
"아니, 왜? 엄마, 난 내가 아직 꼬마일 때 다른 아기가 있는 거 싫어요. 내가 클 때까지 동생 생기는 거 싫다고요."
그 후로도 같은 말이 여러 차례 반복되었다. 그러고 나서 다양한 질문과 의견이 이어졌다.
"아기가 왜 엄마 배 속에 있어요?"
"세상 밖으로 나올 준비가 될 때까지 따뜻하게 해주기 위해서지."
"언제 나오는데? 내일 나와요?"
"아니. 당분간은 나오지 않아, 여름까지는 기다려야 해."
"왜요?"
"아직 충분하게 크고 튼튼하지 않아서."
"지금은 얼마나 커요?"
"꽤 클 거야."
"아기는 어디로 나와요?"
"거기로"
"어떻게요?"
"매우 크고 튼튼해지면 아기가 몸을 밀어서 나올 거야. 그리고 밖으로 나올 때까지 엄마가 힘을 줘서 도와줄 거고."

"엄마가 어떻게 힘을 줄 건데요?"

"이렇게."

"아기를 어떻게 만들었어요? 아빠가 아기씨를 뿌렸어요?"

"응"

"언제 뿌렸어요? 어젯밤에?"

"아니, 그건 아니야."

"그럼, 우리가 여행 갔을 때?"

"아마도"

"내가 옆에 있었어요?"

"아니, 없었을 거야."

"난 자고 있었어요?"

"아마. 그랬을 거야."

"아기를 왜 만들었어요?"

그 대화에서 질문은 계속되었다. 어슐라는 그다음 달에도 여전히 같은 질문의 답을 찾고 있었다.

(3년 10개월) "엄마, 아빠가 어떻게 엄마에게 씨를 뿌렸어요?"

"어슐라, 그건 설명하기 어려워. 네가 이해할 수 있도록 어떻게 설명하면 좋을지 생각해볼게."

"지금 말해줘요. 아빠가 어떻게 했어요?"

"나중에 꼭 말해줄게. 약속해. 너에게 설명할 방법을 생각해내야 말해주지."

"아빠에게 물어볼래요. 아빠는 알 거야."

"그래, 어쩌면 아빠는 설명할 수 있을 거야."

"아빠는 알아야죠. 아빠가 했으니까."

며칠 뒤 어슐라는 다시 그 문제에 대해 질문했다.

"엄마, 아빠가 어떻게 씨를 뿌려요?"

"아, 어슐라. 엄마는 설명할 방법을 생각해야 한다니까. 정말 설명하기 어려운 질문이라고."

"알았어요. 그런데 어떻게 하냐고요? 엄마, 어떻게? 아빠는 아기씨를 어디에 가지고 있어요?"

"아랫도리에"

"왜요?"

"어, 보관하기 좋은 장소니까."

"아빠는 씨를 어떻게 뿌려요?"

"그냥 집어넣으면 돼."

"어디에요?"

어슐라의 질문은 예외적인 게 아니다. 그것은 어린아이가 던지는 아주 전형적인 질문이고, 어른들에 의해 전형적으로 간과되는 질문이다. 부모들은 대부분 어린 자녀가 성에 관련된 것을 궁금해했을 때를 기억할 것이다. 그런데 어린아이의 성에 관한 호기심을 진지하게 받아들이는 부모는 매우 드물다. 흔히들 불쾌하거나 불편하다고 여기거나 약간 재미있어하는 반응을 보인다. 그러나 그런 식의 반응은 주제가 무엇이 되었든 아이들의 지식 추구가 지닌 지적 가치를 제대로 이해하지 못하게 한다. 더욱이 모든 아이에게 자신의 흥미를 끄는 문제를 해결하려고 노력하는 기질이 생기는 것은 아니다. 사실 초등학교 저학년까지는 지적 관심이 무엇인지 말하라고 하면 무슨 말을 해야 할지 모르는 아이가 많을 것이다.

더 많은 아이가 더 많은 시간을 들여 관심사를 추구하도록 도와주는 실마리 같은 것이 있을까? 아이들을 놀라운 미스터리로 끌어들이고 계속 관심 쏟게 하는 것은 무엇일까?

익숙한 것
낯설게 하기

아이들의 흥미를 자극하는 데 경외감이 어떤 역할을 하는지 탐구하는 새로운 방향의 연구가 등장했다. 조셉 콜란토니오Joseph Colantonio와 엘리자베스 보나위츠는 최근 취학 전 아동 91명을 대상으로 각각의 아이에게 감정을 유발하는 2분 30초짜리 짧은 동영상 세 가지 중 하나를 보여주는 실험을 했다. 첫째 집단의 아이들에게는 행복감을 끌어낼 목적으로 동물들의 재미있는 행동을 보여주는 BBC One의 〈황야에서의 산책Walk on the Wild Side〉에서 몇몇 장면을 뽑아 보여줬다. 둘째 집단에게는 자연 속 작은 동물들의 생태를 그린 조용한 영상을 보여줬다. 그리고 셋째 집단에게는 경외감을 불러일으킬 의도로 제작된 BBC 다큐멘터리 〈행성 지구Planet Earth〉의 영상 일부를 보여줬다(여기에서 경외감은 경이로움, 우리가 대자연 앞에서 작아지는 느낌, 우리 인간은 더 큰 세계와 연결되어 있다는 느낌을 모두 포함한다). 그런 다음 아이들에게 복잡하고 흥미로운 장난감을 가지고 노는 기회를 줬다. 장난감은 돌리거나 홱 잡아당기거나 끌어당길 수 있는 다양한 손잡이와 레버가 달린 상자로 돋보기와 호루라기 및 다양한 흥미로운 기능이 있었다. 장난감 상자로 30가지 다양한 조작을 할 수 있었다. 실험 결과, 경외감을 유발하는 영상을 본 아이들이 상자에 호기심을 더 많이 보이는 것으로 드러났다. 그 아이들은 상자를 더 오래 가지고 놀았고 더 다양한 조작을 시도했다.[43] 이 연구를 생각나게 하는 〈오, 당신이 모르는 것들Oh the Things You Don't Know〉이라는 흥미로운 제목의 연구 논문에서 조나단 맥페트레스Jonathon McPhetres는 일부 피실험자에게 경외감을 유도하기 위해 가상현실 비디오를 보여주고, 다른 피실험자에게는 같은 주제에 새롭기는 하지만 경외감을 불러일으킬 만한 요소가 없는 정보를 제공했다. 경외감을 느낀 피실험자들은 주어진 주제에 대해 자신이 무엇을 잘 모르고 있는지 더 잘 인지했다. 게다가 활동을 다 마친 후 보상으로 받고 싶은 것을 선택하라고 했을 때 경외감을 일으키는 비디오를 본 사람들은 과학박물관 무료입장권을 선택할 가능성이 더 컸다.[44]

가장 흥미로운 질문, 즉 아이들이 몇 번이고 반복해서 곰곰이 생각하는 질문은 대개 너무 복잡해서 한 번의 대화로는 이해하거나 해결하기 어렵다. 매일 땅거미가 지는 것이나 생명의 탄생에 대한 세세한 것까지는 아닐지라도 비가 내리는 이유나 신의 목소리에 관한 미스터리를 이해하는 데 왜 시간이 걸리지 않겠는가? 그런 현상은 한 번 이상의 대화가 필요하다는 것은 너무도 당연하다.

어떤 주제에 대해 질문할 때마다 어른들이 모호하거니 편파적인 대답을 내놓기 때문에 아이들은 보통 그 주제로 몇 번이고 다시 돌아가곤 한다. 여러 연구 중에서도 특히 미셸 쉬나드나 폴 해리스, 캐슬린 코리보Kathleen Corriveau가 수행한 연구들을 보면 어린아이들은 자신이 질문한 것에 대해 유익한 정보나 만족스러운 대답을 얻지 못했을 때 집요하게 더 많은 질문을 다양한 방식으로 한다는 것을 알 수 있다. 그러고 보면 아이들은 질문하기에 관한 한 숙련된 전문가라 할 만하다.[45] 그런데 단순히 모호한 대답을 제공하는 것보다 더 만족스럽게 아이들의 지적 집요함을 자극할 수 있는 다른 방법들이 있다.

한 가지 방법은 아이들에게 흥미로운 미스터리를 제공하는 것이다. 이 방법을 시험하기 위해 제롬 롯간스Jerome Rotgans와 헹크 슈미트Henk Schmidt는 만 10세 싱가포르 학생들에게 광학에 대해 학습할 기회를 줬다. 학생들은 일주일에 두 번씩 4주에 걸쳐 빛이 왜 그리고 어떻게 작용하는지 더 자세히 조사하도록 자극하는 흥미로운 시나리오를 받았다. 예를 들어 한번은 동굴로 탐사를 떠나는 친구 무리에 관한 이야기를 읽었다. 이야기 속 친구 중 한 아이가 손전등을 가지고 가길 원하지만 다른 친구가 인간의 눈은 어둠 속에서 곧 적응하므로 손전등이 필요 없다고 주장하는 내용이었다. 연구자들은 매시간 시나리오를 제공한 후 그것이 호기심을 얼마나 자극했는지 보기 위해 학생들에게 여러 질문을 던졌다. 연구 결과, 학생들은 특별히 흥미가 자극되었을 때 일반적인 주제에 더 지속적인 관심이 생기는 것으로 나타났다.[46]

아이들의 지속적인 호기심을 끌어내는 세 가지 요소는 내재하는 복잡성, 대답되지 않은 질문, 특정한 관심사이다. 여기에 하나 더 추가하면 걱정이다. 아이들은 마음을 불안하게 하는 주제가 있으면 그것을 계속 다루고 싶어 한다. 걱정은 자극의 원천 중 하나로 호기심 유발에 좋지만 잘못 이해되는 경우가 많다. 특히 아이에게서 나오는 걱정은 더 그렇다. 이 책의 집필을 시작했을 무렵 나는 발달심리학자 소모임에서 강연할 기회가 있었다. 나는 아이들이 대개 바위 밑에 뭐가 있는지 또는 공이 왜 욕조 바닥에 가라앉는지보다 덜 직접적이고 덜 구체적인 문제에 대해서도 알고 싶어 할 것이라 말했다. 그리고 아이들은 가끔 더 무겁고 더 산만한 문제에 대해 깊이 생각한다는 의견도 내놓았다. 내가 발표하는 동안 한 젊은 교수가—그녀를 제닌이라고 부르겠다—의아하다는 듯이 고개를 기울인 채 말

없이 앉아 있었다. 제닌은 분명 내 주장에 회의적이었다. 발표 후 몇 시간 지난 늦은 오후에 제닌이 내 옆으로 와서 말했다. "처음에는 선생님이 무슨 말을 하는 것인지 이해할 수 없었습니다. 만 3~4세 어린아이들이 어떤 하나의 주제를 오랜 시간에 걸쳐 다룬다는 게 말도 안 되는 소리 같았습니다. 그래서 '당신이 틀렸다. 아이들은 왜 우리 집 개보다 옆집 개가 더 크게 짖을까, 어떻게 해서 토스터에서 빵이 튀어나올까 같은 그런 것을 알고 싶어 한다.' 뭐 이런 생각을 하고 있었습니다. 그런데 선생님의 의견이 제 머리를 계속 살살 자극하더군요." 제닌은 분명하게 깨닫게 된 것이 있다며 말을 이어나갔다.

> 지난 일여 년 동안 거의 매일 밤 이불을 덮어줄 때마다 여섯 살 딸아이가 죽음에 관해 물어봤습니다. 그러면 저는 늘 우리 중 누구도 금방 죽지 않을 것이라고 아이를 안심시키고 겁먹을 필요 없다고 말해줬습니다. 일단 안심시키고 나면 아이의 걱정이 사라졌다고 생각하고 그냥 잊어버렸어요. 그런데 지금 보니 실제로 무슨 일인지 간과했다는 생각이 듭니다. 딸아이는 죽음에 관심이 있는 것이었어요. 그것이 제 딸아이에게는 지적 퍼즐이지요. 분명 애먹이는 퍼즐입니다. 그러나 어쨌든 퍼즐은 퍼즐입니다. 매우 흥미로운 생각 중에도 조금 애먹이는 것이 많지 않을까요?

애디는 열여섯 살이 되자 집 근처에 사는 곤충 대부분의 이름을 알았다. 동물 해부학에 대한 다양하고 깊은 지식도 가지고 있었다. 그러나 작은 동물의 다리를 잘라내고 껍질을 벗기고 내장을 제거하고 건조하는 일이나 더 색다른 외래종 표본을 사려고 전문점을 찾는 일에 관해서는 열정이 시들었다. 이제 애디의 방 선반에는 온갖 크기의 두개골 130여 점이 놓여 있다. 그러나 점점 먼지가 쌓여갔다. 그것들은 이제 더는 대단한 흥밋거리가 아니었다. 애디의 관심은 다른 것에 쏠려 있었다. 그것은 동물의 발달사다.

앞선 많은 과학자와 마찬가지로 애디는 동물의 형태와 기능이 언제, 어떻게 분화했는지에 무한한 매력을 느꼈다. 애디는 사랑하는 돌보미 이모와 훌륭한 과학 선생님 등 다른 사람들에게 말하면서 자신의 호기심을 충족시켰다. 그러나 오래지 않아 새로운 설명을 간절히 바라게 되었다. 주변 사람이나 뼈 수집만으로는 대답을 얻을 수 없는 질문들이 생겨났다. 그래서 애디는 고등학생들을 위한 책부터 시작해서 책에 기댔다. 그러나 흥미를 더욱 돋우기만 했고 대체로 만족스럽지 못했다. 책에 실린 사실적 정보나 직접적 설명은 좀처럼 문제의 핵심까지 파고들지 못했다. 동물 발달사에 관한 더 많은 것을 알수록 애디는 더 흥미를 느꼈고 호기심이 더욱 확대되었다. 마침내 정보 수집을 넘어 과학자들이 어떻게 연구를 하는지에도 관심을 기울이게 되었다. 애디는 과학적 발견을 할 기회를 간절히 바랐고, 체계적인 실험을 직접 하는 상상을 하기 시작했다.

애디는 10학년이 되자 어린 시절 봄에 형성되는 습지 근처에서 살면서 봄마다 출현하는 날도래 곤충을 관찰하던 경험을 바탕으로 연구 질문을 만들었다. "날도래 유충들이 서로 소통할 수 있을까?" 애디는 질문의 답 자체도 궁금했지만 어떤 자료가 이 질문에 답할 수 있고 그 자료를 어떻게 수집해야 하는지도 궁금했다. 어머니에게 큰 그물을 주문해도 좋다는 허락을 받은 애디는 습지에서 날도래 유충을 수집할 수 있는 날과 시간을 계획했다. 애디는 유충을 보관할 지하실 벽면에 유충의 행동을 기록할 종이를 붙여놓았다.

애디는 스무 살에 생물학을 공부하기 위해 대학에 들어갔다.

2장

Invention 발명

어떤 문제를 해결하기 위한 구체적인 도구를 생각해내는 일에 있어서 아이들은 전혀 할 수 없다가 어느 순간 비약적으로 발전하는 것이 아니라 느린 걸음으로 천천히 성공을 향해 걸어간다.

○

어릴 적에 나는 나의 국가를 세웠다. 이름은 뉴번이었고 남대서양에 자리 잡고 있었다. 나는 뉴번에 대해 매우 상세하게 기록했다. 모든 집과 자동차와 사람을 포함해 그곳에 존재하는 모든 것을 그려 넣었다. 심지어 해군과 공군도 있었다.*

- 클라스 올든버그Claes Oldenburg(스웨덴 출신 팝아티스트-옮긴이)

로저 볼튼Roger Bolton은 이제 꽤 나이가 들었다. 큰 몸집 위로 마치 배에 매단 느슨한 돛처럼 주름진 피부가 축 처져 있다. 큰 두 눈은 움푹 들어가 있었고, 그 움푹 들어간 구멍에서 갈색 눈동자가 빛났다. 그는 내가 태어난 1959년에 대학에 입학했고 내가 유치원에 다닐 때 하버드대학교에서 박사 학위를 받았다. 지금은 명예교수인 볼튼은 경제학 분야의 저명인사다. 이제 더는 강의를 하거나 저술 활동을 많이 하지 않지만 지금도 36년 동안 강단에 섰던 대학 도시에서 살고 있다. 여전히 마음에 드는 학술회의나 대학 강연이 있으면 이따금 찾아가 듣는다. 그는 말을 할 때 믿을 수 없을 만큼 절제된 단어를 사용하고 단순한 문장으로 말한다. 그 때문에 그의 사고의 엄밀함이 가려졌다. 그는 절대 잘난 체하지 않았다. 수학적 모델이나 경제 이론의 원리를 말한다기보다 날씨나 점심 식사에 대해 말하듯이 자기 생각을 전달하는 것을 항상 더 좋아했다. 그의 대표적 연구 논문이 그렇게 영향력이 있는 이유는 정교한 경제학적 분석을 사람들이 일상에서 경험하는 것과 결합하는 그의 능력에 있다고 말할 수 있을 것이다.

1978년, 40대 초반이었던 볼튼은 손익 분석 같은 체계가 잘 잡힌 경제학 연구 도구를 이용해서 지금의 그를 유명하게 만든 이론을 개발하기 시작했다. 사람들이 자신이 사는 장소에 느끼는 친밀감 또는 책임감을 의미하는 '장소감sense of place'을 '사회 자본'의 한 형태로 이해해야 한다고 주장하기 위한 연구였다. 그는 유적지 보존이나 지역 축제 또는 멋진 자연경관에 대한 접근성 향상을 통해 더 강한 장소감을 형성하는 지역 사업이 지역 경제 성장을 촉진하고, 결과적으로 좋은 투자 수익을 제공한다고 확신했다. 볼튼은 그 혜택이 금전적 수익에만 한정되지 않는다고 강조했다. "특정한 환경에서 여러 사회적 상호작용의 조합에 의해 만들어진 공동체 안에 살 때 또는 다른 사람들이 그런 공동체 안에 살고 있음을 알 때 우리는 기쁨이라는 기본적인 감정도 느낀다." 볼튼은 장소감을 형성하기 위해 개인적 손해를 무릅쓰고 투자를 했든 안 했든 상관없이 그 지역 모든 사람이 혜택을 누린다는 점에서 장소감은 경제학자들이 말하는 '공익public good'의 특징을 가지고 있다는 점도 지적했다.[1]

볼튼의 논문은 경제학 분야가 '하드 데이터hard data'라는 개념에 사로잡혀 있던 위대한 실증주의 시대 말엽에 발표되었다. 당시 경제학자들을 비롯한 경제계 사람들은 일반적으로 가장 손쉽게 측정하고 모델을 만들 수 있는 경제 제도 메커니즘에 초점을 두는 것을 선호했다. 볼튼의 주장은 당시 학계의 지배적 의견과 극명한 대조를 이뤘다. 그는 경제학의 양적 도구를 가장 잘 활용하는 방안은 실제 존재하고 중요한데도 무형적이라고 여겨져서 모델을 만들기가 본질적으로 더 어려운 현상을 명확히 밝히는 것이라 주장했다. 특정한 지리적 환경에서 더 강한 공동체 의식과 협동 의식이 더 큰 행복과 번영으로 이어진다는 것을 수치를 통해 입증할 수 있기를 바랐다.

볼튼은 그가 말하기 전까지 아무 관련 없어 보였던 인문지리학과 개발경제학이라는 두 분야를 결합하는 공을 세운 학자 중의 학자였다. 이전에 측정된 적 없는 효과를 수량으로 나타내기 위해 경제학 데이터를 사용했을 뿐만 아니라 일정한 공동체가 거주하는 구체적 공간을 분석 단위로 삼아 그곳을 중점적으로 다루는 연구를 시작한 선구자다. 자신의 연구 분야에서 상당히 높이 평가받고 있는 볼튼은 여러 아이비리그 대학에 잇따라 몸담았고 학자로서의 평생을 동료 학자들과 연구하면서 보냈다. 그의 두 아들 모두 박사 학위를 받고 미국 최고의 대학에 종신 교수로 있다. 이제 80대에 접어든 볼튼을 만나게 된다면 그가 평생 사색을 하며 살아왔음을 분명하게 알 수 있을 것이다. 그러나 1940년대에 그가 어릴 적 살던 집에 방문한다면 지금의 모습은 결코 상상하지 못했을 것이다.

볼튼은 미국 펜실베이니아주 해리스버그 인근 코네와고 개울과 리틀 코네와고 개울 사이에 자리 잡은 작은 시골 농장에서 자랐다. "당시에는 '시골'이라고 말하지 않았어요. 우리는 촌구석에 살고 있었지요." 볼튼이 내게 말했다. 사실 그의 집은 가장 가까운 마을에서 수 킬로미터 떨어져 있고 주변은 온통 흙길인 곳에 있었다. 걸어서 갈 수 있는 거리에 있는 다른 집은 한 손으로 꼽을 정도였다. 열여섯 살에 여동생이 태어나기 전까지 볼튼은 외동으로 자랐다. 그는 집에서 3킬로미터 정도 떨어진 교실 하나짜리 학교에 다녔다. 아버지는 해리스버그에 있는 한 회사에서 산업용 수도관을 설치하는 일을 했고 월급이 꽤 괜찮았다. "아버지는 스스로 실외 배관공이라고 말하곤 했습니다." 그러나 가족들도 채소를 기르고 닭을 키우고 달걀을 내다 팔면서 가계 수입에 보탰다.

펜실베이니아주 중남부 지역은 비가 한번 내리기 시작하면 매우 세차게 쏟아졌다. "우리 집 앞은 자갈길이 아니었습니다. 그냥 모래와 흙으로만 되어 있었지요. 비가 쏟아지면 길은 진흙탕으로 변하곤 했어요. 그렇게 되면 나는 몇 시간씩 길에서 놀았어요. 지나가는 차도 거의 없었고 완전 내 세상이었지요." 그렇게 매력적인 진흙에 이끌려 볼튼은 흙을 파고 쌓아 올리고 다지고 오려내면서 여러 갈래의 수로를 만들었다. 우선 도로 한쪽에 1제곱미터가 넘는 기본 바탕을 구성하고 사방에 벽을 만들어 그 안에 물을 가두었다. 그 안에 물이 흐를 배수로와 통로도 만들었다. 그런 다음 어떤 곳에는 새로운 통로를 열고 또 어떤 곳에는 작은 댐을 만들어 물의 경로를 바꾸면서 몇 시간을 보냈다. 그는 자신이 만든 것들이 서로 어떤 식으로 영향을 미치는지 보는 재미에 시간 가는 줄 몰랐다. 모든 것은 서로 연결되어 있었고 장벽을 하나 허물거나 새로 만들면 물이 흘러가는 전체

역학 관계를 바꿀 수 있었다. 시간을 마음대로 쓸 수 있는 여름이 되면 오후 내내 밖에 머물곤 했고 저녁 먹을 때가 되어서야 집에 들어갔다. 가끔은 해가 아직 완전히 떨어지지 않으면 도로 밖으로 나갔다. 하지만 그가 만든 수로는 완전히 다 말라버렸거나 옆집 개에게 짓밟혀 있기도 했다. 공들여 만든 수로가 그렇게 순식간에 사라지더라도 볼튼에게는 큰 문제가 되지 않았다. 자기가 만든 개울과 배수구, 둑, 수문이 어느 위치에 있었는지 여전히 기억했고 다음에 무엇을 만들지 생각할 수 있었다. 볼튼이 진흙 속에서 수로를 만들면서 놀던 기억은 일곱 살로 거슬러 올라간다. 하지만 다른 아이들처럼 볼튼이 발명에 필요한 지적 도구를 수집하기 시작한 것은 그 전부터였다.

첫 번째 해법

아이들은 만 3세 정도 되어야 실제로 찬찬히 생각해서 문제를 확인하고 그 문제의 해결방법을 만들어내기 시작한다. 아이들이 처음 발명하는 것은 앞으로 몇 년 동안 발명하게 될 것과 다르다. 발명하는 법을 배우는 일은 시간이 걸린다. 발명의 필수 요소들이 쉽게 효과를 내를 내는 것도 아니다. 집 앞 흙탕길에서 놀던 어린 로저 볼튼이 그냥 자라서 30년 후에 영향력 있는 새로운 경제 이론을 내놓을 수 있게 된 것처럼 보이지만 사실은 그렇지 않다. 생후 몇 주에 시작된 탐구는 꽤 안정적인 경로를 따라 이동하지만 그와 다르게 발명에 이르는 길에는 여러 우여곡절이 있다. 우리는 아이들이 성장할수록 중요한 기술을 더 숙달하게 된다고 단순하게 생각하는 경향이 있다. 그러나 발명에 대해서는 그렇지 않다. 발명의 과정은 훨씬 더 길고 복잡하다.

다섯 살짜리 발명가는 혁신적인 것을 만들어내고 문제를 해결하는 능력에 뚜렷한 한계를 가지고 있지만 일곱 살 아동에게는 없는 놀라운 힘을 가지고 있다. 게다가 아이들이 훌륭한 발명가가 되는 데 필요한 지적 도구를 완전히 갖추게 될 무렵에는 오히려 발명 의지가 거의 상실되는 경우가 많다. 어린 시절의 장난스럽고 이상하고 하찮은 발명이 어른이 되었을 때의 심오하고 복잡하고 혁신적인 발명으로 연결되는 길이 위태로워진다. 청소년기 초기의 아이들이 유아기 아이들보다 창조력이 더 풍부할 수 있지만, 대부분은 그 반대이다. 사실 걸음마기 유아들이 해결하거나 만들어내는 것은 너무 많아서 대부분 어른에게는 별로 두드러져 보이지 않는다. 하지만 아무리 평범해 보일지라도 그것들은 앞으로 전개될 모든 발명의 발판이 된다. 어린 발명가들의 시련과 고난은 아이들이 앞으로 성장하면서 발명을 계속할 수 있도록 우리가 어떻게 격려해야 할지 실마리를 제공한다.

세계 곳곳 수많은 가정에서 펼쳐지는 다음의 광경을 상상해보자. 일곱 살 난 아이가 혼자 한가로이 부엌으로 들어간다. 아이는 조리대 위 선반에 쿠키 통이 올려져 있는 것을 본다. 통 안에 맛있는 쿠키가 기다리고 있다. 당연히 하나 먹고 싶어진다. 그러나 너무 높아서 혼자서는 손이 닿지 않는다는 것을 정확히 알고 있다. 쿠키 통에 닿으려면 어떻게 해야 할까? 그 순간 아이 마음속에는 쿠키를 먹어야겠다는 실질적인 목표와 높은 선반이라는 분명한 장애물, 그 장애물을 극복할 방법을 찾을 수 있으리라는 느낌과 생각의 중간쯤 되는 육감이 들어있다. 그러면서 아이는 해결할 수 있는 문제를 규정하는 것을 처음으로 어렴풋이 알게 된다. 아이는 옆에 있는 의자에서 방석을 가지고 와서 조리대 위로 올려놓는다. 쿠키 통 바로 아래 바닥에 방석을 깔고 그 위로 올라간다. 손을 뻗었을 때 쿠키 통에 조금 더 가까워졌다. 하지만 여전히 닿지 않는다. 무엇인가 더 한다면 문제가 해결될지 모른다는 느낌이 다시 든다. 아이는 고개를 돌려 뒤를 보면서 의자 등을 받치고 있는 쿠션을 가지고 어떻게 해볼까 하고 생각한다. 방석 위에 올려놓을 생각으로 쿠션을 가져온다. 아이는 발명을 하는 중이다. 푹신푹신한 발판 의자를 발명하고 있다.

이것은 과자와 높은 선반이 생기면서 생긴 오래된 문제이고 아이가 생각해낸 해법도 그만큼 익숙한 방법이다. 전혀 특별할 것이 없고 아이 같지 않은 성숙한 방법도 아니다. 아이는 선반에 손이 닿지 않는 실망감을 극복해야 할 장애물로 보고, 자신을 가로막는 것이 무엇인지 집중하고 그렇게 함으로써 중요한 단계인 문제 확인을 마치고, 도움이 될 만한 행동이나 물건을 찾기 위해 주변을 살피고, 아직 숙달하거나 배우지 않았는데도 물건들을 순서대로 가지런히 배열한다. 이 일련의 과정이 펼쳐지기까지 60초도 걸리지 않는다.

아이는 분석과 합성을 결합해서 이전에 한 번도 사용한 적 없는 해결방법을 만들어냈다. 손에 닿지 않는 원하는 것을 잡기 위해 물건을 쌓아 올리고 그 위에 올라가는 방법은 정말로 새로울 것이 없다. 하지만 아이에게는 새로운 것이고, 바로 그 점이 중요하다.

여러 가지를 혼합해서 만들거나 구성하는 아이들의 행동이 어떻게 사고를 위한 토대가 되는지 이해하는 문제라면 발명이 특허를 보장하는지는 정말 중요하지 않다. 중요한 것은 발명가가 자신에게 문제가 되는 것을 해결하기 위해 정보든 물건이든 익숙한 요소들을 모으고 그것들을 새로운 방식으로 조합하는 정신적 과정이다. 쿠키 통을 꺼내려는 것 못지않게 흔하고 평범한 두 번째 예를 보자. 여섯 살 남자아이가 욕조 안에서 작은 양동이로 물을 뜨고 다시 쏟아붓기를 반복하며 놀고 있다. 아이는 빈 양동이가 물에 뜬다는 것을 알아차린다. 손으로 양동이를 아래로 눌러본다. 양동이는 살짝 가라앉았다가 까닥거리며 다시 올라온다. 이번에는 욕조 바닥에 닿을 때까지 누른다. 그러나 손을 떼자마자 양동이는 다시 물 위로 솟아오른다. 이전에 다른 물건들은 다 바닥에 가라앉았는데 양동이는 그러지 않아서 아이는 놀라움을 느낀다. 이런 놀라움을 느낄 때가 바로 발명 과정에서 첫 번째로 중요한 순간이다.

이때 아이는 양동이가 가라앉지 않는 이유를 설명해줄 무엇인가를 찾으려고 양동이 안을 들여다보거나 양동이 겉면을 자세히 살피면서 조사하기 시작할 것이다. 그러나 오직 정보를 얻기 위한 조사로 그치지는 않을 것이다. 아이는 예상치 못한 일의 원인을 밝히려고만 하는 것이 아니다. 다시 말해 그 순간 아이의 목표는 양동이가 왜 물 위에 계속 뜨는지 이해하는 데 있지 않다. 아이 머릿속에 들어 있는 것은 잠수함이다. '양동이가 욕조 바닥에 가만히 있으려고 하지 않으면 잠수함 놀이는 어떻게 할 수 있을까?' '물속에 가라앉게 하려면 무엇을 해야 할까?' 아이는 정보나 통찰력을 얻는 것 이상의 목표를 가지고 있다. 자기가 정한 시나리오대로 놀고 싶은 것이다. 머릿속에 있는 게임을 실행하기 위해 양동이를 물속에 가만히 있게 할 방법을 찾아야 한다. 이제 발명의 길로 들어선 것이다. 아이는 양동이를 10초 동안 가만히 눌러본다. 효과가 없다. 이번에는 뒤집어서 시도한다. 역시나 실패다. 마지막으로 욕조 구석에 있던 거품 목욕 세제 통 몇 개와 큰 비누를 가져와 양동이에 넣는다. 양동이가 가라앉는다. 그 과정에서 아이는 밀도에 대한 힌트를 얻었을 것이다. 더 의미 있는 것은 바로 당면한 문제를 해결했다는 것이다. 아이는 자신의 첫 잠수함을 발명했다.

아주 초기에 만들어지는 발명품들은 보통 어른들 눈에는 간단하고 뻔한 것처럼 보인다(특히 방석을 쌓아 올려 발판 의자를 만들거나 무거운 물건을 닻처럼 사용할 때처럼 익숙한 물건을 모방한 발명품일 때는 더욱 그렇게 생각하는 경향이 있다). 그러나 간단한 문제에 대한 초보적이고 매우 익숙한 해법을 발명하는 데 관여하는 심리적 단계는 매우 복잡하고 지적인 움직임을 요구한다. 거기에는 문제의 구체적 윤곽을 밝히고, 그 문제를 해결하기 위해 이것저것 계획적으로 시도할 수 있다고 느끼고, 해결방법을 마음속으로 그려보고, 해결을 이뤄내기 위해 취해야 할 조치들을 예상하는 것이 포함된다. 욕실에 있는 그 남자아이를 생각해보자. 아이는 양동이를 욕조 바닥을 돌아다니는 잠수함으로 상상하고 나서야 양동이를 가라앉히기 위해 무엇이 필요한지 알아내려고 한다. 그러나 물건이 물에 가라앉거나 뜨는 데 무게가 하는 역할에 대한 이해가 없다. 아이가 양동이를 아래로 눌러본 것은 다른 상황에서 다른 물건에 대해 효과가 있었던 전략이기 때문이다. 그 전략이 통하지 않을 때 아이는 다른 전략을 생각해낼 수 있어야 한다. 이 경우 아이는 이전 경험을 통해 알게 된 사실, 즉 무거운 물건은 물에 뜨지 않는다는 것을 떠올렸다. 대안을 생각해내는 유연한 사고의 첫 번째 신호가 욕조 안에서 명백하게 나타난 것이다.

아기들은 세상과 상호작용하기 위해 작지만 강력한 행동 레퍼토리를 이용한다. 처음에는 빨기와 갑작스러운 것 알아차리기 같은 반사적 행동부터 시작한다. 보잘것없어 보이는 이런 행동들이 아기들을 사고의 길로 이끈다. 그러나 몸과 마음이 매우 활동적이라 할지라도 영아나 걸음마기 유아들은 아직 창조력이 풍부하지 않다. 계획적으로 문제를 해결하지도 못한다. 앞으로 몇 년 동안 거의 모든 영유아는 발명을 가능하게 해줄 복잡한 지식과 지적 능력들을 습득할 것이다. 그러나 아이의 지적 체계를 구성하는 지식이나 능력은 선형적 순서로 나타나지 않는다.

취학 전 아동들은 어떤 단계는 잘 이해하고 어떤 단계는 이해하기 어려워한다. 그러나 앞으로 3~4년 사이에 모든 것이 바뀔 것이다. 열 살이 되면 어린 발명가들의 지적 활동 목록이 거의 완성된다.

어린아이들이 훌륭한 발명가가 되는 과정에 관한 과학적 이야기는 간단하지가 않다. 게다가 역설로 가득 차 있다. 그 이야기는 망치와 칼에서 시작된다.

낡은 도구와 새 도구

인간이 지구상에서 우월적 지위를 차지한 데는 도구를 사용할 줄 아는 놀라운 능력이 한몫했다. 우리는 자신을 방어하고 다른 동물들을 정복하기 위해 화살을 만들었고 수확과 사냥을 위해 칼을 만들었다. 이동하거나 물건을 옮기기 위해 바퀴와 증기 기관을 발명했고 한계가 있는 시력을 높이기 위해 렌즈를 개발했다. 기원전 100년으로 거슬러 올라가면 그리스인들은 최초의 컴퓨터라 할 만한 '안티키테라 기계Antikythera mechanism'를 발명했다. 30여 개의 맞물린 청동 톱니로 구성된 이 장치는 행성과 별의 위치 그리고 달의 위상 변화를 예측하는 데 사용되었다. 안티키테라 기계는 놀라운 공학적 업적이자 지적 능력을 확대하는 도구에 대한 인간의 관심이 아주 오래전부터 있었음을 보여주는 증거이다. 도구 사용은 인간의 역사를 정의하고, 위대하고 무시무시한 많은 업적을 설명해준다. 인간은 심지어 도구 사용을 조사하고 기록하기 위한 도구도 발명했다. 그 덕분에 2백만 년 전에 시작된 도구 사용의 발달과 역사에 관한 문헌 자료가 방대하다. 기록들을 보면 이전 시대의 발명품을 종종 활용하면서 발명품 자체는 변했는데도 밑바탕에 깔린 정신적 과정은 변하지 않았음을 알 수 있다.

13세기이든 21세기이든 사람들은 모두 새로운 장비와 장치를 만들 때 같은 기본적 단계를 사용했다. 바퀴나 기중기 또는 컴퓨터를 만들기 위해서는 정교함과 전문지식, 시간과 지속적 노력이 필요하다. 우리 중 일부만이 그런 중요하고 복잡한 도구를 만들려고 시도할 것이다. 그러나 그 밑에 깔린 기본적인 단계는 거의 모든 사람이 이용할 수 있고, 어떤 유형의 정식 교육을 시작하기 한참 전부터 거의 모든 어린아이가 실행한다. 아이들은 상당히 자연스럽게 그 과정을 접한다. 사실 도구 사용은 어린애 장난 같은 쉬운 일이다.

코라는 여섯 살이었다. 사각 턱에 숱이 많은 갈색 머리를 가진 통통한 소녀였다. 많은 시간을 앞마당에서 뜨거운 햇살을 즐기며 보내곤 했다. 부엌 창 바로 옆에 있는 커다란 바위 위로 작은 도마뱀들이 오르락내리락 기어 다니는 것을 구경하기도 했다. 어떤 때는 도마뱀을 용이라고 상상하면서 용이 사냥을 하거나 사냥을 당하는 액션 장면을 묘사했다. 이따금 용이 포효하는 소리를 흉내 내기도 했다. 그러나 어느 순간 도마뱀을 용이라고 상상하는 것이 지겨워졌다. 그래서 그냥 도마뱀을 구경하기 시작했다. 그러다가 한 마리를 잡고 싶다는 생각이 들었다. 도마뱀을 잡는다는 목표가 코라의 마음을 사로잡았다. '도마뱀을 잡으려면 무엇이 필요할까?' 코라는 가장 좋은 도구인 자신의 작고 통통한 손으로 시작했다. 그러나 코라는 그렇게 빠르지 않았다. 여러 차례 시도한 끝에 코라는 너무 가까이 가면 도마뱀이 잽싸게 달아난다는 것을 알았다.

코라는 도마뱀을 잡기 위해 손 이외에 다른 것이 필요하다고 느꼈다. 즉 도구가 필요한 것이다. 주위를 둘러보니 흙 속에 10센티미터쯤 되는 막대기가 보였다. 코라는 막대기를 들고 있다가 도마뱀이 빼꼼히 몸을 내밀자 재빨리 도마뱀을 향해 막대기를 밀었다. 그러나 막대기로도 손으로 할 수 있는 것 이상을 할 수 없었다. 게다가 그 막대기는 너무 짧아서 사냥감과의 필요한 거리를 확보해주지 못했다. 코라는 다시 주변을 둘러보고 더 긴 막대기를 찾아냈다. 코라는 도마뱀의 길목 끝에 쭈그리고 앉았다가 도마뱀 한 마리가 용감하게 다시 밖으로 나오자 가능한 마지막 순간에 막대기를 휘둘렀다. 이번에는 길이가 적당했다. 코라는 도마뱀의 꼬리를 톡톡 쳤다. 그러자 도마뱀은 잽싸게 도망갔다. 녀석은 한 방 맞았지만 빠져나갔다. 코라는 다시 도전했다. 다섯 번은 시도했을 것이다. 사람들이 말하는 '고집'을 부리고 있었다. 무엇이 잘못되었는지 또는 어떤 추가적인 조치가 필요한지 알지 못한 채 효과 없는 똑같은 방법을 몇 번이고 반복해서 시도하고 있었다.

코라는 더 먼 거리에서 도마뱀을 잡는 방법을 찾아야 한다고 생각했다. 그러나 지금 있는 도구로는 충분하지 않았다. 코라는 당황스러워서 가만히 앉았다. 다음에 무엇을 해야 할지 몰랐다. 어른이 지켜보고 있었다면 당장에 무엇이 문제이고 가능한 해결방법은 무엇인지 알았을 것이다. 코라는 도마뱀까지 미칠 수 있는 기다란 무엇인가가 필요했다. 그냥 찌르기만 하는 것이 아닌 가둘 수도 있는 것이 있어야 했다. 그러나 여섯 살 코라는 극복할 수 없는 지적 장벽에 부딪혔다.

만 2세가 지나면 아이들은 무척이나 도구를 사용하고 싶어 하고 또 꽤 쉽게 사용한다. 걸음마기 아동이라면 거의 누구나 컵으로 마시거나 숟가락을 사용하는 법을 배울 수 있다. 이전에 한 번도 본 적 없는 물건을 사용하는 형제와 또래 친구, 어른들에 둘러싸여 있으면 아주 어려도 아이들은 금방 따라 배운다. 나이가 더 많은 주변 사람을 모방하는 것은 어린아이가 지닌 가장 효과적인 학습 전략 중 하나이다. 중요한 기술을 빠르게 흡수할 수 있게 할 뿐만 아니라 자기가 속한 공동체 사람들이 중요하게 여기는 특정한 기술을 사용하게 할 것이다. 그러나 도구를 사용하는 법을 배우는 것으로는 충분하지 않다. 우리 인간은 단순히 도구를 사용할 수 있어서 오늘날의 모습으로 발전한 것이 아니다. 더 중요한 것은 새로운 도구를 고안할 줄 안다는 것이다. 코라는 필요한 도구를 만들어내서 도마뱀을 잡을 수 있었을까?

문제가 무엇일까?

아이들이 일상을 살아가는 모습을 지켜보면 아이들은 지략이 매우 뛰어나 보인다. 쿠키 통을 꺼내는 모습은 모든 가정에서 볼 수 있는 익숙한 장면이다. 아이들의 창의성은 부분적으로 물건의 형태를 바꾸는 능력에서 나온다. 그것은 아이들이 놀면서 늘 하는 것이다. 어느 물건을 다른 물건 대신에 사용하는 기술은 수준 높은 지적 사고의 주요 특징인 세상을 머릿속에 표상하는 법을 습득하기 위한 매우 중요한 첫 단계이다. 나무 숟가락을 비행기로 사용하고 나뭇가지를 마술봉으로, 스웨터를 길게 늘어진 머리카락으로 바꾸는 다섯 살 어린이들은 그저 세상을 있는 그대로가 아닌 가능한 모습으로 보는 단계를 향해 가고 있다. 이런 모습은 아주 흔하다. 그래서 발명의 징후를 애써 찾고 있는 게 아니라면 우리는 거의 인지하지 못하고 그냥 지나친다. 나는 최근에 어머니가 오븐에서 찜 냄비를 꺼낸 후에 오븐용 장갑을 식탁 위에 올려놓는 것을 지켜보는 아이를 보게 되었다. 아이는 곧장 식탁으로 달려가 장갑을 움켜쥐었다. 부엌 바닥에 앉아 한쪽씩 발에 끼우고 발을 위로 들어 이리저리 휘저었다. "봐봐. 나는 원숭이야!" 아이는 옆에 서 있는 쌍둥이 여동생에게 소리쳤다. "내 원숭이 발 좀 봐!" 그와 같은 2분 동안의 변신은 곧이어 더 지속적인 놀이로 이어졌다. 아이들은 놀이할 때 해결해야 하는 문제를 끊임없이 만난다.

생애 네 번째로 맞이한 여름 내내 일주일에 며칠씩 함께 놀면서 지내기로 한 사촌 세 명의 예를 살펴보자. 아이들의 그 특별한 계획은 결국에는 많은 시간과 에너지를 쏟는 일이 되었다. 네이트는 마당이 숲과 이어진 집에 살고 있었다. 숲 가장자리를 따라 나무들이 쓰러져 있었고 나무마다 썩은 정도가 달랐다. 어떤 나무는 뿌리가 하늘을 향하고 있어서 어린아이들의 관심을 끌기에 제격이었다. 쓰러져 있는 나무들 사이에는 큰 돌과 바위들이 있었다. 어떤 것은 네이트와 사촌들보다 키가 컸다. 바닥 부분이 넓적한 바위 하나는 땅에서 2미터쯤 높이 솟은 채 아이들을 내려다보고 있었다. 아이들은 자연스레 숲에 인접한 마당 한쪽 가장자리에 모여 놀 때가 많았다. 부모들의 시야를 벗어나지 않는 선에서 더 낯설고 더 야생 상태로 있는 곳을 찾았다. 네 번째로 야외로 나갔을 때 네이트의 사촌 렉스가 말했다. "저거 보여? 보여? 엄청나게 크지. 우리가 할 수 있는 게 뭔지 알겠어. 저게 동굴이 될 수 있어."

다른 두 아이도 렉스가 말한 '동굴'이 뭔지 아는 것 같았다. 아이들은 땅에 쓰러져 있는 나뭇가지 몇 개를 끌고 와서 커다란 바위 위로 하나씩 올렸다. 나뭇가지의 한쪽 끝은 옆에 있는 작은 바위에 올려놓았다. 지붕이 모양을 갖추기 시작했다. 그 여름 처음 몇 주 동안 동굴은 아이들 머릿속에서 한순간도 떠나질 않았다. 세 명 중 누군가는 "동굴 만들러 가자."라고 하거나 "비가 오고 있어. 지붕이 망가질 거야."라고 걱정하곤 했다. "야, 어지럽히고 있잖아. 그 나뭇가지 좀 주워. 동굴을 깨끗하게 해야지."라고 말하면서 모두 동굴에 신경 썼다. "그게 창문이 될 거야."라며 건축업자의 관점에서 말할 때도 있었다. 사실 네이트의 아버지는 목수였다. 그래서 네이트는 지금까지 봐온 아버지의 행동과 말을 가끔 따라 하는 듯했다. 동굴의 지붕을 만드는 작업을 할 때 네이트는 비가 들어오지 못하게 나뭇가지를 촘촘히 맞물리게 쌓아야 한다고 말했다. 아이들은 더 많은 나뭇가지와 잔가지를 쌓아 올리는 일을 흔쾌히 했다. 지붕 만드는 작업을 하는 동안 네이트는 주기적으로 "완전히 촘촘하게 해야 해."라고 말했다. 이따금 지붕의 내부에서 얼굴을 가까이 대고 틈새로 빛이 들어오지는 않는지 눈을 가늘게 뜨고 살폈다.

세 사촌은 동굴을 만드는 작업을 하면서 장난감이나 영화, 사탕, 달리기가 가장 빠른 사람은 누구인지 같은 다른 주제에 관해서도 얘기했다. 몇 주째 동굴 만들기 작업을 하고 있던 7월 초 어느 날이었다. 한 아이가 "야. 우리가 여기서 살 수도 있잖아. 새끼 동물이 되어서 말이야!"라고 말했다. 다른 두 아이도 기꺼이 동의했다. "그래, 아기 동물!" 그 제안으로 세 어린이는 새로운 단계의 놀이를 시작했다. 물론 그전에도 했던 놀이였다. 동물은 날마다 바뀌었다. 네이트는 가끔 새끼 너구리였다가 또 어느 날에는 자기네끼리 '새끼 강아지'라 부르는 강아지가 되었다. 렉스는 주로 새끼 늑대가 되었고 다른 사촌인 폴은 아기 사자나 또 다른 새끼 강아지가 되었다. 아이들은 높은 소리를 사용해서 유아어 형태로 서로 말했다. 그리고 싸우기, 서로 돕기, 먹이 찾기, 다치거나 아프기, 엄마 아빠 동물이 어디 갔는지 걱정되어 주기적으로 서로 부르기 등 다양한 시나리오를 만들어 동물 놀이를 했다.

아이들의 말과 행동은 서로에게 영향을 미쳤다. 이것은 연구를 통해서도 충분히 입증된 현상이다.[2] 때로는 말이 행동보다 먼저 나오고 행동을 계획했다. "여기에 튼튼한 나뭇가지를 놓자. 그래, 그걸 거기에 놓는 거야. 그걸 잡아. 여기에서 그 바위까지 닿을 수 있어."

어떤 때는 한창 진행 중이던 놀이를 변경하는 말을 했다. 단순한 건축 공사가 될 수 있었는데 보통 거기에 상징적 요소나 변형을 추가하는 것이었다. "여기가 잠자는 곳이야. 젖을 리 없는 여기 이쪽으로 정해야지. 그러나 그냥 '새끼 너구리야, 나는 추워!'라고 말을 해야 해. 그러면 내가 담요를 가져다줄게." 그리고 가끔 아이들의 말은 이미 끝난 일에 대한 반성이기도 했다. "이건 쓸모가 없어. 막대기가 너무 약하고 너무 가늘잖아. 우린 집과 집 사이에 다리를 만들어야 해. 다리는 튼튼하게 만들어야 해." 이와 같은 말과 행동 사이 상호역학적 관계는 실제의 것을 다른 가능한 것으로 바꾸는 어린아이들의 성향이 일찍 발현된 것이다.

그해 여름 세 아이가 시작한 놀이는 동굴 만들기에서 그 안에서 놀기로 초점이 바뀌었다. 시간이 흐르면서 지붕 만들기, 바위 옆면을 벽으로 바꾸기, 새끼 동물 되기 등등 놀이의 목표가 하나씩 전개되었다. 새로운 목표가 생길 때마다 극복해야 하는 문제가 발생했다. 놀이의 첫 번째 목표는 넓은 바위와 바닥에 떨어져 있는 나뭇가지를 사용해서 재미있게 노는 법을 찾는 것이다. 이윽고 훌륭한 동굴 만들기를 목표로 정했다. 동굴을 만든다는 목표는 결과적으로 아이들이 좋아하는 '아기 동물' 놀이를 할 수 있는 만족스러운 장소를 탄생시켰다. 목표를 달성하려면 '지붕을 어떻게 튼튼하게 만들 수 있을까?', '침실을 놓을 수 있을까?', '아기동물이 어떻게 동굴로 들어갔다 나갔다 할 수 있을까?' 등등 목표마다 고유의 장벽을 넘어야 했다. 그 긴 여름 아기동물과 집짓기에 관한 세세한 모든 것이 세 명의 사촌에게는 아주 특별했다. 그러나 아이들은 놀이할 때마다 해결책이 요구되는 문제를 만나게 되어 있다. 어떤 경우에는 새로운 세계를 창조하는 중대한 문제에 부딪히게 된다.

여덟 살 소녀 마드와 소피는 3년째 함께 차를 타고 통학하고 있다. 매일 등하교할 때 마드와 소피는 마드 어머니가 운전하는 자동차의 트렁크 좌석에 앉았다. 뒤를 바라보며 앉았기 때문인지 두 아이는 아무나 자기들을 보거나 들을 수 있음을 모르는 채 자기들만 그곳에 있다고 생각했다. 차를 타고 가는 25분 동안 두 아이는 쉬지 않고 수다를 떨었다. 주제는 항상 자신들이 만들어낸 상상의 세상이었다. 그곳 이름은 버그지랜드였다. 새로운 세상의 지형과 풍경 특징, 그곳에 사는 사람들, 사용하는 말에 관해서 끊임없이 의논하고 결정을 내렸다.

두 소녀는 버그지랜드가 둥근 행성이지만 그곳 생명체는 지표면이 아닌 땅속에 사는 것으로 정했다. 버그지랜드로 들어가거나 거기에서 나오려면 작은 출입구를 통과해야 한다는 것이었다.

버그지랜드에 사는 캐릭터에는 해변에서 파라솔에 둘러싸여 앉아있는 수영복 차림의 몸집이 아주 큰 '해변의 여인', 버그지랜드에 하나밖에 없는 직선 도로 끝에서 우물을 지키고 있는 '마술사', 마드와 소피가 계속 "아주 정상적"이라고 말하지만 때로는 너무 정상적이어서 재미없는 '팝콘 아기 돼지들', 대기층 맨 위에서 햇살 위에 앉아 물뿌리개로 지상으로 물을 뿌리는 버그지랜드의 수호신 두 명이 있었다. 그리고 출입구 옆에서 삽으로 흙을 행성 밖으로 퍼내는 이름 없는 캐릭터도 있었는데, 이들이 퍼낸 흙은 우주 공간에서 별이 되었다. 마드와 소피는 주기적으로 다른 캐릭터들의 이름도 지었다. 하지만 41슬러, 불 칠면조, 노래하는 하인, 고부라진 곰팡이 발로 걷는 사람 등등 그다지 완벽하게 지어진 이름은 아니었다. 버그지랜드의 도시에는 '발가락 도시'라는 곳도 있었는데, 두 소녀는 이곳이 큰 발가락처럼 생겼고 발톱 모양의 호수와 머핀 모양의 동네가 있다고 몇 번이고 강조했다.

마드와 소피는 몇 주 동안 버그지랜드의 언어를 만들면서 보냈다. 오로지 이 용도로 쓸려고 가방에 들고 다니는 작은 공책에 적기 시작했다. 알파벳의 소리와 철자를 사용해서 영어를 바탕으로 여러 언어를 만들었다. 예를 들어 어떤 언어는 모든 영어 단어를 일정 규칙에 따라 약간씩 바꿔 만들었다. 두 아이가 'O.F.'라고 이름 붙인 언어는 알파벳의 철자를 다른 철자로 치환해서—예를 들어 A, B, C, D를 각각 O, F, P, G로 바꿔서—일종의 암호같이 만든 것이었다. '지그재그 매니큐어' 언어는 같은 방식으로 암호화한 것인데, 하지만 여기에는 부호를 사용했다. 변형을 더 많이 한 '그리고 왜' 언어가 있는데, 이것은 각 철자를 짧은 단어로 치환한 것이었다. 예를 들어 A, B, C, D, E, F, G를 각각 '그리고', '왜', '모두', '하늘', '이다', '별', '따분한'이라는 단어로 바꿨다. 처음에 만든 네 언어를 사용하려면 암기가 필요했다. 그래서 두 아이는 사용하기 더 편한 다섯 번째 언어를 만들기로 했다. 아이들은 그 언어를 버그지랜드어라고 이름 붙였고 나중에 중학교에 들어가서도 계속 사용했다.

소피와 마드는 그들이 만든 가상의 세상에 관한 모든 것들을 설계하는 데 완전히 빠져 있었다. 다른 아이들 같으면 그 안에서 가상의 역할 놀이를 했을 텐데 그것에는 관심이 거의 없었다. 아이들은 온갖 세세한 것을 만들어내는 데 심혈을 기울였다. 이 경우는 아이들이 놀다가 해결해야 할 장애물을 만난 것이 아니었다. 오히려 마드와 소피는 스스로 문제를 찾아낸 것이었다. "완전히 다른 세상은 어떤 모습이고 그 안에는 무엇이 있을까?" 두 아이는 3년 동안 놀이 시간에 자신들이 직접 설정한 문제, 즉 새로운 세계를 창조하는 문제에 완전히 사로잡혀 있었다.[3] 요새나 게임, 가상의 땅을 만드는 다른 아이들과 마찬가지로 소피와 마드도 지칠 줄 모르는 창의적인 문제 해결사였다. 하지만 아직 경험이 더 많은 발명가가 사용하는 방법을 모두 사용하고 있지는 않았다. 어떤 형태의 발명은 만 4세 아동에게는 끝끝내 해결하기 어려운 것으로 남는다.

다른 사람의 문제

더 통제된 조건에서 아이들의 창의력을 검사하기 위한 실험에서는 조금 다른 그림이 나왔다. 어린아이들은 특정 문제를 해결하기 위한 구체적인 도구를 고안하는 과제에 직면했을 때 종종 좌절하는 것 같다. 주변에서 찾아낸 도구가 도움이 되지 않을 때 만 3~4세 아동들은 왜 새로운 도구를 만들지 못하는 것일까? 이안 애펄리Ian Apperly와 사라 벡Sarah Beck의 연구진은 독창적인 일련의 연구를 통해 어린아이들이 왜 간단한 도구를 만드는 것을 매우 어려워하는지 밝히려고 했다. 그들은 만 3~6세 아동들에게 수직으로 세워놓은 투명 플라스틱 튜브를 보여줬다. 튜브 바닥에는 매력적인 스티커를 담고 있는 손잡이 달린 미니 양동이가 있었다. 하지만 튜브의 폭이 너무 좁아서 손으로 스티커를 꺼낼 수 없었다. 연구진은 아이들 각자에게 "스티커를 꺼내면 그걸 가져도 된다."라고 말했다.[4]

튜브 바로 옆에는 스티커에 도달할 방법을 고안하는 데 사용할 수 있는 여러 재료가 놓여 있었다. 그중 하나가 털철사였다. 거의 모든 아이가 스티커를 얻기 위해 열중하는 듯했다. 나이가 더 많은 아이는 대부분 쉽게 성공했다. 하지만 만 3~4세 아이들은 그러지 못했다. 털철사의 한쪽 끝을 갈고리처럼 구부려서 튜브 안에 집어넣고 스티커가 들어 있는 양동이를 들어 올리는 것이 명백하고 유일하게 가능한 방법이었지만 그 아이들은 그것을 생각해내지 못했다. 그렇다면 만 3~4세 아동들은 이런 섬세한 작업에 필요한 운동 신경이 없는 것일까? 아니다. 그 방법을 시범 보여줬을 때 아이들은 단계를 그대로 잘 따라 했다(모방은 그 자체로 중요한 능력으로 이것에 대해서는 나중에 다룰 것이다). 연구진은 이 방법이 너무 복잡할 수 있다는 가능성을 고려했다. 그 가능성을 시험하기 위해 해결방법이 더 단순한 비슷한 실험을 설계했다. 이번에는 털철사를 구부리지 않고 수평으로 누워있는 튜브 안으로 집어넣어 스티커를 반대편 끝으로 밀면 되는 것이었다. 그러나 방법이 더 쉬워져도 아이들에게는 전혀 도움이 되지 않는 듯했다. 연구진은 어쩌면 만 3~4세 아동들은 더 나이 많은 아동들에 비해 분명한 허락이 없을 때는 재료를 마음껏 조작하지 못할 수도 있다고 생각했다. 검증을 위해 연구진은 하인즈라는 이름의 탈 인형을 이용해서 아이들에게 재료를 제공하게 했다. 아이들에게는 "스티커를 꺼낼 수 있는 도구를 만드는 데 필요한 것들을 하인즈가 가지고 있다."라고 말해줬다. 그러나 단순하고 아동 친화적인 자극을 제공했는데도 실제로 아무 영향도 미치지 못했다. 만 5~6세 아이들이 쉽게 만들어낸 도구를 만 3~4세 아이들은 여전히 만들지 못했다.[5]

두 연령대 사이에 무슨 변화가 일어난 것일까? 애펄리와 벡은 만 3~4세의 어린아이들은 '비구조화된 과제ill-structured task'라고 알려진 문제, 즉 구체적인 제약이 명확하지 않은 문제에 자주 당황스러워한다고 믿는다. 그 아이들은 스티커를 원하지만 어떤 장애물을 넘어야 하는지 잘 모른다. 이것은 코라가 도마뱀을 잡으려고 시도할 때 부딪힌 문제이기도 하다. 애펄리와 벡이 마지막으로 아이들에게 스티커를 얻을 수 있는 두 가지 방법을 보여주고 더 나은 방법을 선택하라고 했을 때 아이들은 모두 선택을 잘했다. 그것은 아마 코라도 마찬가지였을 것이다. 누군가 코라에게 평범한 막대기와 도마뱀을 쓸어 담을 빗자루와 큰 종이상자를 보여주고 선택하라고 한다면 코라는 두 번째 것을 선택했을 것이다. 코라는 더 좋은 방법을 알아차릴 수 없었던 게 아니라 도마뱀을 잡는 데 무엇이 필요한지 스스로 생각해낼 수 없었다. 스스로 설정한 도전의 전체 윤곽을 제대로 파악하지 못한 것이었다.

아동의 창의성에 관한 학술 자료를 처음 조사하기 시작했을 때 나는 무엇인가 어긋난 것 같다는 생각이 들었다. 실험은 매우 창의적이었고, 과학자가 설계한 활동이 어떻게 아이들 머릿속을 이해할 수 있는 행동을 끌어낼 수 있는지 보여주는 훌륭한 사례를 제공하고 있었다. 그러나 실험 결과들은 내가 일상에서 경험하는 것과 일치하지 않았다. 지금까지 나는 실험실에서 많은 아이를 봐왔다. 하지만 놀이터에서, 어린이집에서 그리고 난장판인 우리 집에서 그에 못지않게 많은 아이를 봐왔다. 튜브 안 스티커를 꺼내는 과제를 받은 아이들은 내가 지금까지 목격한 덫을 만들거나 요새를 짓거나 새로운 장난감을 만들어내던 아이들보다 더 당황하는 것 같다.

나는 학생들과 함께 이 주제를 더 깊이 연구하기로 했다. 우리는 실험자가 전체 내용을 다 담아내지 못할 수 있는 두 가지 가능성이 있다고 생각하기 시작했다. 하나는 파악하기 조금 어려운 문제이고 다른 하나는 꽤 간단명료하다. 먼저 파악하기 어려운 문제부터 살펴보자.

아이들이 털철사를 갈고리로 바꾸기를 기대하는 것은 아이들의 능력 범위에서 크게 벗어난 일을 요구하는 것과 같다. 대학 도시나 인근에 사는 피실험 아동들은, 예를 들어 낚시하러 간다든지 하는 것처럼 갈고리를 발명할 수 있는 준비가 될 만한 활동을 한 경험이 거의 없을 것이다. 어쩌면 아이들에게는 필요한 지식이 없었을지도 모른다. 그리고 어쩌면 지식 자체가 발명의 열쇠일지 모른다.

지식이 발명을 도울까?

영화 제작자와 저널리스트들은 우연히 번뜩이는 창의력으로 중요한 발명 아이디어를 생각해낸 사람들에 관한 이야기를 하는 것을 좋아한다. 기발한 발견에 관한 유명한 이야기들을 보면 신선하고 독창적인 생각이 어디선가 갑자기 나타나는 것처럼 보인다. 루이 파스퇴르Louis Pasteur는 실험실에 어쩌다 남겨둔 액체에 휴일 사이 이상한 것이 생겼다는 것을 발견했다. 벤 프랭클린Ben Franklin은 번개 치는 폭풍우 속에 연을 띄워 전기를 검출했다. 이들보다 유명하지 않은 발명가들이 획기적인 발명을 할 때도 마찬가지다. 베트 그레이엄Bette Graham은 1950년대에 비서로 일하고 있었다. 그녀는 상사 마음에 들려고 너무 서두르다가 난 오타를 숨기기 위해 흰색 템페라 페인트를 사용했고, 결국 수정액을 발명해 억만장자가 되었다.[6] 이와 같은 많은 이야기를 보면 약간의 순진함 또는 무지함이 오히려 발명을 돕고 있다. 그러나 영향력이 큰 발명품이든 일상생활 속에서 사람들이 고안한 소소한 발명이든 간에 발명품들을 자세히 살펴보면 아주 다른 무엇인가가 있음을 알 수 있다. 발명은 대부분 갑자기 생기는 것이 아니라 그 분야에 정통하거나 구체적인 정보를 많이 알고 있을 때 생기는 결과다.

나의 의붓아버지는 농부였는데 거의 하루도 빠지지 않고 목초지 문이 열리지 않게 하는 방법이나 트랙터 부품을 교체하는 방법, 촘촘한 울타리 밖으로 도망간 닭을 붙잡는 방법을 찾아야 했다. 그의 발명품은 세상 사람들에게는 중요하지 않았다. 하지만 그 자신에게는 유용했고 가끔은 창의적이었다. 그가 만든 자물쇠, 덫, 임시 살수기는 오랫동안 다른 비슷한 물건들을 만들었던 경험에서 나온 것들이었다. 그는 주변에서 얻을 수 있는 재료에 대해서 많이 알고 있었고 자신이 해결하려고 하는 특정 문제에 대해서도 많이 알고 있었다. 트럭 운전사들은 트럭에 짐을 안전하게 싣는 더 좋은 방법을 생각해낼 것이고, 요리사들은 특정 재료가 없더라도 요리를 할 수 있을 것이고, 응급구조사는 일반적인 의료장비를 이용할 수 없을 때 환자를 안정시키는 방법을 알고 있을 공산이 크다. 비교적 실질적이지 않은 문제들에 대해서도 당연히 마찬가지다. 교사들은 새로운 학생에 대해 알 수 있는 더 좋은 방법을 생각해낼 것이고, 변호사는 비협조적인 정보원에게서 정보를 얻는 가장 좋은 방법을 찾아낼 것이다. 보통 전문가들은 초보자들보다 더 창의적이다.

앞서 언급한 연구들에서 아이들의 과제 수행을 방해한 것은 아마 덜 성숙한 인지 능력이라기보다는 관련된 지식의 부족일 것이다. 대부분의 취학 전 아동들은 갈고리를 만들어 물건을 꺼내는 데 필요한 부품을 충분히 접하지 못했을지도 모른다. 이 가능성을 조사하기 위해 나는 나의 지도 학생 다니엘레 포크너Danielle Faulkner와 함께 만

4~5세의 낮은 연령군과 만 6~7세의 높은 연령군 아동들에게 '튜브에서 물건 꺼내기' 과제를 시켰다. 이번에는 약간의 묘안을 짜냈다. 이제 미니 양동이에 담긴 스티커는 아이들에게 별로 큰 동기가 되지 못하는 것처럼 보였기 때문에 우리는 밝은색 만들기 점토로 작은 인형을 만들어 아이들에게 병에 갇힌 꼬마 병정을 구출해야 한다고 설명했다. 꼬마 병정이 갇힌 병을 보여주기 전에 일부 아이에게는 문제 해결에 도움이 될 수 있는 지식을 알려줬다. 우리는 이 실험을 통해 애펄리와 벡의 연구에서 나이가 어린 아동들이 문제를 해결하지 못한 이유가 아직 덜 발달한 창의적 사고력이 아니라 불충분한 지식 때문이라는 가설을 검증할 수 있었다.

모든 아이가 같은 방식으로 배경 지식을 받은 것은 아니었다. 한 실험 조건은 물고기가 연못으로 뛰어 들어가는 것을 보는 작은 소녀에 관한 그림책을 아이들에게 읽어주는 것이었다. 이야기는 이랬다. 한 소녀가 물고기를 자세히 보고 싶어 한다. 그래서 물고기를 잡기로 한다. 소녀는 주위를 둘러보다 막대를 발견하고 그것을 낚싯바늘 모양으로 구부린다. 소녀가 그 낚싯바늘로 물고기를 잡는 것으로 이야기는 끝난다. 물론 소녀는 물고기에게 인사하고 다시 연못으로 돌려보낸다. 우리는 어린 피실험자들이 이 이야기가 제공하는 정보를 흡수해서 털철사 과제에 응용할 수 있는지 알고 싶었다.

이야기는 아이들이 지식을 습득할 수 있는 여러 수단 중 하나에 불과하다. 아이들은 다양한 종류의 직접 경험을 통해서도 배운다. 두 번째 조건은 실험자와 피실험자가 자신의 신체를 이용해서 '갈고리' 모양을 만드는 다양한 방법을 시도하는 것이었다. 세 번째 조건에서는 실험자가 빨대로 갈고리를 만들어 그것으로 투명 플라스틱병 바닥에 낸 작은 구멍으로 물건을 잡아당기고 피실험자가 그것을 구경했다. 네 번째 조건에서는 아이들에게 충분한 시간을 줘서 정말 중요한 털철사를 포함해 여러 재료를 가지고 놀게 했다. 이 모든 것이 아이들에게 투명 플라스틱병에 갇힌 꼬마 병정을 구출하는 과제를 부과하기 전에 활동을 숙지하고 관련된 지식을 갖추게 하려는 방법이었다. 이것이 아이들이 창의력을 발휘하게 하는 데 도움이 될까? 실험을 통해 우리가 알게 된 것은 간단하지가 않다.

6~7세의 높은 연령군 아동들은 털철사를 쉽게 빨리 구부려 갈고리를 만들고 그것을 이용해 꼬마 병정을 아주 능숙하게 구출해냈다. 이 아이들의 경우 낚시 이야기를 들었는지, 직접 몸으로 고리 모양을 만들어 봤는지, 비슷한 문제를 해결하는 실험자의 모습을 봤는지, 여러 재료를 만지작거리며 놀았는지 아니면 어떤 배경 지식도 얻지 못했는지는 결과와 아무 상관이 없었다. 이 아이들에게는 과제와 해결방법 모두 많은 창의력을 요구하는 것이 아니었고 당혹스러운 것도 아닌 것 같았다. 사실 높은 연령군 아이들 대부분이 과제를 해결하는 데 2분도 걸리지 않았다.

반면에 낮은 연령군 아이들은 사전에 유용한 정보를 받았는데도 대부분 성공하지 못했다. 여러 실험 조건 중 어떤 것도 유의미하게 결과를 바꿔놓지 못했다. 언뜻 우리가 얻은 자료는 지식 부족이 어린아이의 창의력을 방해하는 결정적인 장애물이라는 우리의 가설이 틀렸음을 입증하는 것 같았다. 그러나 실험하는 동안 벌어진 일들을 더 자세히 살펴봤을 때 새로운 것이 발견되었다.

문제를 빨리 해결한 아이들에게는 언제 과제를 끝낼 수 있을지 알 정도로 문제가 쉬웠다. 실험에 참여한 높은 연령군 아이들 대부분이 그랬다. 마치 무엇인가를 발명하는 게 아니라 그저 명백한 문제에 명백한 방법을 적용하고 있다는 듯이 문제가 시시할 정도로 쉬운 것 같았다. 사실 정보의 중요성을 입증한 것은 바로 2분 이내에 과제를 해결하지 못한 아이들이었다. 이 아이들은 대체로 몇 분 더 계속 시도하고 다양한 방법을 시험했다. 2분 후 우리는 성공하지 못한 아이들에게 약간의 힌트를 줬다. 처음에는 "이 시간 전에 뭘 했는지 기억나니?"라고만 말했다. 그래도 여전히 해결방법을 찾지 못하는 아이들에게 결국 "갈고리를 만들면 어떨까?"라고 제안했다. 마지막에 해준 제안으로 모두가 성공했다. 처음에 실패했을 때부터 안내를 받아 드디어 성공할 때까지 아이들의 모습을 지켜보는 것은 그 연구에서 우리의 이해에 가장 큰 도움을 준 부분이었다.[7]

창의력을 향한 느린 걸음

그 아이들은 보통 꼬마 병정에게 접근하기 위해 끈이나 털철사로 플라스틱병 옆면을 찌르거나 툭툭 쳤다. 어떤 아이들은 병 꼭대기에 난 구멍이 성공에 이르는 길이라는 사실을 알아차린 듯 보였다. 그 아이들은 털철사를 잡아서(아이들은 항상 털철사를 가장 먼저 골랐다) 구멍 아래로 내려보냈다.

아이들은 가끔 꼬마 병정을 털철사로 그냥 찌르기만 했다. 몇몇 아이들은 털철사를 구부리지 않고 꼬마 병정의 양팔 사이로 난 고리로 집어넣으려고 했다. 고리 안으로 털철사의 끝을 넣는 데 성공하면 기뻐서 소리를 쳤고 꼬마 병정을 위로 들어 올리려고 시도했다. 그렇게 하면 될 것이라 기대한 것이었다. 그러나 털철사는 그렇게 튼튼하거나 단단하지 않았다. 양팔 사이 구멍으로 털철사를 끼우는 데 성공했지만 조금만 들어 올리려고 해도 털철사는 구멍에서 빠져나왔다. 연달아 그 방법이 실패하자 아이들은 전략과 재료를 바꿨다. 지금의 방법이 얼마나 성공에 근접했는지 알아차리거나 어떻게 수정해야 할지 생각하는 것 같지는 않았다. 어떤 아이들은 끈을 튜브 안에 떨어뜨려 꼬마 병정을 건드리려고 했고 양팔 사이 고리 안으로 끈을 집어넣으려고도 했다. 그 아이들은 가끔 끈을 튜브 안에 달랑거리게 놔두고 마치 끈이 알아서 무엇인가 일으키는 성질을 발휘하기라도 바라는 듯이 가만히 있었다.

아이들은 과제를 수행하는 동안 말을 자주 했다. 아이들의 말을 잘 들어보면 과제 수행을 시작하기 전에 예비 활동으로 들은 이야기와 했던 동작을 갈고리 과제와 연결 지으려 한다는 것을 알 수 있었다. 낚시 이야기를 들은 한 아이는 꼬마 병정을 보면서 "물고기 같아요."라고 말했다. 몸을 고리 모양으로 구부렸던 한 아이는 "저 꼬마 병정 머리 위에 왜 고리 같은 것이 있죠?"라고 말하면서 인형의 양팔에 의해 만들어진 고리에 관해 물었다. 실험자가 빨대로 갈고리를 만들어 고리 모양의 끈을 잡아당기는 시범을 지켜본 아이는 병 속의 꼬마 병정을 보면서 "휘어진 빨대는 갈고리의 끝부분 같고 양팔은 고리 모양 끈 같아요."라고 말했다. 또 어떤 아이는 자신의 시도에 대해 "이 털철사를 갈고리라고 보고 이 인형을 갈고리라고 봤기 때문에 한 거예요."라고 설명했다. 그림책 이야기를 들은 많은 아이는 문제를 해결하려고 하는 동안 낚시 용어를 사용했다. 한 아이는 "꼬마 병정을 다시 안으로 유인할 수 있을까요?"라고 물었다. 다른 아이는 "갈고리 같은 것으로 그걸 꺼내야 했죠……. 나는 낚시를 할 생각이었어요."라고 설명했다. 한 아이는 자기가 시도한 방법이 처음에 들은 이야기에 영향받은 것임을 대놓고 드러냈다. "꼬마 병정을 낚아야 해요. 어떻게 위로 끌어당길 수 있어요? 잠깐만. 한번 해볼게요. 병정을 낚을 수 있게 내가 고리를 걸어볼게요. 낚싯바늘이 필요해요. 하나 꺼내와야겠어요. 꼬마 병정을 잘 낚을 수 있을 거예요!" 아이들이 과제와 씨름하면서 보인 행동과 말은 비록 아직 필요한 모든 부품을 머릿속에서 조립하지 못했을지라도 하나씩 조립하면서 해결책을 향해 천천히 가고 있음을 보여줬다.

우리가 관찰한 내용은 연구자들이 창의력을 모 아니면 도라는 이분법적 관점으로 보지 말아야 한다는 점을 확신시켜줬다. 실험에서 꼬마 인형을 꺼내지 못한 많은 아이는 사실 실패했음에도 완전히 그럴듯한 방법들을 시도했다. 그 방법에서 한두 가지만 수정했다면 성공할 수 있었을 것이다. 아이들이 재료를 만지작거리면서 말하는 내용을 녹음해서 살펴본 결과, 어떤 문제를 해결하기 위한 구체적인 도구를 생각해내는 일에 있어서 아이들은 전혀 할 수 없다가 어느 순간 비약적으로 발전하는 것이 아니라 느린 걸음으로 천천히 성공을 향해 걸어간다는 것을 알 수 있었다.

우리는 병정 구출에 성공한 아이들이 과제를 수행하는 동안 머릿속 생각을 말로 표현하는 것을 들으면서도 많은 것을 알아냈다. 아이들은 자신에게 도움이 되는 특정 종류의 지식에 의존했다는 점을 알고 있는 듯했다. 우리는 과제 수행을 마친 아이들에게 방법을 어떻게 알았는지 물었다. 실험자가 무엇인가를 끄집어내기 위해 빨대를 구부리는 것을 본 한 아이는 "빨대 끝을 휠 수 있다는 것을 알았어요. 그래서 그렇게 했어요."라고 말했다. 그림책 이야기를 들은 한 아이는 "책에서 그 아이가 구부리기에 나도 털철사의 끝을 구부렸어요."라고 대답했다. 또 다른 아이는 처음에는 털철사가 휘어질 수 있다는 것을 "잊고" 있다가 "책에서 그 애는 어떻게 만들었더라 하고 생각해봤어요."라고 말했다. 마지막으로, 몸으로 고리 모양을 만들었던 한 아이가 창의적 과정의 핵심을 찌르는 대답을 했다. "내가 몸을 구부렸었잖아요. 거기에서 아이디어를 얻었어요." 우리는 쉽게 성공한 아이들과 끝까지 성공하지 못한 아이들 모두 통찰력의 원천이 되는 유용한 정보에 의존하려고 하는 것을 봤다.

어른들처럼 아이들도 관련 분야에 관한 사전 지식과 경험이 있을 때 발명하는 데 최선을 다한다. 과제 수행에 일찍 성공한 아이들과 부분적으로만 성공한 아이들은 자신이 지닌 정보에 의존했다. 이것은 아이들이 실험자의 과제를 해결해야 할 때보다 놀이를 할 때 더 창의적인 이유를 밝히는 데 도움이 된다. 놀이에서 해결하는 문제들이 아이들에게는 더 의미 있고 더 동기를 부여한다. 게다가 놀이를 할 때가 익숙한 재료나 시나리오와 상호작용할 가능성이 더 크다. 그런 모습은 평범해 보일 정도로 아주 명백하게 관찰된다. 그러나 실험에서 그리고 어느 정도는 교육 현장에서도 일상적으로 간과되고 있다.

앤디 위어Andy Weir의 동명 소설을 원작으로 2015년 개봉된 영화 〈마션The Martian〉에서 맷 데이먼이 역할을 맡은 마크 와트니라는 인물은 화성에 혼자 남겨지게 된 식물학자이다. 화성에서의 생존을 위해 다른 무엇보다 식물을 기르는 방법을 찾아야 했던 그는 비디오카메라에 대고 "나는 과학을 이용해서 이 빌어먹을 상황에서 벗어날 것이다."라고 선언한다. 그 장면은 나름의 엉뚱한 방식으로 가장 중요한 진실에 활기를 불어넣는다. 한 분야(이 경우 생물학)에 관해 가지고 있는 지적 기본 틀이 탄탄할수록 구체적인 지식과 숙달(여기에서는 화성에서 농사짓는 것에 관해서)이 덜 필요하고 사물의 작동방식에 관한 일반적인 원리를 기반으로 새로운 해결방법을 더 많이 생각해낼 수 있다. 혼자 화성에 남겨진 마크 와트니는 매우 많은 배경 지식을 가지고 있으므로 창의적으로 대처할 수 있다.

여섯 살 어린이들은 인어공주 놀이든 비행기 격납고 놀이든 자주 하는 놀이에 대해서는 더욱 전문지식을 가지고 있을 것이다. 개인적 차이도 두드러지게 나타난다. 어떤 아이는 진흙을 좋아하고 어떤 아이는 작은 기계 부품을 좋아한다. 어떤 아이는 낚시 흉내를 좋아하고 어떤 아이는 다과회 놀이를 좋아한다. 그런데 문화도 놀이에 매우 강한 영향을 미친다. 문화는 아이들이 어떤 물건이나 행동은 선호하고 다른 물건이나 행동은 꺼리도록 은근히 몰고 간다. 아이에게 생기는 거의 모든 정신 과정과 마찬가지로 발명에도 아이가 속한 사회의 검인이 찍혀 있다.

사회적 영향의 중요성을 검사하기 위해 캐리 넬드너Karri Neldner와 동료 연구자들은 다양한 문화권의 아동들을 대상으로 갈고리 실험을 진행했다. 서구화된 도시 호주 브리즈번의 아이들과 남서태평양에 위치한 탄나섬의 니바누아투 부족 아이들, 남아프리카공화국 플랫폰테인 지역과 크갈라가디 구의 칼라하리 부시맨 부족 아이들을 시험했다. 연구진은 몇 가지 다른 방식을 도입해 실험 방법을 약간 변형했다. 각각의 아이에게 다양한 재료를 주고 그 재료를 살펴볼 시간을 더 많이 허용했고, 아이들이 목표 행동에 이르는 과정과 목표 행동 이후에 하는 모든 것들을 기록했다. 렌즈를 확대해 더 많은 문화권을 살피고 실험 방식을 추가한 것은 꽤 유익한 결과를 도출했다. 세 문화권 모두 역시나 높은 연령군 아이들이 낮은 연령군 아이들보다 더 효율적이고 더 능숙하게 과제를 수행할 수 있음이 입증되었다. 그러나 낮은 연령군 아이들만 봤을 때 수정된 조건에서 시행된 이 실험이 이전 연구보다 훨씬 더 성공적이었다. 문제를 효율적으로 또는 완벽하게 또는 연구자가 기대한 대로 해결하지 못한 아이들은 사실 다양한 기법을 사용해 시도하는 경향을 보였다. 예를 들어, 비서구권 문화의 아이들은 가끔 작은 재료 세 조각을 선택해 서로 연결하지 않고 튜브 안으로 아무렇게나 밀어 넣었다. 비록 그것이 실험자들이 생각한 방법은 아니었으나 목표물을 움직이게 하는 데는 효과가 있었다.[8]

넬드너의 연구진은 한 문화 안에서 행해지는 특정한 활동과 그 안에서 발견되는 재료가 아이가 가지는 창의력의 형태를 결정하는 데 큰 역할을 한다고 결론 내렸다. 그런데 이런 문화적 전파는 어떻게 일어나는 것일까? 다행히도 특정한 문화적 측면이 어떻게 아이에게 '전달되고' 아이의 사고와 행동을 형성하는지 나타내는 메커니즘이 얼마 전에 밝혀졌다.

90년 전 레프 비고츠키Lev Vygotsky는 아이들이 어떤 시점에 도움을 받아서 할 수 있는 일이 있다면 그것은 곧 혼자 힘으로 할 수 있는 일이 무엇인지 말해준다고 주장했다. 그는 현재 도움을 받지 않고 할 수 있는 능력과 도움을 받아야 할 수 있는 능력 사이의 거리를 가리켜 '근접 발달 영역zone of proximal development'이라 불렀다.[9] 그 후로 많은 연구를 통해 어떤 도움을 받느냐에 따라 미래에 아이에게 일어날 지적 과정이 결정된다는 것이 입증되었다. 만일 어른이 도구를 제시해서 도와준다면 아이들은 나중에 혼자 무엇인가를 할 때 도구를 사용할 가능성이 커진다. 만일 어른이 아이에게 방법을 상상해 보라고 제안한다면 그것도 아이의 선택목록에 포함될 것이다. 내 실험에 참여했던 만 4세 아동들은 낚시에 관한 이야기를 들었든 몸으로 다양한 갈고리 모양을 만들었든 어떤 예비 활동을 했든 상관없이 힌트를 주지 않으면 갈고리 과제를 풀지 못했다. 만 5세 아동들은 약간의 힌트를 주거나 예비 활동을 상기시켜줬을 때 훨씬 잘했다. 만 6세 아동들에게는 과제가 너무 쉬어서 힌트가 있든 없든 문제를 해결할 수 있었다. 새로운 사고방식이나 세상이 돌아가는 새로운 방식이나 모두 도움을 받아 생겨난다는 것은 전혀 놀라운 일이 아닐 것이다. 무엇을 하지 못하는 완전한 무능력과 쉽게 할 수 있는 능력 사이에는 두 개를 연결하는 정신적 다리가 있다. 그 다리는 아이가 관찰한 다른 사람의 행동뿐만 아니라 다른 사람에게서 받은 특정한 도움으로 만들어지는 것이다.

알렉스 벨Alex Bell과 라즈 체티Raj Chetty 그리고 그들의 동료 연구자들은 발명에 영향을 미치는 문화적 요인에 관한 흥미로운 연구를 했다. 연구진은 미국에서 특허를 받은 120만 명의 발명가와 그들과 사회경제적 지위, 유년기를 보낸 고향, 성별 등 여러 특성이 일치하는 일반인들의 배경을 비교했다. 그 결과 경제적 부와 다른 다양한 계급적 특권을 누리며 자란 아이들이 발명가가 될 확률이 훨씬 더 높다는 것을 발견했다. 이 같은 패턴 외에도 부모가 발명가이든 아니든 상관없이 창의력과 과학으로 유명한 지역에서 자란 아이들은 발명가가 되는 경우가 더 많다는 것도 알아냈다. 발명을 중요하게 여기는 지역에서 성장하는 것이 분명 많은 어린아이에게 영향을 미쳤다. 연구 결과 가운데 마지막 세부 내용은 성별과 관련된 것이다. 전반적으로 남자아이들이 여자아이들보다 자라서 특허를 신청할 확률이 더 높았다. 그러나 여성 발명가 수가 더 많은 지역에서 성장한 아이들의 경우 그 격차가 더 적었다. 마지막으로, 발명가가 된 사람들은 자기가 유년기를 보낸 지역에서 우세하던 기술 분야의 특허를 신청하는 경향이 있었다. 요약하자면 발명에 관한 한 돈이 전부가 아니다. 지능이 전부인 것도 아니었다. 관련 지식—이 연구의 경우, 혁신가와 실제 구체적인 혁신 사례에 노출되는 것—이 큰 영향을 미쳤다.[10]

한 걸음 나아가기
그리고 한 걸음 물러서기

고전적인 갈고리 실험에서 만 3~4세 아동들이 주춤한 이유가 하나 더 있다. 훨씬 단순한 이유다. 그것은 발명 행위 자체가 이 아이들에게 그다지 매력적이지 않을 수 있다는 것이다. 그 가능성을 확인하기 위해 나는 내 학생 휘트니 스탠포드Whitney Standford와 함께 만 4~5세 아동들에게 다양한 모양과 크기의 나무 블록, 구슬, 경사로 장난감, 만들기 점토, 실리퍼티(Silly Putty, 액체 괴물과 비슷한 실리콘 중합체로 만든 장난감-옮긴이), 테이프, 나무 바퀴, 나무 못, 여러 색상의 털철사, 케이넥스 블록 등 다양하고 매력적인 재료를 제시했다. 첫 번째 실험 조건은 아이들을 놀이 환경에 두는 것으로 그냥 재료를 가지고 놀게 했다. 두 번째 실험 조건은 아이들을 발명 환경에 두는 것이었다. 즉 아이들에게 '발명'의 의미를 확실하게 이해시킨 후 재료를 사용해 무엇인가를 발명하라고 했다. 조금 놀랍게도 발명을 재촉하지 않고 그냥 놀라고 한 아이들이 발명에 더 많이 참여했고 자기가 만들려고 하는 목표에 훨씬 더 강한 집중을 보였다.[11]

그뿐 아니라 놀이 환경에 있는 아이들은 자신이 만들고 싶은 것은 무엇이고 어떻게 만들고 있는지에 대해 훨씬 많은 말을 했다. 발명 환경의 아이들은 자기가 만들고 있는 것에 대해 묘사하거나 설명하는 것을 어려워했다. 그 아이들에게 휘트니가 무엇을 만들고 있는지 물었을 때 보통 모르겠다고 대답했다. 그와 대조적으로 놀이 환경의 아이들은 재료를 만져보기도 전에 해결하고 싶은 문제가 무엇인지 찾아내고 물어보지 않아도 자신의 목표를 말했다. 어떤 여자아이는 "무지개 위에 앉아있는 나비를 만들 거예요."라고 간절하게 말했다. 한 남자아이는 전에 살던 집이 강 위에 있었다면서 장난감을 이용해서 다리를 만들 것이라고 설명했다. 또 어떤 여자아이는 가족들이 살 집을 짓기 시작했다. 그 아이는 놀랍게도 집 만들기의 단계별 계획을 말로 표현하고 각 단계에 맞는 가장 적합한 재료를 찾기 위해 다양한 재료를 시도해봤다. 예를 들어 "담요는 무엇으로 만들면 좋을까?"라고 혼잣말하고 나서 여러 재료를 자세히 살폈고 최종적으로 실리퍼티로 안방에 놓을 담요를 만들기로 정했다.

우리는 후속 실험에서 만 4~6세 아동 80명에게 모형인형이 다른 캐릭터를 구출하기 위해 다리를 건널 수 있도록 재료를 사용해

도와달라고 했다. 그 설정은 재미있고 극적이었다. 각각의 아이에게 각자의 방식으로 해결방법을 찾아낼 수 있도록 매우 다양한 재료와 재량권을 줬다. 80명의 아이 모두 재료를 이용해서 강을 건너는 방법을 생각해냈다. 매우 놀라운 성공률이다. 많은 아이가 창의적인 해결방법을 생각해냈는데, 갈고리 실험을 했던 기존 연구들과 놀라운 대조를 이루는 결과이다. 그렇다면 아이들은 아주 어릴 때부터 발명할 수 있는 능력이 있는데도 요구가 있을 때 발명하는 것은 힘들어하는 것일 수도 있다. 아주 어린 발명가들이 다른 사람의 문제를 해결하려고 현실을 다시 생각하는 기술을 의식적으로 사용할 수 있으려면 더 많은 정서적 성숙과 시간이 필요할 것이다.[12]

그러나 발명의 과정에서는 한 부분이 쉬워진 만큼 다른 지적인 어려움이 생긴다. 여덟 살 소녀 에바의 예를 보자. 에바는 종이상자 두 개를 이용해서 집 앞에 레모네이드 가판대를 세웠다. 에바는 가판대를 비웠을 때 손님이 자기를 부를 수 있는 종이 필요하다. 옆집 계단에서 놀고 있더라도 들을 수 있도록 종소리는 커야 한다. 그래야 얼른 달려와서 장사할 수 있다. 그러나 에바에게는 종이 없다. 에바는 종 대신 누군가 치면 소리가 나는 것이면 된다고 생각한다. 문제가 무엇인지 파악한 에바는 주변을 둘러본다. 그러나 어렴풋이나마 종처럼 생긴 것은 보이지 않는다. 쓰레기더미에서 쏟아져 나온 종이컵, 인도에 누워있는 고장 난 자전거 자물쇠 그리고 어머니가 가꾸고 있는 화단 옆에 정원용 도구가 담긴 양동이가 보일 뿐이다. 에바가 사용할 수 있는 것은 하나도 없다. 바로 그때 여섯 살 난 사촌

매기가 킥보드를 타다가 멈추고서는 관심을 보인다. 매기는 얼른 정원 양동이 안을 들여다보고 작은 모종삽 두 개와 갈때기를 꺼낸다. "에바 언니, 여기 봐봐. 내가 종을 찾았어!" 에바가 쳐다본다. "그건 종이 아니야." 에바는 사촌 동생에게 알려준다. "그건 우리 엄마가 쓰는 삽이야." 아이들은 해결하고 싶은 문제가 무엇인지 더 잘 파악할 수 있게 되지만 그만큼 마음의 문이 좁아질 것이다.

예상치 못한 이유이기는 하지만 이처럼 지적 손실이 발생하는 이유가 있는 것으로 드러났다. 조리대에서 달걀 거품을 내려고 하는 어른이 네 살배기 손자나 딸이나 조카를 안아 올려서 조리대 위에 앉힌다고 상상해보자. 아이는 달걀껍데기를 깨고 노른자와 흰자를 그릇에 놓는 모습을 흥미진진하게 구경한다. 서랍에서 거품기를 꺼내 그릇에 넣어 휘저으면서 거품을 내기 시작하면 아이는 한 번도 본 적 없던 거품기를 주의 깊게 본다. 그런 아이를 보면서 우리는 마구 요동치는 노른자, 잘 깨지는 달걀껍데기, 철사로 된 거품기 같은 사물들이 아이의 관심을 사로잡는 것으로 생각할지 모른다. 그러나 그렇지 않다. 아이는 어른이 하는 행동에도 똑같이 주의를 기울인다. 아기들이 놀라울 정도로 인간의 의도를 알아차릴 수 있는 능력이 있고 그것을 사물과의 상호작용에 적용한다는 것이 이미 실험을 통해 입증되었다.[13] 한 연구를 예로 들어보자. 실험자는 18개월 유아들에게 인간처럼 생긴 작은 로봇이 매력적인 밝은색 장난감 부품 두 개를 연결하려고 애쓰는 모습을 보여줬다. 그런데 로봇은 자석으로 부품들을 연결하기 바로 직전에 실패했다. 그다음에 실험자는 어린 피실험자들에게 두 장난감 부품을 줬고, 아기들은 로봇을 대신해 그 일을 빠르게 끝마쳤다. 아마 어떤 사람은 아이들이 로봇이 '목표'를 이룰 수 있게 도와주는 것이 아니라 그냥 명백한 다음 단계로 이행하고 있는 것이라고 주장할지도 모른다. 그러나 두 번째 조건에서 시행된 실험 결과를 살펴보자. 아이들에게 똑같이 부품 연결에 실패하는 것이지만 이번에는 사람과 전혀 닮지 않은 기계가 하는 것을 보여줬다. 아이들은 이번에도 관심을 보이며 자세히 지켜봤다. 그러나 기계를 대신해 과제를 끝마쳐주지는 않았다. 따라서 우리는 아이들이 장난감의 두 부품을 연결하는 것은 목표를 가지고 있는 것처럼 보이는 다른 사람을 돕기 위한 행동이라고 추정할 수 있다. 인간의 의도를 재빨리 파악하는 아이들의 능력이 장난감 부품을 어떻게 할지 결정한 것이다.[14]

인간의 의도를 알아차리는 능력은 사람과 사람이 만든 물건들로 이뤄진 세상을 이해할 수 있게 하므로 아동 발달에 매우 중요하다. 그런 능력이 생기는 순간부터 발달은 더욱 복잡해진다. 비록 아기들이 물건을 '사용'하는 것과 관련해 다른 사람의 의도를 유추할 수 있다 하더라도 어떤 물건이 특정 용도로 '설계'되었다는 것을 알기까지 몇 년 더 걸릴 것이다. 걸음마기 유아는 특정 목적을 염두에 두고 만들어진 인공물과 자연물을 구별하지 못한다. 예를 들어 16개월 아기는 아버지가 저녁 식탁을 치우면서 접시를 서로 포개어 쌓아놓거나 갈퀴로 낙엽을 모아 쌓아놓는 것을 바로 알아차린다. 그러나 땅콩을 빻는 도구로 돌과 절굿공이를 명확하게 구별하지 못할 것이다.

둘 다 땅콩을 빻을 수 있다는 것이 아이가 알아차린 전부일 것이다. 아이는 특정 물건이 제공하는 기능을 인지한다. 게다가 사람들이 어떤 물건으로 무엇을 하려고 하는지도 안다. 그러나 아이는 다행히도 어떤 물건이 누군가 특정 용도로 만든 것이라는 사실을 잊는다.

발명에 있어서 그런 망각은 오히려 자산이라 할 수 있다. 복잡한 실험 조사 덕분에 이제 우리는 그 이유에 대해 더 잘 알고 있다. 흥미로운 사실을 보여주는 한 연구에서 팀 저먼Tim German과 그레타 드페이터Greta Defeyter는 만 5~7세 아동들을 꼭두각시 인형, 긴 투명 플라스틱 튜브에 끼워 넣은 플라스틱 강아지, 몇 가지 다른 장난감 등등 여러 가지 작은 물건들이 놓여 있는 탁자 앞에 앉혔다. 두 연구자는 각각의 아이에게 우주선을 타고 긴 여행을 떠나고 싶어 하는 꼭두각시 인형 샘의 이야기를 들려줬다. 그러고 나서 빨대, 연필, 메모장, 컵, 탁구공, 플라스틱 자를 포함해 샘이 여행 갈 때 가지고 가는 물건들을 보여줬다. 첫 번째 실험 조건에서는 아이들에게 컵과 빨대의 용도를 알려줬다. 실험자는 샘이 어떻게 빨대를 사용해 컵의 음료를 마시고 연필로 메모장에 글을 쓸 수 있는지 시범을 보여줬다. 두 번째 실험 조건에서는 아이들에게 빨대와 연필의 용도를 가르쳐주지 않았다. 두 실험 조건 모두 다음 단계는 실험자가 아이에게 샘의 말썽꾸러기 강아지 토그가 도망가다가 투명 튜브에 갇히게 되었다고 설명하는 것이었다. 그런 다음 각각의 아이에게 "토그를 튜브 밖으로 꺼내서 샘을 도와줄 수 있겠니?"라고 물었다.[15]

실험은 복잡한 만큼 좋은 결과를 얻었다. 첫 번째 조건에서 아이들은 연필과 빨대의 원래 목적에 대해 배웠다. 사실 두 개 중 연필만 길고 가늘어서 토그를 튜브 밖으로 꺼내는 데 사용할 수 있다. 더 어린 실험 참가자는 연필의 목적을 알았든 몰랐든 간에 토그를 풀어주기 위한 도구로 연필을 선택했다. 아이들은 과제를 수행하는 데 유용한 특징이 있는 물건이 어느 것인지에 초점을 뒀다. 그러나 나이가 더 든 아이들은 연필이 글을 쓰기 위한 도구라는 정보에 방해받았다. 물건이 설계된 목적을 아는 것이 일종의 걸림돌이 된 것이다.

여덟 살 에바는 모종삽이 종이 될 수도 있다는 생각을 할 수 있는 능력을 상실했고, 아직 삽의 의도된 기능에 관하여 생각하지 않는 사촌 동생 매기는 더 자유롭게 레모네이드 판매대 문제를 해결했다. 이 연구는 복잡해 보이지만 실제로 아주 중요한 개념을 시사한다. 아이들은 대략 여덟 살이 될 때까지 어떤 물건이 누군가의 의도에 의해 특정 용도로 만들어진 것임을 인지하더라도 비교적 그것에 제약받지 않는다는 것이다. 그렇게 '설계 이론theory of design'의 습득 지연으로 인해 더 어린 아동들은 물건의 다른 용도에 대해 더 개방적으로 생각할 수 있다.

개방적 사고는 분명 큰 가치를 지닌다. 많은 창의성 시험에서 사람들이 펜, 포크, 막대기 등 어떤 물건의 의도된 목적에서 벗어나 자유롭게 생각할 수 있을 때 아이디어가 더 다양해지고 창의성 점수가 더 높게 나타난다.[16] 창의력에 관해서라면 세상에 대한 아이들의 천진난만은 훨씬 더 모호하면서도 꼭 필요한 힘, 즉 어떤 것이 효과가 있을지 정할 때 유연하게 사고하는 능력을 제공한다.[17] 이런 유연성은 다른 측면에서도 유용한데, 발명 과정의 중요한 도구인 인과추론을 민첩하게 할 수 있게 돕는다.

누가 했어?
원인 찾는 법 배우기

아이들은 아주 어린 나이에 세상에 대한 가설을 세우고 그 가설을 이용해 자신의 행동을 결정한다. 그것의 한 부분으로 아이들은 바로 앞에 있는 주변 사물과 즉각적인 행동에서 벗어나 일반적으로 말하고 사물이 어떻게 작용하는지에 관한 포괄적 개념과 추상적 이론을 만드는 성향이 있다. 예를 들어 아이들은 뚜껑이 열려 있거나 속이 빈 물건은 물에 뜨고 뚜껑이 닫혀 있는 무거운 물건은 가라앉는다는 것을 이해한다. 큰 물건 위에 작은 물건을 올려놓아야 균형이 잘 맞고, 물건에 구멍이 있으면 그 안으로 무엇인가를 찔러 넣을 수 있음을 간파한다. 예를 들어 한 연구에서 실험자는 30개월부터 만 4세에 이르는 아동들에게 다양한 색상과 모양의 블록을 '블리킷 탐지기'(Blicket Detector, 아동의 인과관계 인식 실험에서 탐지기가 작동하도록 실험자가 설정한 성질을 총칭하여 블리킷이라 한다-옮긴이)에 갖다 대는 모습을 보여줬다. 이 탐지기는 특정 블록을 갖다 대면 불이 켜지면서 음악이 나오는 기계였다. 실험자가 블록 몇 개를 시험할 때 일부 블록에 대해서만 탐지기가 작동하는 것을 본 만

4세 아동들은 어느 블록이 기계를 작동시킬지, 그래서 어느 블록이 '블리킷'인지 쉽게 예측할 수 있었다. 아이들은 자신이 성공할 수 있도록 도와주는 패턴과 규칙을 빨리 알아차린다. '블리킷' 추론은 이 아이들이 처음 수행하는 일종의 가설 설정의 예다.[18]

추론이 강력한 도구인 것은 맞지만 그것만으로는 충분하지 않다. 많은 일상생활 속 경험은 매우 복잡하므로 어떤 종류의 인과관계 가설이 문제의 사건을 이해하는 데 도움이 될지 알아내기 위해서는 전략이 필요하다. 다음의 예를 살펴보자. 엄마가 안방에서 잠든 지 한참 지났는데도 일곱 살 여자아이와 두 살 터울의 오빠는 잠들지 않고 침대에 누워 있었다. 아이들은 문이 열리는 소리와 발소리를 들었다. 그러고 나서 발소리가 또 들렸고 다시 문이 열렸다 닫히는 소리가 났다. 낯선 사람이 집에 들어온 게 확실했다. 두 아이는 무섭다고 서로에게 귓속말하면서 침대에 누워 있었다. 다음 날 아침 아이들이 한 이야기를 들어보면 아이들은 분명 다양한 가설을 시도했음을 알 수 있다. 어쩌면 살인자가 침입해서 엄마를 죽이고 도망갔을지 모른다. 아니면 살인자가 아직 집 안에 남아 있을지도 모른다……. 살인자가 한 명이 아닐 수도 있다……. 이제 우리 방으로 점점 다가오고 있을 것이다. 그런데 아직 극심한 공포 속으로 빠지지 않은 듯한 상태에서 칼로 무엇인가를 써는 소리가 들렸다. 이 뜻밖의 상황 전개는 무엇으로 설명할 수 있을까? 마침내 아이들은 침대 밖으로 기어 나와 서로의 손을 잡고 살금살금 부엌 쪽으로 다가갔다. 그곳에는 십 대인 사촌 두 명이 있었다. 사촌들은 아주 짧은 시간

간격으로 따로 집에 들어왔고 늦은 저녁 식사를 위해 요리하고 있었다.

비슷한 미스터리들이 매일 발생한다. 물론 대부분은 그렇게 끔찍하고 감정이 격해지는 추측을 하게 하지는 않는다. 이런 상황에서 요구되는 기본적인 사고는 평범하면서도 매우 중요하다. 예기치 못한 일이 닥쳤을 때 우리는 원인이 무엇인지 알아내려고 하고 또 그렇게 해야 한다. 가끔 최고의 전략은 여러 가능성 있는 원인 중에서 확률이 가장 높은 것을 뽑아내는 것이다. 예를 들어 교외에 살고 있는데 덥고 습한 어느 밤 천둥소리를 듣는다고 상상해보자. 전기가 나가게 되고 우리는 왜 그런지 알고 싶어 한다. 어쩌면 벼락 맞은 나무가 전선 위로 쓰러진 것일 수 있다. 마을 전체가 에어컨을 켜는 바람에 과부하로 정전이 일어난 것일 수도 있다. 단순히 두꺼비집 퓨즈가 나간 것일 수도 있다. 우리는 여러 원인이 동시에 겹쳐서 정전이 일어났다는 의심을 진지하게 한다. 이것을 가리켜 심리학자들은 '논리합 인과 가설disjunctive causal hypothesis'이라고 부른다. 찾아내야 할 원인이 하나 있다고 가정하는 것은 세상을 단순화해서 보고 효율적으로 행동하게 한다. 그러나 상황에 따라 다른 인과 가설이 필요하다. 한 연구 논문의 저자들은 전자레인지를 예로 들어 설명했다. 전자레인지를 작동시키려면 콘센트에 플러그를 꽂고 전원을 켜는 두 가지 행동이 필요하다. 전자레인지를 작동시키기에 둘 다 필요조건이지만 어느 하나도 충분조건은 아니다.[19] 이런 유형의 상황을 다루고 있다면 심리학자들은 '논리곱 인과 가설conjunctive causal hypothesis'이라고 말한다. 어떤 경우에는 논리곱 인과 가설을 적용하는 게 낫다. 그리고 그럴 때는 어린아이들이 유리하다.

어른들은 대부분 일에는 여러 원인이 있고 어떤 상황에서도 어떤 것이 가장 큰 원인인지 파악해야 한다고 생각하는 경향이 있다. 이 전략은 대개 효과가 있지만 그렇다고 항상 그런 것은 아니다. 어느 블록이 기계를 작동시키는지 아주 능숙하게 파악했던 어린아이들을 떠올려보라. 그것과 같은 종류의 탐지기를 사용한 또 다른 연구에서 연구자들은 과제를 더 복잡하게 만들어 어른과 어린이를 비교했다. 이번에도 피실험자들에게 기계를 보여주고 어떤 블록은 기계 위에 올려놓으면 기계가 작동할 것이라고 말했다. 그러나 이번에는 블록 하나만으로는 작동시킬 수 없고, 탐지기가 작동하려면 블록 두 개를 조합해야 했다. 어른들은 대부분 문제를 해결하지 못해 쩔쩔맸다. 논리합 인과 가설에 사로잡혀 있기 때문이었다. 그러나 아이들은 더 유연하게 문제에 접근했다. 과제를 처음 받았을 때 아이들도 블록을 한 번에 하나씩 시험하는 모습을 보였다. 그러나 그것이 통하지 않자 전략을 바꿨다. 논리곱 인과 가설을 이용해서 다양한 블록들의 조합을 만들어 시도했다. 어린아이들의 장점은 상황에 따라 두 종류의 가설 사이를 오갈 수 있다는 것이었다.[20]

어째서 아이들은 어른들보다 정확한 이유를 더 잘 이해하는 것일까? 크리스토퍼 루카스Christopher Lucas와 그의 동료 연구자들은 논리합 인과 가설이 더 흔하다고 말한다. 어른들은 단지 아이들보다 경험이 더 많으므로 자신이 여러 번 반복적으로 경험한 것에 갇히기 더 쉽다.[21] 다시 말해 인과관계 설명에 관해서라면 아이들의 상대적 무지함이 앞에 놓인 실제 사건에 더 민감하게 반응하게 하고 과거의 경험으로 '알고 있는' 지식에 제약을 덜 받게 한다. 이것은 아이들이 몇 가지 사고 형성 측면에서 한계가 있더라도 분명 유리한 점을 가지고 있음을 보여주는 좋은 예다. 아이들의 경험 부족은 발명의 도구상자에 들어 있는 다른 핵심 도구를 설명하는 데도 도움이 된다.

모방의 가치

막대기로 도마뱀을 잡으려고 여러 번 시도했지만 성공하지 못한 코라의 이야기로 되돌아가보자. 이번에는 코라의 여덟 살 난 오빠 프랭키가 옆을 왔다 갔다 하면서 구경하고 있다. "막대기로 도마뱀을 그냥 찌르기만 하면 어떡해." 프랭키가 중얼거렸다. "녀석들을 잡아야지." 프랭키는 막대기 두 개를 잡고 젓가락이나 집게처럼 사용하려고 했다. 코라는 잠시 오빠가 하는 것을 지켜보다가 자기도 시도해봤다. 코라는 '문제의 요인'이 무엇인지 알 수 없었을 것이다. 하지만 오빠를 따라 하는 법은 알고 있었다.

벡과 애펄리의 실험을 다시 떠올려보자. 아이들이 비록 혼자 힘으로 목표물에 도달하는 법을 알아내기 어려워했지만 일단 어른이 하는 것을 본 후에는 상당히 능숙하게 해낼 수 있었다. 아이들은 모방에 능숙하다.[22] 전반적으로 그것은 좋은 일이다. 사실 심리학자들은 다른 사람의 행동을 모방하려는 성향이 문화를 형성하고 전달할 수 있는 인간의 능력을 설명한다고 생각한다. 다른 동물들도 모방한다. 하지만 인간은 모방만 하는 것이 아니라 다른 동물들과 달리 과잉모방을 한다. 한 연구에서 연구자들은 어린아이들과 야생에서 태어난 침팬지에게 불투명 플라스틱 상자에서 물건을 꺼내는 방법을 보여줬다.[23] 실험자는 상자 꼭대기에 난 구멍으로 막대기를 집어넣은 후 상자 옆면에 있는 작은 문을 열었다. 그리고 막대기를 사용해 문밖으로 물건을 끄집어냈다. 침팬지나 만 3~4세 아이들 모두 자기 차례가 되었을 때 좁은 구멍으로 막대기를 집어넣고 상자 옆면의 문을 여는 두 가지 행동을 정확하게 모방했다. 이제 같은 실험을 다른 집단의 아이들과 침팬지에게 시행했다. 달라진 조건은 불투명 상자가 아닌 투명 상자를 사용한 것이었다. 그래서 상자 꼭대기의 구멍으로 막대기를 밀어 넣는 행동이 목표물을 꺼내는 것과 아무 관련이 없음을 눈으로 확인할 수 있었다. 이번에는 차이가 발생했다. 침팬지들은 비효과적인 행동인 첫 번째 행동을 무시하고 효과적인 행동만 모방해서 바로 문을 열고 막대기로 물건을 꺼냈다. 그러나 아이들은 자기가 관찰한 중요한 행동과 중요하지 않은 행동 모두 충실하게 모방했다.

다른 사람의 세계에 관여하고 싶은 인간의 욕구는, 특히 아주 어릴 때는 발명 능력을 제한할 수 있다. 아이들은 나이가 들면서 그대로 모방하는 대신에 자신만의 해결방법을 생각해내는 것이 더 좋을 때가 언제인지 더 능숙하게 파악한다. 케일리 카Kayleigh Carr와 동료 연구자들은 만 4세 아동들이 어른들이 심지어 실수하더라도 도구를 고안하는 접근 방식을 그대로 모방한다는 것을 보였다. 그러나 만 8세가 되면 아이들은 어른들의 창의력이 성공적일 때만 모방하고 실패할 때는 스스로 도구를 생각해내는 선택을 한다.[24]

코라는 프랭키를 모방함으로써 도마뱀을 잡는 목표에 더 가까이 접근했다. 그러나 여전히 충분하지 않았다. 프랭키는 부엌으로 달려가 쇠 집게, 주걱, 작은 체 등 다양한 조리기구들을 가지고 나왔다. 두 아이는 집게를 시험해봤다. 그러나 집게 사용하는 것이 너무 느리고 서툴렀다. 코라는 주걱을 들고 있다가 도마뱀이 재빠르게 지나갈 때 내리쳐봤다. 프랭키는 그런 코라의 방법을 무시했다. "그렇게 하면 도마뱀을 박살 내기만 할 거야." 프랭키는 체를 그물처럼 들고 도마뱀이 다시 나타나기를 기다렸다. 도마뱀이 나타나자 체를 내려놓았다. 그러나 도마뱀은 굉장히 빨라서 여지없이 쏜살같이 도망가고 말았다.

다행히 프랭키와 코라에게는 이럴 때 쓸모 있는 기술을 가지고 있었다. 두 아이 모두 익숙한 물건들을 새로운 방식으로 결합할 줄 알았다. 걸음마기 유아도 이전에 했던 행동을 새로운 순서로 꿰맞출 수 있다. 만일 여러 블록을 쌓는 법을 배우고 공을 앞뒤로 굴리면서 논 적이 있다면 쌓아놓은 블록 탑으로 공을 굴리는 새로운 게임을 쉽게 개발할 수 있다. 어릴 때 놀이에서 시작된 재조합 기술은 익숙한 단어와 어구로 새로운 문장을 생성하는 더 수준 높은 기술의 밑거름이 된다. 제롬 브루너는 이처럼 아주 어릴 때 신체 움직임의 조합 기술은 아이들에게 '행동 문법grammar of action'—주어, 목적어, 동사를 포함하는 일련의 동작—을 제공하고 언어 문법의 세계로 안내해준다고 주장했다.[25]

프랜시스 서비얼Francys Subiaul과 동료 연구자들은 어린아이들이 재조합 기술을 이미 알고 있는 단어와 동작뿐만 아니라 새로운 경험에도 적용할 수 있음을 알아냈다. 그들의 실험은 두 명의 어른이 어린아이에게 멋진 스티커가 들어있는 복잡한 구조의 나무 상자를 보여주는 것이었다. 스티커가 들어있는 상자 안 서랍에 접근하려면 반드시 상자 일부분을 조작해야 했다. 각각의 아이들은 한 어른이 필요한 행동을 보여주는 것을 보고 나서 다른 어른이 두 번째 필요한 행동을 하는 것을 봤다. 고작 3~4세밖에 되지 않은 아이들이었지만 스티커를 얻기 위해서는 두 어른의 행동을 모두 모방해야 한다는 것을 바로 알아차렸다. 이런 능력을 가리켜 심리학자들은 '총괄적 모방summative imitation'이라 부른다. 어린아이들이 다양한 소소한 행동과 몸짓을 모방할 수 있을 뿐 아니라 새로운 목표를 성취하기 위해 그런 행동들을 결합할 수 있다는 의미로 붙여진 용어이다. 그런 방식으로 취학 전 아동도 전문가처럼 발명하는 것이다.[26]

코라는 잠시 손잡이가 짧은 체를 쳐다보다가 "체에 막대기를 붙이는 거야!"라고 말했다. 다시 부엌으로 달려가서 접착테이프를 찾아왔고, 두 아이는 함께 체와 막대기를 연결하는 작업을 했다. 이제 길이가 넉넉하고 재빨리 챌 수 있는 도구가 생겼다. 여섯 살 코라는 생각이 유연해서 두 개의 서로 다른 성질, 하지만 둘 다 꼭 필요한 성질을 갖춘 무엇인가가 필요하다는 것을 간파할 수 있었다. 코라와 프랭키는 새로운 장치를 쥐고 숨죽이고 기다렸다. 바위 아래에서 도마뱀이 나타나서 여기저기 돌 위로 재빨리 움직이기 시작했다. 프랭키는 얼른 새로운 장치를 도마뱀 바로 앞까지 뻗어 그 위를 덮쳤다. 붙잡힌 도마뱀은 쇠 그물 안으로 바로 돌진했고 프랭키는 의기양양하게 그것을 들어 올렸다. 그리고 두 아이는 그 용을 길들였다. 코라가 이 모든 일을 혼자 해낼 수 있었을까? 어쩌면 못했을 것이다. 그러나 프랭키도 혼자서는 할 수 없었을 것이다.

아주 어린 거인의 어깨 위에 서서

마크 닐슨Mark Nielsen은 인간의 발명이 지닌 매우 인상적인 모습 중 하나가 우리는 무에서 유를 만들어낸 적이 거의 없고 대부분 다른 사람의 발명을 기반으로 발명한다는 것이라고 지적했다. 이런 현상은 오로지 우리가 주변 사람들로부터 배우고 그들이 만든 것을 모방하고 그들이 의도한 물건의 용도를 감지할 수 있으므로 일어나는 것이다. 닐슨은 "인간 문화의 중요한 특징은 여러 기술이 한 세대에서 다음 세대로 순조롭게 전달된다는 것일 뿐만 아니라 그 기술들이 어떤 때는 놀라운 속도로 계속 수정되고 발전한다는 것이다."라고 말했다. 그리고 나서 놀라운 발전 속도의 예를 들었다. "1890년에 최초로 공기보다 무거운 유인 동력 항공기를 만든 클레망 아데르Clément Ader를 생각해보라. 분명 주목할 만한 업적이었다. 그러나 그가 만든 박쥐 날개형 단엽기에서 닐 암스트롱Neil Armstrong과 에드윈 알드린Edwin Aldrin이 달에 착륙할 수 있게 한 비행선을 발명하기까지 80년도 걸리지 않았다."[27]

어린아이들은 초보적 형태이기는 하지만 다른 사람의 발명품에 기반해 만들기를 실행하는 것 같다. 여섯 살 어린이들이 상황극 놀이를 하는 것을 한번 지켜보라. 한 아이가 먼저 머리빗을 전화기로 지정하면 나머지 아이들도 기꺼이 그 놀이시간 내내 머리빗을 전화기로 사용하는 것을 보게 될 것이다. 아이들은 어떤 사물을 원래의 모습이 아닌 다른 아이가 상상한 모습으로 받아들이면서 서로가 변경시킨 사물의 용도에 주의를 기울이고 그것을 기반으로 놀이를 한다.

우리는 종종 발명가들을 고독하게 실험실에 처박혀서(때로는 진흙탕 길 위에서) 시간을 보내는 괴짜나 광적인 사람이라고 생각한다. 그러나 대부분 과학자는 혼자 연구하지 않는다. 그들은 협력하고, 자료를 교환하고, 서로 실험을 되풀이하거나 연구 결과를 개선하려고 시도하고, 이전 연구를 기반으로 연구를 한다. 어린아이들도 똑같다.

한 명보다 두 명의 발명가가 낫다

코라의 도마뱀 사냥에 대해 생각해본다면 코라의 오빠가 관심을 기울이게 되면서 코라가 선택할 수 있는 것이 많아졌다는 점에 주목할 수 있다. 이것은 항상 일어나는 일이다. 1970년대로 되돌아가서 대니얼 카너먼이 그의 오랜 협력자 아모스 트버스키Amos Tversky와 함께 연구하고 있던 연구실을 우연히 지나가게 된다면 활기찬 대화와 웃음소리를 들었을 것이다. 카너먼과 트버스키는 사람들이 일상생활에서 무엇을 하고 무엇을 하지 않을지 어떻게 판단하는지에 관한 획기적인 연구로 유명하다. 두 학자는 종종 함께 앉아서 이런저런 아이디어를 논의하고 공동 연구를 진행했다. 그러나 두 사람이 함께 연구하는 데는 재미 그 이상의 것이 담겨 있었다. 그들은 서로 의견을 나누면서 각자 가지고 있던 생각이 더욱더 탄탄해지는 것을 느꼈다. 캐스 선스타인Cass Sunstein과 리처드 세일러Richard Thaler가 말했듯이 "그들은 어디에서 한 사람의 생각이 끝나고 어디에서 다른 한 사람의 생각이 시작되었는지 정말 몰랐다."[28] 놀이를 즐기는 아이들과 마찬가지로 그들은 해법 그 자체 못지않게 해법을 찾는 과정에서 만족감을 느꼈다. 카너먼은 자신의 연구에 관해 이렇게 말했다. "나는 나의 사고에서 결점을 발견할 때마다 내가 살아 움직이고 발견을 한다는 느낌을 받는다."[29] 과학적 발견이라면 종종 두세 명이 한 명보다 낫다. 그리고 아이들은 협력적 문제 해결의 힘을 사용하기에 더할 나위 없이 적합하다.

헨리에게 문제가 하나 있었다. 바지 지퍼가 자꾸만 내려가는 것이었다. 헨리는 날마다 바지를 입고 셔츠 단추를 채우고 운동화를 신고 4학년 교실을 향해 씩씩하게 출발하곤 했다. 그런데 고개를 숙여 보면 여지없이 지퍼가 아래로 내려가 있었다. 그러면 지퍼를 홱 잡아당겨 올렸다. 다른 남자아이들과 같이 있을 때는 그것을 별로 개의치 않았다. 남자아이들은 누구나 이따금 내려간 자기 지퍼를 보며 한바탕 웃고 떠들었다. 그러나 주변에 여자아이가 있다면 그것은 그렇게 웃을 일이 아니었다. 여자아이들이 놀리면 어쩌지? 걔들이 열린 지퍼 사이로 속옷이라도 보면 어쩌지? 헨리는 슬그머니 교실 구석 화분이나 책장 뒤로 가서 지퍼를 다시 올리고 다시 내려가지 않도록 고정하기 위해 작은 금속 손잡이를 누르곤 했다. 어머니도 가끔 헨리의 손이 지퍼 쪽으로 서서히 가서 제대로 잠겨있는지 확인하려고 부드러우면서 재빨리 지퍼를 매만지는 것을 봤다.

그것은 큰 문제는 아니었다. 잃어버린 숙제, 방귀, 의리 없는 친구, 눅눅한 샌드위치 같은 학교에서 아이들을 괴롭히는 다른 많은 문제와 마찬가지였다. 그러던 어느 날 담임선생님이 다음 한 달 동안 발명 활동을 할 예정이므로 모든 학생이 더 나은 해결방법이 필요한 문제를 생각해서 와야 한다고 발표했다. 헨리 머릿속에는 지퍼 문제가 떠올랐다. 친구 해리는 듣자마자 그것으로 하자고 동의했다. 헨리는 중간에 전학을 와서 아는 아이가 없었다. 헨리보다 대담하고 약간 잘난 척하는 해리는 친한 친구가 생기기를 간절히 바라던 차에 헨리를 만나게 되었다. 헨리가 전학 온 첫날부터 해리는 4학년 한 해 동안 헨리와 단짝이 될 것 같다는 느낌을 받았다. 학교가 낯설었던 헨리는 빨리 친구를 사귀게 되어 무척 신났다. 둘이 과제를 같이 하기로 한 것은 말할 필요도 없다.

해결해야 할 문제를 제시한 사람이 헨리였다면 전기 절연 테이프, 나무 설압자, 천, 줄 등 필요할 것 같은 재료를 수집한 사람은 해리였다. 두 아이는 여러 차례에 걸쳐 의논했다. 지퍼를 살펴보고 다시 의논한 후 만들려고 하는 장치의 시제품 모형을 만들기 시작했다. 헨리는 그것의 이름을 '지퍼 젖힘 장치'라고 지었다. 헨리와 해리는 설압자에 절연 테이프를 감아서 지퍼 고리가 중력에 의해 내려가는 것을 억제할 수 있는 무거운 추를 만들었다. 그 추를 절연 테이프를 감아서 만든 튼튼한 끈에 붙였다. 그 끈에는 바지의 똑딱이 고정단추 구멍을 통과해서 지퍼 고리에 묶을 수 있는 가는 줄을 연결했다. 그렇게 지퍼 젖힘 장치가 완성되었다.

친구들이 주변으로 모여들어 '그건 효과가 없을 것이다', '너무 무겁다', '거추장스럽다', '그것 자체로 문제가 생길 것이다' 등등 신나게 떠들면서 비평을 쏟아내자 해리가 반박하고 나섰다. 해리는 자기가 생각해낸 아이디어가 아닌데도 '딱 맞다', '이걸 하면 지퍼가 열리지 않을 것이다', '너무 크지도, 너무 길지도, 너무 무겁지도 않다'라고 하면서 열심히 그것을 옹호했다. 모든 아이가 그 물건에 관한 논쟁에 참여했다. 마침내 선생님이 끼어들었다. "한번 시험해볼 필요가 있겠구나." 파넬리 선생님이 누구보다 더 고집스럽게 더 소리

높여 논쟁하고 있는 해리를 보면서 말했다. "착용해보기 전까지는 정말로 효과가 있는지 없는지 알 수 없지."

해리는 도전할 준비를 마쳤다. 다음 날, 해리는 청바지를 가지고 왔고 지퍼 젖힘 장치를 부착했다. 그다음 날은 그 발명품을 착용한 채로 등교했다. 아니나 다를까, 그것이 해리를 세게 때렸고 바지 허리를 잡아당겨서 완전히 새로운 문제를 일으켰다. 해리와 헨리는 설계도를 다시 살펴야 했다. 선생님의 제안대로 두 아이는 설계 문제에 대해 논의했다. 그 후로 수학, 독서, 체육 그리고 이런저런 일로 논의가 중단되기도 했지만 두 아이는 며칠 동안 이야기를 나누었다. 그러다가 모양을 변경하는 것은 별 도움이 되지 않을 것이라는 결론에 이르렀다. 만약 다른 문제를 피하려고 지퍼 젖힘 장치를 작고 가볍게 만든다면 지퍼가 내려가지 않게 붙잡지 못할 것이다. 게다가 착용자가 걸어갈 때 그 장치가 흔들거리지 않도록 막을 방법을 생각할 수 없었다.

파넬리 선생님은 지퍼가 내려가는 여러 이유를 생각해보라고 하면서 처음에 만든 장치를 포기하고 다른 접근 방법을 찾아보라고 제안했다. 흐지부지 끝나는 덧없는 논의를 여러 차례 반복한 끝에 헨리에게 한 가지 생각이 떠올랐다. "그걸 굳이 무게로 누를 필요는 없잖아." 생각에 잠겨있던 헨리가 말했다. "우린 그냥 움직이지 못하도록 하면 돼." 해리도 그 생각에 동의하며 "그래, 장벽 같은 것을 만들 수 있을 거야."라고 말했다. 옆에서 두 소년의 대화를 엿듣고 있던 여자아이가 끼어들었다. "너희들 찍찍이가 필요하겠구나." 다음 날까지 아이들은 효과가 있는 지퍼 젖힘 장치를 만들어냈다. 이제 더는 젖힘 장치가 아니라 제동장치였다. 지퍼 윗부분 양쪽에 작은 천 덮개를 바느질해서 달았다. 지퍼를 완전히 위로 올린 다음에 그 위로 천 덮개를 덮으면 지퍼가 미끄러져 내려가는 것을 막을 수 있다.

지퍼 젖힘 장치는 완전히 새로운 발명 단계를 나타낸다. 만 3~4세 아이들이 만드는 일시적이고 매우 제한적인 발명품과 사뭇 다르다. 헨리와 해리는 단 몇 분이 아닌 며칠을 그 프로젝트에 매달려 보냈다. 그 시간에는 사유와 수정과 반성이 포함되어 있다. 다른 사람들도 관련되어 있다. 만일 누군가 무엇이든 발명하라고 요구하지 않았다면 그리고 발명을 위해 해결해야 할 문제를 생각하는 것부터 시작하라고 말하지 않았다면 헨리와 해리는 절대 헨리의 지퍼 문제를 해결하려고 노력하지 않았을 것이다. 아이들의 선생님은 아이들이 프로젝트를 할 수 있는 중요한 시간을 만들어줬고 처음에 만든 모형을 시험해보는 매우 중요한 단계를 제안해줬다. 그러나 영향을 미친 사람은 파넬리 선생님만이 아니었다. 다른 아이들도 친구의 노력에 관심을 보였고 친구의 발명품을 구경하면서 거리낌 없이 의견을 냈다. 지나친 도움은 특히 어린아이들에게는 모방을 부추기고 발명을 억제할 수 있지만 적절한 수준과 적절한 종류의 의견 투입 즉 제안, 이의 제기, 격려는 발명 과정을 향상하고 좋은 결과물을 낳는다.

여기에 기술된 연구 결과들은 종합해서 본다면 아주 어린 발명가들의 머릿속을 들여다볼 수 있는 창이 된다. 모방 능력, 문제의 구조를 파악하는 능력, 사물을 다른 것으로 상상하거나 실제로 변형할 수 있는 능력, 사물의 원래 용도를 받아들이거나 무시하는 유연성 등 모든 종류의 지적 도구가 발명에 꼭 필요하다. 이런 지적 능력들은 오르락내리락 함께 발달하고 결국에는 서로 결합해서 복합적인 능력이 되는 것이다.

연구 결과에 따르면 비록 아이들이 아주 어린 나이에 발명을 시작하더라도 획기적인 방식 측면에서 창의력에 한계가 있다. 예를 들어 아이들이 지닌 모방하려는 성향은 발명의 친구이자 적이다. 아이들이 사물의 디자인과 의도된 용도에 익숙해지는 것은 은총이자 저주이다. 아이들은 문제를 해결할 수 있게 재구성하는 능력도 뛰어나지 않다. 부분적으로는 이런 이유에서 어린아이들은 손이 닿지 않는 쿠키 통이나 가라앉지 않는 목욕 장난감 같은 매우 현실적이고 당면한 문제만 다룰 것이다.

그러나 동시에 어린아이들은 나이가 더 든 아이나 어른들보다 여러 가지 정해진 설명이나 설명의 성질에 관한 이론에 제약을 덜 받는다. 이런 이유에서 어린아이들은 바로 앞에 있는 정보에 주의를 기울일 가능성이 더 크다. 따라서 논리합 인과 가설이 아니라 논리곱 인과 가설 같은 다소 뜻밖의 설명 원리를 발견할 뿐만 아니라 상당히 새로운 사물의 용도를 생각해낼 수 있다. 만 3~4세 유아들이 구성을 잘못한 문제를 다룰 때 직면하는 한계는 개방적 사고로 보완할 수 있다. 이런 성향과 기술들이 통합되려면 시간이 필요하다. 아이들은 대략 만 8~9세가 되었을 때 진정한 발명가가 되기에 필요한 모든 능력을 최대치로 끌어올릴 수 있다. 그러나 정신 발달에서 발명이 갖는 역할을 정확하게 보기 위해서는 다양한 렌즈가 필요하다. 학령기 아동들의 발명 목록에는 매우 다양한 장치와 습관과 게임뿐만 아니라 음악, 모험담, 동아리, 심지어 체육 행사도 포함되어 있을 것이다.

코네와고에 항상 비가 내리는 것은 아니었다. 긴긴 여름 어린 로저 볼튼은 무엇인가 하느라 바쁘거나 아버지를 위해 트랙터를 운전해야 하는 때가 많았다(로저는 아주 어릴 때부터 트랙터를 운전했다). 그런 날에는 수로망을 만드는 것이 불가능했다. 외딴 농장에서 자란 로저는 트랙터에 앉아있거나 아버지가 퇴근해서 오기를 기다리는 동안 머릿속으로 가상의 야구팀과 축구팀을 만들어 혼자 길고 상세한 경기 해설을 하곤 했다. 그는 그때 일을 생생하게 기억하고 있다. 가장 좋아한 가상의 팀은 레드삭스라는 이름의 팀이었다. 물론 로저는 보스턴에 한 번도 간 적 없었다. 그는 아직도 그때 가상으로 만들어낸 선수들을 기억하고 있다. 제임스 '스트레치' 스탠리가 일루수고 프레드 심스가 삼루수, 그로버 랜즈가 유격수였다. "나는 '스트레치가 다이빙 캐치로 잡아내면서 이번 회가 끝났습니다!'라는 식으로 시작부터 끝까지 각각의 플레이에 대해 철저히 따져보면서 게임 전체를 설계했습니다." 로저는 운동을 잘하는 아이는 아니었다. 하지만 운동을 매우 좋아했고 운동선수들의 전기도 많이 읽었다. 아버지가 매일 읽는 지역 신문의 도움을 받아 여러 스포츠팀의 상황을 계속 지켜봤다. "비록 직접 운동을 할 수는 없었지만 나는 경기 규칙을 알았고,

각 스포츠에 관한 많은 정보를 가지고 있었습니다." 그는 회상한다.

발명품의 형태와 크기는 다양하다. 이야기나 가상의 운동 경기, 음악 같은 정신적 발명품은 물리적 장치와 도구를 만들어낼 때와 같은 지적 요소에 기대어 만들어진다. 어떤 경우이든 아이는 자신이 해결하고 싶은 문제를 찾아내야 한다. 해결방법은 장치, 도구, 개념 체계, 이야기 또는 시나리오 같은 새롭거나 구할 수 없는 것을 필요로 한다는 점도 인식해야 한다. 그 일이 60초가 걸리든 6일이 걸리든 간에 아이들은 다양한 요소를 조합해서 시도해보고, 가능한 해결방법들을 시험해보고, 필요하면 수정하고, 언제 발명품이 성공했는지 인식하면서 문제를 잘 해결할 수 있어야 한다.

만 9세쯤 되면 아이들은 창의적이고 발명을 하는 데 필수적인 지적 기술을 거의 모두 갖춘다. 이런 능력을 새로운 물건이나 장치를 고안하는 데 사용할지 어떨지는 지금까지 살아오면서 갖게 된 기회에 의해 어느 정도 결정된다. 간헐적 와이퍼 작동 스위치, 더 나은 경제 정책, 유전자 분리기 같은 발명에 이르는 길은 만 3세부터 시작된다. 2005년에 태어난 알마 도이처Alma Deutscher는 4년 전부터 이미 피아니스트, 바이올리니스트 그리고 작곡가로 찬사를 받고 있다. 그녀는 여덟 살에 첫 피아노 소나타를 작곡했다. 심지어 알마와 같은 신동도 놀이하면서 생각해낸 것에 의지한다. 알마의 프로필을 보면 여섯 살에 "트랜실바니안이라는 가상의 세상에서 부르는 노래라면서 몇 시간 동안 피아노 앞에 앉아 멜로디를 작곡했다."라고 기록되어 있다.[30]

임시 발판 의자, 양동이 잠수함, 손이 잘 닿지 않는 곳에서 물건을 꺼내기 위한 장치, 가상의 나라, 지퍼 젖힘 장치 이 모든 발명품은 아이들을 훌륭한 사상가가 되도록 도와준다. 하지만 발명품이라고 해서 모두 눈에 보이는 실질적인 것으로 한정되어 있지 않다. 이제 노년에 접어들어 학자로서 자신의 삶을 되돌아보고 있는 로저 볼튼이 어떤 깨달음을 얻었는지 고개를 기울이며 말한다. "그러니까 경제 제도에 대한 저의 과학적 흥미는 고향 집 앞 진흙 길에서 시작되었습니다."

3장

Ideas 생각

왜 어른이 되면 오직 일부의 사람들만 생각을 추구하고 대부분은 그러지 않는 것일까? 질문의 답은 우리가 처음 생각을 시작하는 어린 시절에 있다.

○

엄마, 내가 왜 밤에 잠을 잘 수 없는지 알아요? 말해줄까요?
왜냐하면 생각하느라 그런 거예요.*
– 만 4세 여아 어슐라, 수전 아이작의 책 중에서

애디는 벌레와 뼈를 수집했다. 로저는 진흙에서 놀았다. 그러다 어느 순간 아이들의 촉각을 이용한 탐색과 직접 시도하던 발명은 다른 지적 활동으로 이어진다. 다시 말해 아이들은 추상적 아이디어의 세상에 살기 시작한다. 대부분 그런 발달 변화는 어른들이 인지하지 못하는 상태에서 일어난다. 아마 우리의 삶을 형성하는 생각이라도 우리가 인지하는 못하는 상태에서 일어나기 때문일 것이다. 게다가 일반적으로 강력한 생각일수록 우리 눈에는 더 잘 안 보이기 마련이다.

나는 20대 후반 어느 순간부터 어떤 집에 관한 꿈을 꾸기 시작했다. 한두 번이 아니라 몇 번이나 꿨다. 아마 몇 년 사이에 50~60번은 그 꿈을 꿨을 것이다. 꿈속에서 나는 집 안에 있었다. 실망스럽게도 집은 항상 평범하고 단조로웠다. 가끔은 스티븐 스필버그가 제작한 영화 〈폴터가이스트〉에 나오는 집과 비슷한 복층 주택이었다. 방에는 창이 없고 값싼 장식품으로 장식되어 있어서 내 눈에는 흉측하고 섬뜩해 보였다. 꿈속의 나는 집을 보면서 실망했다. 어떻게 내 취향도 아닌 멋없고 오래되고 싸구려 느낌이 나는 이런 집에 살게 되었을까? 가끔은 당혹감에 빠지곤 했다. 어떻게 내가 이런 엉뚱한 집에서 살고 있단 말인가? 그러다 꿈에서 깨면 나는 나의 진짜 집, 남편과 함께 직접 우리 손으로 오래된 헛간을 개조해서 만든 집에 있었다. 나를 온전히 이해하는 집, 그 어떤 것보다 시골 분위기를 풍기는 독특한 집 그리고 내가 사랑하는 집이었다. 잠에서 깨는 순간 느낀 행복감을 생각한다면 꿈속에서 잠깐 당혹감을 느낄 만했다.

이런 꿈을 여러 번 꾼 후 서른네 살인가 되었을 때 나는 어머니에게 꿈에 대해 말했다. 어머니는 재미있다는 듯이 얼굴에 미소를 보였다. '지금의 너에 관한 것이지만 그게 뭔지는 말하지 않을 거야.'라고 말하는 미소였다.

"뭐예요? 그 미소의 의미가 뭔데요?" 나는 말해달라고 졸랐다.

"그건 결혼에 관한 꿈이야."

'헉, 정말?' 나는 속으로 생각했다. 나는 그렇게 생각하지 않았다. 하지만 어머니는 60대고 나는 30대였다. 어머니는 심리분석 전문가이고 나는 아니었다. 어머니가 틀렸다고 완전히 확신할 수 없었다. 그래서 아무 말도 할 수 없었다. 그 후에도 나는 계속 집 꿈을 꿨다.

40대가 되고 어느 날부터 그 꿈이 더욱 확장되었다. 나는 딱 봐도 싸구려인 복층 주택 같은 집에 있었다. 기분이 나빴고 실망감에 속이 메스꺼웠다. 이번에는 한 번도 본 적 없는 문이 보였다. 이따금 친구나 친척 같은 다른 사람이 꿈에 나와서 그 문을 통과해서 들어가라고 제안했다. 문을 통과하면 있는지도 몰랐던 공간이 나왔다. 그곳에는 방이 많았다. 어떤 때는 사랑스럽고 넓은 방이었고, 또 어떤 때는 먼지가 쌓이거나 눅눅하고 오래된 벽지에 곰팡이가 피어 있는 방들이었다. 그 방들을 보면서 불안감과 의기양양이 뒤섞인 이상한 느낌이 밀려들곤 했다.

소름이 돋았다. 내가 아직 탐색하지 않은 방에서 무엇을 발견하게 될까? 동물 사체나 썩은 음식, 부러진 가구 같은 끔찍한 것이 들어있으면 어쩌지? 종종 꿈속의 나는 내가 있는지도 모르는 방들이 있는 집에서 지금껏 계속 살아왔다는 생각에 매우 불안해했다. 마치 눈에 보이지 않는 누군가가 나를 지켜보고 있었던 것만 같았다. 그러나 동시에 집이 매우 커서 기분이 들떠 있었다. 나는 새로 존재를 드러낸 여러 방 중 한 곳에 들어가 소파에 앉아 이 방들을 어떻게 쓸지 곰곰이 생각했다. 하나는 서재로 쓰고 하나는 주방으로 쓸 수 있다. 여러 방을 손님방으로 사용할 수 있고 심지어 보조 주방도 만들 수 있다. 선택권은 끝이 없어 보였고 매우 매혹적이었다. 나이가 들면서 그 기이한 방들에 대한 설렘이 집의 흉측함에 대한 불만을 앞서기 시작했다. 오싹함은 점차 줄어들었고, 매번 꿈을 꿀 때마다 나는 그 방들이 주는 끝없는 가능성에 매우 기뻐했다.

내 아들 윌에게도 반복해서 꾸는 꿈이 있었다. 윌은 야생동물 꿈을 여러 번 꿨다. 아주 어렸을 때는 동물들과 싸우거나 동물에게 공격당하는 꿈을 꿨다. 청소년이 되자 동물들을 껴안고 있는 꿈을 꾸기 시작했다. 어떤 때는 야수에게 갈가리 찢기는 꿈을 꿨다. 막 어른이 된 어느 날은 반은 늑대이고 반은 엘크 모습의 거대한 야수가 위협적이지 않은 자그마한 동물이 될 때까지 계속 작아지는 꿈을 꿨다.

마침내 나는 아들에게 말했다. "너의 충동이 꿈으로 나타나고 있는 거야."

"그렇게 생각하세요?" 윌은 회의적인 눈빛으로 냉담하게 나를 쳐다봤다. "엄마의 꿈은 어떤데요? 어떤 꿈을 꿔요?"

그 순간 갑자기 아주 명확하게 그동안 내가 꾼 꿈이 무엇을 의미하는지 깨닫게 되었다. 집은 나의 무의식이었다. 방은 내가 탐지하지 못한 숨겨진 내 마음의 부분을 상징하는 것이었다. 예상치 못했던 그 방들처럼 무의식적인 생각과 느낌이 조금 무섭다고 생각한 것은 자연스러운 일이었다. 마음속에 숨어 있는 더 어둡고 더 요동치는 생각에 나는 불안해졌다. 그것은 전혀 놀라운 일이 아니었다. 실제로 부딪치지는 않으면서 그런 느낌이 있다는 것을 안다는 것은 존재하는 줄도 몰랐던 방이 있는 집에 살고 있음을 알게 되는 것과 같았다. 꿈에서처럼 더 거칠고 대담한 생각에 깊이 빠지는 기회는 그저 나를 심란하게만 한 것이 아니라 흥분하게도 했다. 그것은 전에 한 번도 본 적 없는 신비하고 매력적인 공간으로 들어가는 것과 매우 비슷한 모험을 하게 해줬다. 나는 아들의 팔을 잡았다.

"세상에! 내 꿈이 무슨 의미인지 이제 알겠다. 그 방들? 그건 나의 무의식이었어." 나는 흥분해서 큰 소리로 말했다. 그 꿈은 내가 일찍 결혼하는 것에 대해 품고 있는 상반된 감정을 의미하는 것이라고 오래전 할머니가 말했다는 말도 했다.

"그런데 그게 아니었어." 나는 계속 말했다. "그게 맞는 말이 아니라는 것은 진작 알고 있었어. 할머니의 해석이 적절하다는 느낌이 절대 들지 않았거든."

윌이 얼굴을 찡그리며 말했다. "엄마, 그걸 말이라고 해요. 할머니 해석이나 엄마 해석이나 똑같잖아요."

"아니야. 할머니는 내가 일찍 결혼하는 꿈이라고 생각했지만 그게 아니야." 나는 반박했다. "그 방들은 내 마음속을 나타내는 거야. 그건 아주, 아주 다르지!"

"아니죠." 윌은 다 안다는 듯이 미소 지었다. "엄마 꿈이든 내 꿈이든, 엄마의 엄마가 한 해석이든 엄마가 한 해석이든 모두 같은 개념을 나타내고 있어요."

윌의 말이 옳았다. 3대 가족 모두 깨어 있는 삶 속에서는 인정할 수 없거나 인정하기 싫은 감정과 생각을 꿈은 어떻게 드러내는지 이야기하고 있었다. 무의식의 생각은 아주 크고 구석구석 아주 넓게 스며들어 있어서 눈에 보이지 않게 된다. 그러나 항상 그런 것은 아니었다.

프로이트가 처음으로 무의식에 대한 설명을 확고히 한 것은 1896년이었다. 그때 그는 환자들이 호소하는 증상을 이해하려고 애쓰면서 서재에 앉아 있었다. 그 일의 대략적인 이야기는 많은 사람에게 알려져 있다. 의사 교육을 받은 프로이트는 몇몇 환자가 보이는 이상 증상에 관심을 기울이게 되었다. 환자들은 쉴 새 없이 나오는 기침, 식욕 감퇴, 무력감, 마음대로 움직이지 않는 팔다리 등의 증상을 호소했다. 환자들이 진짜로 고통을 겪고 있음을 직접 목격했다. 그러나 환자들의 증상을 설명할 수 있는 신체적 원인이 없었다. 프로이트는 신경학자 장 마르탱 샤르코Jean-Martin Charcot와 나중에는 의사 요제프 브루어Josef Breuer의 연구에 영향받아 자신의 이론을 세우기 시작했다. 그는 환자들이 친척이나 다른 어른의 성적 학대로 생긴 다양한 트라우마를 겪고 있다고 추론했다. 그런 트라우마는 물리적 표시를 남기지 않았고 사실 오랫동안 잊혔던 것이었다. 프로이트는 그렇게 묻혀 있던 학대의 기억이 결국 신체적 증상을 일으키는 것이라 믿었다. 그러나 프로이트가 높이 존경하는 브루어를 포함해 많은 동료 학자와 친구들은 그의 이론을 받아들이지 않았다. 그들은 프로이트의 이론이 너무 복잡하고 파격적이고 난해하다고 주장했다.

프로이트는 강한 확신과 사라지지 않는 불확실성을 번갈아 느꼈다. 어느 순간 프로이트 자신도 자신의 이론에 대해 의심하기 시작했다. 그렇게 많은 환자가 아주 어린 나이에 성폭력을 견뎌내는 것이 정말 가능했을까? 그럴 가능성은 없어 보였다. 그의 의심은 완전히 다른 방향으로 고개를 돌리게 할 수도 있었다. 예를 들어 환자들이 단지 아픈 척하는 것이라고, 19세기 후반에 흔히 사용하던 용어로 말하자면 꾀병을 부리는 것이라고 결론 내렸을 수도 있었다. 아니면 아직 밝혀지지 않은 특정한 신체적 원인이 있어서 그런 증상이 나타난다고 추측했을 수도 있었다. 하지만 프로이트는 그렇게 생각하지 않았다. 오히려 정반대로 어쩌면 처음 생각을 충분히 이해하지 못했을 가능성에 무게를 두고 다시 생각하기 시작했다. 어쩌면 환자들은 어렸을 때 겪은 폭력의 기억을 잊은 것이 아닐지도 모른다. 그들의 증상은 감춰진 기억의 결과가 아니라 감춰진 감정과 생각의 결과일지도 모른다. 프로이트의 전기작가 피터 게이Peter Gay는 이때가 프로이트의 정신분석학이 탄생한 시기라고 기술했다.[1] 어쩌면 맞는 말일 것이다. 그러나 동시에 프로이트의 머릿속에서는 더 혁신적인 것, 바로 무의식의 개념이 형성되고 있었다.

프로이트는 눈에 보이지 않는 심리적 힘이 인간의 행동을 이끈다는 생각을 문득 하게 되었다. 그러나 그것은 완전히 새로운 개념은 아니었다. 2세기 그리스의 의학자 갈레노스의 연구에서 그것에 관한 어렴풋한 개념을 찾아볼 수 있다. 갈레노스는 인간 개개인에게 영향을 미치는 네 가지 기질이 있다고 주장했다. 각 기질은 히포크라테스가 설명한 네 가지 체액 즉 혈액, 흑담즙, 황담즙, 점액 사이의 불균형으로 발생한다는 것이다.[2] 그로부터 한 세기가 지나 현대의학의 창시자 중 한 명으로 꼽히는 이란의 이븐 시나Ibn Sina도 체액이 사람의 기분과 성격을 형성하는 데 한 역할을 한다는 주장에 찬성론을 폈다.[3] 그러나 그러고 나서 체액 개념은 비전통적인 것이 되었다. 신 때문이든 인간의 잘못이든 간에 그 후로 8세기 동안 세상 사람들은 감정과 행동이 영적인 힘으로 인해 발생한다고 믿거나 전적으로 의식의 의도적인 통제를 받는다고 믿었다. 그렇게 무의식의 개념은 아주 오랫동안 동면에 들어갔다.

그러던 19세기 중반 무의식 개념이 다시 고개를 들기 시작했다. 1866년 독일의 물리학자 헤르만 폰 헬름홀츠Hermann von Helmholtz가 동료 과학자들에게 왜 인간은 더 잘 알게 되었을 때도 특정 믿음을 고수하는지 그 이유를 설명했다. 지구가 자전하고 있다는 사실을 알면서도 우리는 태양이 매일 저녁 지평선 아래로 내려간다고 인식한다는 것을 예로 들었다. 그는 깊은 사고와 지식의 힘이 닿지 않는 여러 가정에 의해 우리의 경험이 형성되고 있다고 주장했다. 아무리 교육을 많이 받은 사람이라 할지라도 또는 아무리 신중하고 체계적으로 판단하려고 노력한다고 할지라도 일상 속 사고는 그런 가정에 영향받는다고 폰 헬름홀츠는 주장했다. 그는 이처럼 강력하고 눈에 보이지 않는 편견을 가리켜 '무의식적 결론' 또는 '무의식적 추론'이라고 불렀다.[4] 다른 과학자들은 그의 연구가 보잘것없다 못해 너무 터무니없다고 평가하고 무시했다. 30년이 채 지나지 않아 그 개념은 새로운 모습으로 다시 등장했다. 조용한 오스트리아 빈의 중심부에 거대한 지성의 파도가 일기 시작했다.

프로이트는 환자들의 증상에 대해 원치 않는 생각을 억제하기 위한 노력이 실패하면서 생긴 결과라고 발표했다. 그것은 인간의 정신에 관한 완전히 새로운 사고의 길을 열어줬다. 그는 인간의 마음은 생각과 감정으로 가득 찬 저장고를 포함하고 있는 구조물이라고 주장했다. 간신히 억제된 생각과 감정은 일상생활의 기능을 위협한다. 그런 생각과 감정을 표출하는 것이 사회적으로 금지되어 있어서 우리는 대부분 다른 사람과 우리 자신에게 비밀로 하기 위해 그것들을 꽁꽁 싸매고 숨기려고 할 수 있는 모든 일을 한다. 프로이트는 우리 내면에서 생각과 감정을 억제하는 현상을 가리켜 파수꾼이 집 내부로 들어가는 입구를 지키고 있는 것에 비유했다. 프로이트의 주장에 따르면 우리는 금지된 생각이 저장고 밖으로 나오지 못하게 하려고 끊임없이 애쓰고 있다고 한다. 그런 노력이 너무 힘들어서 어떤 사람에게는 기침이나 부분 마비 또는 피로감 같은 신체적 질환으로 나타난다는 것이다.

그러나 프로이트가 이처럼 새로운 사고방식을 선사했음에도 우리는 줄곧 그의 선물을 없애려고 애써왔다. 많은 사람에게 프로이트의 이론은 증명할 수 없는 주장으로 가득 찬 해괴한 가설처럼 보였다. 그래서 오이디푸스 콤플렉스, 엘렉트라 콤플렉스, 남근 선망과 거세 불안, 꿈 해석을 통해 고질적인 문제를 일으키는 억압된 생각을 정화한다는 주장과 같은 훨씬 더 터무니없는 다른 이론들과 동급으로 취급되었다. 프로이트의 이론을 전적으로 믿고 수용하는 의사와 신봉자 무리가 생겨난 것은 분명한 사실이었지만 사람들은 대체로 프로이트의 이론을 설득력 없고 편협하고 성차별적이고 근거가 부족하다면서 무시했다. 현대 경험심리학에서 프로이트 이론에 의도치 않게 관심을 다시 기울이게 된 것은 그로부터 100년이라는 시간이 흐른 후였다.

생각의 시작

무의식의 힘으로 발상이 일어나는 경우는 흔하지 않을 것이다. 생각은 그저 흔하고 보편적인 과정이 절정에 이르렀을 때 생기는 것이다. 발상 능력은 위대한 지성들만 가능한 영역에 있는 것이 아니다. 남녀노소 할 것 없이 평범한 사람들도 날마다 무엇인가를 생각한다. 거리의 모퉁이에 서서 지나가는 사람들을 구경한다고 해보자. 친구들과 함께 웃는 사람, 걸어가면서 스마트폰을 보는 사람, 자신이 지나가는 건물을 쳐다보는 사람, 약속에 맞춰 서둘러 가는 사람들이 있을 것이다. 어떤 사람들은 그냥 생각에 잠겨 아무것도 안 하는 것처럼 보일 것이다. 그러나 그들 중 적어도 몇 명은 어떤 것에 대해 곰곰이 생각하고 있을 것이다. 예를 들어, 미국 정당들이 대립하는 이유나 알코올 중독의 원인 같이 책에서 읽거나 팟캐스트에서 들은 것에 관한 생각일 수도 있다. 어쩌면 아침 식사할 때 배우자가 내놓은 '왜 시간이 지나면 우정이 변할까?'라는 질문에 대해 생각하고 있을 수도 있고, 기계가 인간을 대신할 수 없는 상황이나 유권자들이 정치에 무관심한 이유 같은 본인이 관심 있는 주제를 생각하고 있을 수도 있다. 우리 중 일부는 지속성 있고 주목할 만한 아이디어를 고안할 수 있을 것이다. 그러나 대부분은 일시적이고 보잘것없는 생각을 한다. 영향력 있는 생각을 내놓는 사람들과 일시적이고 보잘것없는 생각을 내놓는 사람들의 차이에는 특별하게 주목할 만한 것이 없다. 운, 타이밍, 비상한 지능 같은 우리가 통제할 수 없는 요인에 기초해서 차이가 생기기 때문이다. 하지만 사람들 사이에는 우리가 꼭 그 이유를 찾아야 하는 아주 흥미로운 차이가 있다. 왜 어른이 되면 오직 일부의 사람들만 생각을 추구하고 대부분은 그러지 않는 것일까? 질문의 답은 우리가 처음 생각을 시작하는 어린 시절에 있다.[5]

우리는 이미 앞에서 아주 어린 아이들이 진흙더미에서 여기저기 흙을 파고 서툴게 새로운 요새를 만드는 경험을 통해 복잡한 상황을 다루고 문제를 해결하는 법을 배운다고 말했다. 어른들 눈에는 단순한 놀이로만 보일지 몰라도 아이들의 놀이는 더 분명한 지적 활동을 위한 토대를 마련해준다. 어린아이라고 해서 꼭 손으로 찔러보거나 끈을 묶거나 물건을 쌓기만 하는 것은 아니다. 다섯 살쯤 되면 아이들은 처리해야 할 과제를 자세히 살피고 이해하기 어려운 현상에 대해 깊이 생각하고 익숙한 정보들을 새로운 방식으로 연결한다. 이 장의 남은 지면에서 우리는 어린아이들이 가지고 있는 다양한 생각에 대해 살펴볼 것이다. 그런 지적 활동은 사실 믿기 어려울 정도로 간단한 사색의 과정으로 시작된다.

몇 년 전 나의 오랜 친구 한 명이 여덟 살 소녀 엘라를 데리고 외출한 적이 있었다. 그녀는 엘라의 대모였고 자신의 대녀에게 맛있는 것을 사 주고 싶었다. 두 사람은 차 안에서 한참 동안 이런저런 이야기를 했다. 1학년 학교생활, 축구, 엘라의 여동생에 관해서도 말했다. 그러다가 갑자기 엘라가 아무 말도 하지 않았다. 얼굴을 보니 딴 생각하며 공상에 빠진 듯한 표정이었다. 차가 멈춰 서고 내리는 것을 도와주기 위해 대모가 조수석 쪽으로 왔을 때도 엘라는 거의 알아차리지 못한 듯했다. 엘라는 창밖을 보고 있었지만 특정한 무언가를 응시하고 있지는 않았다. 조용히 몰입해 있는 듯한 엘라의 표정이 인상적이었던 내 친구는 "지금 뭐 하고 있니?"라고 물었다.

"생각하고 있어요." 엘라는 멍한 목소리로 대답했다.

친구는 더 물어봤다. "무슨 생각을 하고 있어?"

"사탕이요." 엘라는 다시 생각에 잠기며 말했다. "잠깐만 시간을 주세요."

캔디에 관해 공상하는 것은 언뜻 보면 발상을 위한 첫걸음처럼 보이지 않을지도 모른다. 그러나 아이디어를 생성하는 과정에 꼭 필요한 요소를 포함하고 있다. 엘라는 생각에 빠져 주변에서 일어나는 사건을 인식하지 못하고 대신에 자신의 머릿속에 펼쳐지는 이미지에 집중했다. 사탕에 관한 공상을 하는 동안 엘라는 생각에 따라 행동하지 않았다. 그러니까 차 안에서 사탕을 달라고 요구하거나 찾아보지 않았다. 그저 공상을 계속하는 것만으로도 만족스러웠다. 엘라는 머릿속에서 캔디 이미지들을 초콜릿 맛과 과일 맛, 츄잉 캔디와 크런치 캔디, 좋은 사탕과 나쁜 사탕 등의 범주로 나누었을 것이다. 그렇게 사실을 활용하는 지적 작업은 발상에 꼭 필요하다. 아마 엘라는 시나리오를 상상하고 있었을 것이다. 이것 역시 복잡한 사고를 하는 데 꼭 필요한 도구이다. 시나리오 속에서 엘라는 캔디를 먹거나 여러 가지를 섞거나 캔디로 무엇인가를 만들었을 것이다. 아이들의 첫 발상은 철학자나 과학자들처럼 형식적으로 체계가 잡혀 있지 않다. 게다가 만 3~4세 아동들은 자신이 생각을 추구하고 있다는 사실을 늘 인지하지는 못할 것이다. 엘라는 생각할 수 있는 시간이 더 필요하다는 것을 인지했지만 모든 아이가 그러는 것은 아니다. 대부분 자신의 사고 과정에 대해 고찰하는 메타 인식과 신중한 사유는 훨씬 나중에야 생겨난다. 어린 시절의 사색은 아이가 지적으로 성숙해졌을 때 목적이 있는 더 체계적인 과제를 수행할 수 있도록 토대를 마련해줄 것이다. 발명품이나 처리해야 할 과제 같은 최종 결과물이 없다면 아이들이 언제 지적 호기심을 추구하는지 알기 어려울 수 있다. 그것을 알 수 있는 유일한 단서는 대체로 아이들이 하는 질문에서 찾을 수 있다.

어린아이들은 그저 벌레나 동물의 뼈, 반짝거리는 물건에 관해서만 질문하는 게 아니다. 아주 어릴 때부터 바로 앞에 있는 것도 아니고 구체적인 것도 아닌 주제를 조사하는 질문을 한다. 이 책의 집필을 시작한 직후 나는 비행기 여행을 할 일이 있었다. 내 좌석 옆에는 젊은 엄마와 그녀의 꼬마 딸이 앉아 있었다. 아이는 대여섯 살쯤 되어 보였다. 우리는 이미 하늘 높이 떠서 비행하고 있었다. 아이는 멀리 밑에 있는 땅을 보려고 얼굴을 창에 바짝 댄 채로 창밖을 보고 있었다. 그리고 골똘히 생각하다가 말했다. "엄마, 저 아래에 자기 엄마에게 여기 비행기에 어린아이가 있는지 물어보고 있는 아이가 있을 거예요. 그러면 그 애 엄마는 '그래, 저기에 아이가 있어'라고 말할까요?"

심리학자들이 알아차리기 훨씬 더 일찍 어린아이들은 머릿속에서 사색할 대상을 구상하기 시작한다.[6] 비행기 안 작은 여자아이는 두 사람이 서로 다른 시점에서 보더라도 심지어 서로 다른 시간이나 다른 공간에 있더라도 매우 비슷한 생각을 할 수 있음을 느낌으로 알고 있었다. 그 아이는 학자들이 '다성성polyphonics'이라 부르는 아주 중대한 개념, 즉 같은 순간에 여러 관점이 서로 뒤섞여 있음을 어렴풋이 파악한 것 같았다.[7] 많은 아이가 그렇게 복잡하고 추상적인 어려운 문제에 대해 생각한다는 것이 밝혀졌다.

발달심리학자 다니엘라 오닐Daniela O'Neill은 딸 테이트가 고작 네 살이었을 때부터 질문하는 것들을 녹음하기 시작했다. 그 후로 11년 동안 녹음은 계속되었다. 테이트가 일상생활 속에서 알고 싶어 하는 것을 말해주는 질문을 보자.

만 3세:

- 엄마는 어렸을 때 자동차를 운전하거나 어디로 갈지 알 거라고 생각한 적 있어요?
- 엄마가 죽으면 어디로 가요? 우리 모두 죽어요? 왜 죽어요?
- 트윗할 때 엄마 생각을 모든 사람에게 동시에 알리는 거예요?

만 4세:

- 사람이 아무도 없었을 때 누가 처음 사람을 만들었어요?

- 내가 더 자라서 나를 다시 만드는 법을 알게 되면 나를 이용해 사람이 어떻게 만들어지는지 보고 싶어요.
- 사람은 그냥 죽어요, 아니면 뭔가 해야 해요?
- 세상이 끝나는 날이 올까요?
- 언제 세상이 끝날까요?
- 왜 기억을 해요? 어떻게 기억을 해요?

만 7세:

- 우리가 꿈을 꾸고 있는 건지 아닌지 알 수 없다면 왜 '깨어 있다'라는 말을 해요?[8]

부모들은 대부분 이런 식의 질문을 따로 녹음하지 않지만, 사실 실험실 환경에서는 포착하기 어려운 몹시 귀중한 연구 자료이다. 부모와 심리학자들이 기록한 다양한 자료들을 종합해보면 아이들은 양치질하고, 학교에서 가까이 앉을 친구를 찾고, 텔레비전을 시청하고, 말다툼하고, 책을 읽고, 공놀이하고, 집안 심부름을 하는 등 일상생활 속 단조로운 일에 대부분 시간을 쓴다는 것을 알 수 있다. 그러나 그게 아이들이 하는 일의 전부가 아니다. 아이들은 중대하고 어려운 인생 문제와도 씨름하고 있다. 이제 유난히 복잡하고 어려운 문제와 씨름하고 있는 아이들을 기술하겠다.

'삶의 끝'이라는 것

나의 증조할머니 애니 크래머는 1915년 어느 날 롱아일랜드 사우스포크에 자리 잡은 작은 집에서 침대에 누운 채 돌아가셨다. 할머니의 딸, 그러니까 나의 할머니 헬렌은 아홉 살이었고 처음에는 무슨 일이 벌어진 것인지 몰랐다. 헬렌은 어머니가 아프다는 것도 모르고 있었다. 그러나 그날 낯선 어른들이 작은 너와집 주변을 서성거렸고 근처 시계 공장에서 일하는 아버지가 출근을 안 하고 집에 있었다. 어떤 아줌마가—알고 보니 증조할머니의 언니였다—안방에서 나와 어린 헬렌에게 말했다. "엄마가 하늘나라로 갔어. 이제 안에 들어가서 엄마에게 뽀뽀해줘."

50년 넘게 지나도 헬렌은 그다음에 무슨 일이 벌어졌는지 생생히 기억하고 있었다. 그녀는 어두운 방으로 들어갔다. 커튼은 내려졌고 공기 중에 이상한 냄새가 퍼져 있었다. 어머니는 눈을 감은 채 침대에 누워 있었다. 헬렌은 혼란스러웠다. 자신의 눈에는 어머니가 어디에도 가지 않고 가만히 있는 것처럼 보였다. 헬렌은 어머니에게 뽀뽀하고 싶지 않았다. 왠지 어머니가 달라 보였다. 더는 어머니가 어머니 같지 않았다. 헬렌은 몇 분 동안 그곳에 가만히 서 있었다. 헬렌은 다른 방에 있는 사람들에게 침대 가까이 가서 고개를 숙이고 어머니 뺨에 뽀뽀하기에 충분한 시간이라고 보일 만큼 기다렸다가 방에서 나가고 문을 닫았다. 헬렌을 그 방으로 들여보낸 아줌마는 거실에 서 있었다. "헬렌, 엄마에게 뽀뽀했니?" 그녀가 물었다. "엄마에게 작별 인사했어?"

"네, 했어요." 헬렌은 고개를 끄덕거렸다.

68년 인생을 살아온 헬렌 할머니는 몸집이 크고 다리를 절었고 주름진 얼굴은 몹시 지쳐 보였다. 할머니는 남편과 사별하고 혼자였고, 장성한 두 아들이 있었다. 어른이 된 후로는 늘 탄생과 죽음에 둘러싸인 채 농장에서 살았다. 거의 60년 전에 일어난 일을 회상하면서 할머니는 머뭇거리는 듯했다. 어린아이처럼 할머니 얼굴에는 걱정의 그림자가 드리워졌다. 할머니는 열 살 난 손녀인 나를 바라보며 털어놓았다. "나는 어머니에게 뽀뽀하지 않았어. 할 수 없었단다. 너무 무서웠거든. 하지만 어머니는 나를 용서할 거야. 안 그래?"

사람들은 평생 죽음과 그 영향에 관한 생각을 붙들고 살아간다. 우리는 대부분 결국 죽음이 닥쳐서야 죽음에 관한 생각과 두려움을 멈추게 된다. 그런데 언제부터 죽음에 대해 생각하기 시작하는 것일까? 사실 그것은 우리가 생각하는 것보다 훨씬 일찍 시작된다. 30개월밖에 안 된 어린아이들도 죽으면 어떤 기분이 드는지, 죽으면 다시 돌아올 수 있는지, 자신도 죽게 될 것인지 묻는다. 이런 질문은 죽음에 관한 아이들의 호기심을 드러낸다. 그런데 그 호기심이 몇몇 정보를 얻는 것에 그치지 않고 그 이상으로 이어질까? 아이들은 실제로 죽음에 관해 깊이 생각할까? 계속해서 질문하는 아이들의 속성이 그렇다는 것을 암시한다. 오랜 기간에 걸쳐 아이들의 말을 녹음한 자료를 살펴보면 아이들은 죽음에 관한 질문을 할 때 상황에 따라 다른 질문을 한다는 것을 알 수 있다. 단순히 같은 질문을 반복해서 묻는 게 아니라는 말이다. 때때로 아이들은 중대하고 이상한 현상을 다양한 각도에서 탐구하고 정보를 종합해서 포괄적인 이해를 하려고 노력한다.

연구 결과를 보면 정보를 모으려는 아이들의 노력이 생산적임을 알 수 있다. 자라면서 죽음에 대한 이해가 바뀐다는 말이다. 폴 해리스의 연구진은 일련의 연구를 통해 만 5세가 되기 이전에는 아이들이 생물학적인 것을 기반으로 해서 죽음을 이해한다는 것을 알아냈다. 아이들은 어떤 것이 죽으면 더는 움직이거나 숨을 쉬지 않고 모든 신체적 기능이 끝난다는 사실을 알고 있다. 죽음이 포괄적이라는 것을 아는 것이다. 게다가 생물이 죽으면 다시 살아날 수 없다는 것, 즉 죽음은 돌이킬 수 없다는 것도 안다. 마지막으로, 죽음은 모든 생명체에게 일어나는 보편적 현상이라는 것도 안다. 이와 같은 죽음에 관한 중요한 통찰이 지금까지 연구된 모든 문화의 아이들에게서 공통으로 발견된다는 점은 주목할 만하다.[9] 세계 모든 아이가 교육을 통해 만 5세가 될 때까지 죽음에 관한 이런 핵심 원리를 배울 가능성은 매우 희박하다. 전 세계 모든 문화의 어른들이 아이들에게 죽음은 모든 기능을 멈추게 하고 돌이킬 수 없고 누구에게나 일어나는 일이라고 가르칠 가능성도 희박하다. 오히려 아이들은 곤충이나 동물 또는 친척의 죽음을 주변에서 보고 직접 경험하면서 죽음이라는 것을 이해할 가능성이 더 크다.

만 7세가 되어도 아이들은 여전히 어떤 것이 죽으면 더는 숨을 쉬거나 움직일 수 없다고 믿는다. 하지만 사랑하는 애완동물과 가족이 죽더라도 계속 생각을 할 수 있고 여전히 자기를 사랑하고 자기가 하는 것을 지켜볼 수 있다는 생각도 한다. 이전에 직감으로 알았던 것을 어른들에게 들은 것으로 대체하는 게 아니라 죽음에 관해 두 가지 다소 반대되는 태도, 즉 생물학적 이해와 영적인 이해를 모두 받아들인다. 이처럼 나이가 더 들었을 때 아이들이 받아들이는 죽음에 대한 역설적 이해는 무엇으로 설명할 수 있을까? 해리스와 동료 연구자들이 수집한 자료가 그 답을 제시하고 있다. 마타 기메네즈Marta Giménez와 해리스는 한 연구에서 만 7~11세 아동들에게 한 이야기의 두 가지 버전 중 하나를 들려줬다. 그 하나는 다음과 같은 종교 버전이다.

> 이것은 사라의 할머니 사진이다. 말년에 사라의 할머니는 아주 크게 아팠다. 할머니는 병원에 입원했고 그곳에서 의사들이 할머니를 돕기 위해 노력했다. 하지만 할머니는 나이가 너무 많이 들었고 의사들은 할머니 병을 고칠 수 없었다. 할머니에게 일어난 일을 말해주기 위해 신부님이 사라를 찾아왔다. 신부님이 사라에게 말했다. "할머니가 매우 많이 아프셨단다. 의사들이 할 수 있는 게 아무것도 없어. 이제 할머니는 하느님 곁으로 갔어."

이야기를 들려준 다음 연구자들은 아이들 각자에게 열두 개의 질문을 했다. "이제 사라의 할머니는 하느님 곁으로 갔는데 할머니의 눈은 여전히 제 기능을 할까?" "할머니는 여전히 사라를 볼 수 있을까?"라는 질문이 포함되어 있었다.

비종교적 버전의 이야기도 내용은 같다. 단지 사라의 할머니가 이제 하느님 곁으로 갔다고 신부가 말하는 대신에 의사가 사라에게 "할머니가 죽어서 이제 땅에 묻히셨다."라고 말하는 것이었다. 질문도 모두 같은데, "이제 사라의 할머니가 하느님 곁으로 갔는데" 대신에 "이제 사라의 할머니가 죽어서 땅에 묻히셨는데"로 말을 바꿨다.

고연령 아동과 저연령 아동 모두 죽으면 신체 기능이 끝난다는 것을 이해한 것 같았다. 한 아이는 사라의 할머니가 더는 볼 수 없다고 확신했고 "만일 할머니가 죽었다면 어떤 것도 기능할 수 없어요." 하고 설명했다. 또 다른 아이는 "벌레가 다 먹어버려서 몸이 없고 그냥 뼈만 있어요."라고 대답했다. 그러나 고연령 아이들은 죽은 사람의 신체적 기능이 끝나더라도 영혼은 그것을 초월해 계속 남는다고 생각했다. 어떤 아이는 "할머니의 영혼은 여전히 살아 있어요."라고 말했고, 다른 아이는 "영혼은 저기 어디엔가 있고, 영혼은 계속 느낄 수 있어요."라고 말했다. 고연령 아이들은 왜 증거로 뒷받침되지도 않고 개인적 경험을 통해 드러날 수도 없는 것을 믿는 것일까? 문제의 실마리는 이 연구에서 아이들이 보인 다른 특징에서 찾을 수 있다. 고연령 아동들은 자기가 들은 이야기에 더 민감하게 영향받았다. 죽어서 땅에 묻힌다는 의사의 말을 들은 아이들은 더 생물학적인 대답을 했고, 할머니가 신의 곁에 있다는 신부의 말을 들은 아이들이 더 철학적인 대답을 했다. 아이들은 틀에 박힌 설명을 들을 때 같은 현상에 대해 이런저런 다양한 생각 사이를 오가면서 이해가 되는 조리 있는 설명보다 설명하는 형식에 더 적절히 대응하는 것 같다.[10]

윌리엄 포크너의 『내가 죽어 누워있을 때』에서 의사 피바디는 "어렸을 때 왜 죽음이 신체와 관련된 현상이라고 믿었는지 기억하고 있다. 이제는 그것이 그저 마음의 기능임을 안다."라고 말한다.[11] 알고 보니 그런 생각을 한 것은 피바디만이 아니었다. 아이들 대부분이 거대하고 불가사의하고 어려운 죽음의 본질에 대해 깊이 생각하며 시간이 지나면서 '신체 이론'에서 '마음 이론'으로 바뀌는 것 같다. 죽음에 관해 아이들이 갖게 되는 직감은 처음에는 경험에 기반을 둔 것이었다가 나중에는 주변 어른들에게 들은 설명에 바탕을 둔다. 그러나 어떤 아이들은 서로 반대되는 설명을 이해할 방법을 찾으려고 적극적으로 노력하면서 신중히 죽음에 관한 자신만의 생각을 형성하기 위한 지적 도구를 획득하기 시작할 것이다. 아이들이 생각을 종합하기 시작한다면 어떤 모습일까? 이 물음의 답을 얻기 위해 우리는 아이들이 그냥 지나치기 어려운 다른 중요한 주제로 고개를 돌릴 것이다.

'무한'이라는 것

평생 서로 알고 지낸 일곱 살 난 두 남자아이가 축구장 옆에서 얼굴을 마주 보고 서 있다. 축구장 안에서는 형들이 결승전 경기를 치르고 있었다. 두 소년은 관중석에 앉아 경기를 보면서 응원하고 있는 부모와 할머니 할아버지, 형제들 모두는 물론이고 바로 옆에서 진행되고 있는 경기는 안중에도 없었다. 그저 머리싸움에 열중하고 있다. 한 아이가 말한다. "난 모든 것을 다 알아."

"모든 것을 다 알 수는 없어, 핀." 다른 아이가 흥분해서 얼굴이 빨개지며 말한다.

핀은 흥분하지 않고 잘난 체한다. "난 그래. 나는 우주의 모든 것을 알아."

"하지만 핀," 로리가 점점 더 흥분하면서 말한다. "그건 불가능해. 넌 그럴 수 없어. 모든 것을 아는 사람은 없다고."

"하지만 난 그래." 핀은 같은 말만 한다. "사실이야. 난 우주 전체에 관한 모든 것을 알아."

"핀, 누구도 그렇지 않다니까. 게다가 우주는 무한하다고!" 코를 벌름거리고 눈을 동그랗게 뜨고 말을 잇는 로리는 좌절감에 거의 미칠 지경이었다. "아무도 세상의 모든 것을 알 수 없어. 무한대는 정말이지 너무, 너무 많은 것이야!"

많은 어린 사색가는 무한대에 대해 생각하는 위험한 매력에 빠진다. 그러나 아이들의 사색은 포착하기가 매우 어렵다. 대개 다른 사람의 귀에 들리지 않게 혼자 조용히 생각하기 때문이다. 그나마 어른들에게서 자료를 얻을 수 있지만, 어른들은 보통 자신이 어릴 때 심취해 있던 것을 떠올리므로 자료가 불완전하다. 더 젊은 사람일수록 기억이 정확하고 훼손되지 않을 가능성이 더 크다. 자기 개념에 맞춰 기억을 조작할 수 있는 시간이 더 적기 때문이다.

이런 종류의 회고담을 얻기에 좋은 출처로 대학생을 꼽을 수 있다. 뉴욕 출신의 스물한 살 대학생 조나가 나에게 해준 이야기를 살펴보자. 조나는 키가 크고 갈색 곱슬머리에 턱수염을 지저분하게 기르고 있었다. 그는 말을 시작하기 전에 조용히 웃는 버릇이 있었다. "유치원 다닐 때 저는 대개 조용한 아이였습니다. 반에서 나이가 어린 축에 속했고 수줍음이 많았어요. 글을 배우려면 2년이나 남아있었지요." 조나가 계속 말을 이어나갔다.

> 하지만 정말 제 흥미를 끄는 토론 주제가 하나 있었어요. 지금도 생생히 기억합니다. 누군지는 모르겠지만 한 친구가 제게 물어본 문제였습니다. 제가 알기로는 선생님은 그런 문제에 절대 개입하지 않았어요. 친구는 "무한대가 수야?"라고 물었고 저는 그렇다고 생각했던 기억이 납니다. 그렇게 생각한 이유는 이렇습니다.
>
> 1. 수는 우리가 수량을 나타내기 위해 사용하는 것이다.
> 2. 무한대 기호는 무한대를 나타낸다.
> 3. 무한대는 존재하는 가장 큰 것을 나타내는 수량이다.
> 4. 그래서 무한대는 수이어야 한다.

유치원 다닐 때 통찰한 것이 더 있는데, 그것은 가장 높은 수는 존재하지 않는다는 겁니다. 심지어 증명도 생각해냈어요.

1. 누군가 가장 큰 수를 생각해내더라도, 그것이 1,000이든 400,000,000이든 우리는 항상 1,000+1이나 400,000,000+1이라고 쓸 수 있다.
2. 이렇게 항상 1을 더할 수 있으므로 가장 높은 수는 존재하지 않는다.

일곱 살 때 기억은 그게 전부입니다. 그리고 초등학교 2학년 때 어머니와 어떤 건물에 들어갔던 적이 있어요. 그곳이 어디인지는 기억나지 않지만 분명 뉴욕이었습니다. 우리는 로비에서 엘리베이터를 기다리고 있었어요. 로비 벽면에 마주 보는 거울이 두 개 있었는데 서로 비추고 있었지요. 어머니가 그것을 무엇이라고 부르는지 아느냐고 물었고 저는 모른다고 대답했어요. 어머니가 "무한대"라고 말하더군요. 어머니는 제가 무한대에 대해 들어본 적이 없다고 생각했어요. 좀 무시당한 기분이 들었어요. 저는 어머니가 서로 반사하는 두 거울을 가리키는 용어를 말해주리라 기대했었습니다.

이 이야기를 해준 후 여름방학이었기 때문에 조나는 떠났다. 일주일 후 조나가 편지로 더 많은 이야기를 적어 보냈다.

> 중학교 2학년 때 "우주는 어디에 있을까?"라는 질문에 완전히 심취해서 저는 다시 무한대에 대해 생각하게 되었습니다. 이 질문의 의미는 우주가 영원히 계속될까? 어떻게 그것이 가능할까? 만일 우주에 끝이 있다면, 물론 나는 그래야 한다고 생각했지만, 우주 너머에는 무엇이 있을까? 라는 것이었어요. 우주와 관련된 질문과 "시간에 시작과 끝이 있을까?"와 같은 다른 질문들이 제 머릿속을 떠나지 않았지만 아무도 답해주는 사람이 없었습니다. 한 선생님에게 물어본 적도 있는데, 그분은 "조나, 나도 대학 다닐 때 그런 질문에 대해 생각한 적이 있었어. 그때 나는 주저앉아서 울었단다."라고 말했습니다. 하지만 그 이상은 아무 말도 하지 않았어요. 선생님이 무엇 때문에 울었는지 정말 이해되지 않았어요.
>
> 학교를 계속 다니면서 제가 수학을 좋아하고 수학도 나를 좋아한다는 느낌이 더욱 분명해졌습니다. 제가 좋아하는 유형의 문제를 하나 내볼게요. 지금 당신은 회색 콘크리트 벽에 서 있습니다. 벽은 폭 20피트, 높이 50~60피트이고 길이는 무한히 길어요. 벽의 끝은 우리가 눈으로 볼 수 있는 범위를 너머로 아주 멀리까지 뻗어 있습니다. 벽

의 양쪽 끝에는 콘크리트 바닥으로 된 무한히 큰 웅덩이가 있고, 당신은 그중 하나를 바라보고 있어요. 그 웅덩이에는 물이 채워져 있습니다. 당신은 시선이 닿는 수평선을 따라 점점 흐릿해지는 무한히 드넓은 바다를 물끄러미 바라보고 있습니다. 당신 뒤로는 크기는 똑같지만 비어 있는 웅덩이가 있어요. 당신은 손에 컵을 들고 있어요. 그냥 보통 크기의 컵입니다. 이제 거대한 바다로 걸어가서 몸을 숙이고 컵으로 물을 뜹니다. 그리고 그것을 비어 있는 웅덩이로 가져가서 붓습니다. 다시 물이 있는 웅덩이로 돌아왔을 때 손에 들고 있는 컵은 처음의 절반 크기로 줄어들어 있습니다. 그 컵으로 물을 떠서 다시 비어 있는 웅덩이에 부어요. 다시 되돌아왔을 때 컵은 처음 시작했을 때의 3분의 1밖에 되지 않습니다. 계속 물을 옮기면서 컵도 계속해서 점점 작아지고 있어요. 곧 한 방울만 담을 수 있게 되고, 결국에는 물 분자 하나만 담을 수 있게 됩니다. 무한히 큰 바다에서 아주 작은 물 분자 하나를 옮기게 될 때까지 무수히 많은 왕복이 필요하지요. 이 상태로 이야기를 끝낸다면 당신은 결코 웅덩이를 채울 수 없을 겁니다. 수학의 힘은 우리가 답을 결정할 수 있게 한다는 데 있어요. 수학은 무한히 많은 시간 동안 일정한 속도로 물을 계속 붓는다면 웅덩이가 채워질 것이라고 말해줄 수 있어요. 그리고 그것이 무한대가 얼마나 큰지 나타내는 것입니다.

일곱 살에 무한함에 대해 생각하는 모든 어린아이가 스물한 살이 되었을 때도 여전히 그 생각을 하는 것은 아니다. 그러나 조나가 보인 몰입의 연대기는 어린아이가 어떻게 한 가지 생각을 여러 해에 걸쳐 추구할 수 있는지 분명히 보여주고 있다.

대부분의 중요한 개념과 마찬가지로 무한대는 대체로 아이들 인식 속으로 돌진하듯 들어오기보다 미끄러지듯이 서서히 들어온다. 한 아이가 하늘을 올려다보고 별이 몇 개냐고 묻는다. 그러면 나이 많은 누군가 별은 끝도 없이 펼쳐져 있다고 아이에게 말한다. 어쩌면 끝없이 펼쳐져 있는 것이 존재한다는 것을 다섯 살 난 어린아이가 어렴풋이 이해하는 첫 순간이 될 수 있다. 아이의 질문이 누구의 주의도 크게 끌지 못하고 나타났다가 그냥 사라질지도 모른다. 그러나 하루나 일주일 후에 아니면 한 달 후가 되었든 문제는 거의 항상 다시 나타난다. 시간이나 공간에 관한 논의를 하다가 촉발될지 모른다. 형제자매나 친구 사이에 또는 부모님과 그 주제로 대화할 수도 있다. 다시 밤하늘 별 때문에 얘기가 나올 수도 있다. 그러나 완전히 다른 상황에서, 예를 들어 숫자 세기 놀이를 하다가 또는 시간 경과에 관해 이야기하다가 갑자기 나올 수도 있다.

무한대에 대해 사색하다 보면 혼란스러워진다. 그래서 무한대가 많은 아이에게 흥미롭게 느껴지는 것일 수도 있다. 무한대는 혼란스럽고 불완전한 속성 때문에 학교에서 제공하는 깔끔하고 분명한 개념과 뚜렷이 구별된다. 아이러니하게도 대체로 초등 2~3학년에 배우는 수직선은 무한대의 개념을 이해하기 가장 좋은 기회를 제공한다. 하지만 학교에서 가르칠 때는 대체로 수직선이 무한대와 관련 있다는 암시를 주지 않는다. 수학 문제를 풀기 위해 수직선을 이용하는 아이를 살펴보면 그 차이가 분명하다. 열 살 난 아이에게 다음 그림과 같은 수직선이 주어졌다고 해보자.

←——6-5-4-3-2-1-0-1-2-3-4-5-6——→

아이들 앞에 1+5 같은 방정식이 있다. 일반적으로 아이들은 첫 번째 수(이 경우 1) 위에 점을 찍고 오른쪽으로 두 번째 수(이 경우 5) 만큼 자리를 옮긴다고 배운다. 배운 대로 하면 숫자 6에 도달할 것이다. 짠, 아이들은 1+5=6이라는 정답을 얻는다.

그러나 아이들은 수직선의 정확한 개념, 즉 두 숫자 사이에 무한히 많은 점이 있다는 것을 접할 일이 드물다. 많은 수학자와 교육심리학자들은 이런 잘못된 교육 때문에 아이들이 수학의 중요한 개념을 이해하지 못하고 있다는 데 동의한다. 결국 아이들이 더 복잡한 과정을 밟는 데 걸림돌이 될 것이라고 그들은 주장한다. 수직선에 내포된 이 중요한 개념은 대부분의 어린 사상가들에게 몹시 흥미롭게 느껴지는 주제이므로 더욱 안타깝다.

아이들에게 무한대에 관해 생각할 때 소리 내어 말해보라고 하면 어떤 일이 일어날까? 질문의 답을 찾기 위해 파올로 보에로Paolo Boero와 나디어 듀엑Nadia Douek, 로셀라 가루티Rossella Garuti는 초등학교 5학년 세 개 학급 학생들에게 무한대를 주제로 토론하는 시간을 마련해줬다. 세 학급의 교사들은 아이들이 무한대에 관해 이야기할 수 있게 안내하는 교육을 받았다. 토론은 여러 날에 걸쳐 일어났다. 아이들에게 곧바로 무한대를 정의하라고 재촉하지 않았다. 대신에 이해되지 않은 점을 말하고 무한대 문제와 지금까지 생각해본 적 있는 다른 어려운 문제를 연관 지으면서 무한대의 개념을 탐구하도록 유도했다. 딱 떨어지는 '정답'을 향해 돌진하는 게 아니라 서서히 그리고 어느 정도 체계적으로 무한대에 관해 생각하도록 독려했다. 아이들이 하는 말을 보면 점점 정확한 통찰을 하게 되었음을 알 수 있다. 예를 들어 한 남자아이는 처음에 무한대란 마지막 수가 없다는 의미라고 말했다. 그러나 3일째 되는 날 그 아이는 이론상으로 마지막 수가 있는데 누구도 그 수에 도달할 만큼 충분한 시간이 없을 뿐이라는 것을 깨달았다. 토론은 다양한 사색과 통찰로 이어졌다. 한 아이가 물었다. "우리가 결국에는 죽을 수밖에 없어서 그 수까지 셀 수 없다면 무한히 많은 수가 존재한다는 말은 무슨 의미야?" 한 여자아이는 "여자의 몸은 끝이 나지만 다른 여자를 만들어내. 그래서 생명은 무한히 이어지는 거야."라고 말했다. 또 다른 아이는 "수는 곱하기로 다른 수를 무한히 만들어내. 수 하나하나는 유한하지만 수를 나열하면 무한한 수의 목록이 생기잖아." 그렇게 해서 3일째 되는 날 아이들은 다 함께 수와 수량의 차이, 무한한 수량과 무한한 시간의 관계 그리고 전체 인류의 무한한 삶의 역사 속 개인의 유한한 삶에 대해 깊이 생각했다.[12]

잉거 비스테트Inger Wistedt와 맷츠 마르틴손Mats Martinsson은 또 다

른 연구에서 만 11세 아이들이 세 명씩 모여 수학 문제를 푸는 과정을 녹음했다. 어떤 크기의 나무판자로 책꽂이 세 개를 만들려면 판자를 어떻게 나눠야 하는지 알아내는 문제였다. 아이들은 이미 철학적으로 사고하도록 가르치는 데 집중한 더 큰 규모의 연구 프로젝트에 참여한 적이 있었으므로 과제를 해결할 때 수반되는 사고 과정을 소리 내어 말하는 것이 익숙했다. 녹음 내용을 보면 아이들이 나무판자를 나누는 방법을 논의하면서 즉흥적으로 무한대에 관한 사고에서 가장 까다로운 점을 즉흥적으로 떠올리는 것을 볼 수 있다. 마리아라는 여자아이는 사과처럼 분리된 물체들을 나누는 방법을 그 문제에 적용하려고 했다. 마리아는 사과 100개를 모둠 조원 세 명이 나눠 가질 것이라고 가정했다. "우리가 각자 33개씩 가질 거야. 그리고 하나가 남아. 그러면 남은 하나를 나누는 거야. 사과의 3분의 1을 내가 가져가고, 너희 둘도 각각 3분의 1씩 갖는 거야. 그럼 끝나. 33과 3분의 1 더하기 33과 3분의 1 더하기 33과 3분의 1을 하면 정확히 100이 되는 거지." 그러나 같은 방법이라도 종이에 써서 계산하려고 할 때 잘되지 않았다. "하나도 모르겠어!" 마리아가 말했다. "사과 대신에 수로 적으면 안 되는데, 조금 전에는 어떻게 할 수 있었지?" 마리아는 중단하지 않고 자기가 헷갈리는 이유를 찾으려고 했다. "그건 오직 1을 나눴기 때문이야. 수들은 그게 이상하다고 생각하는 거지. 또 어떻게 그렇게 되는지 애써 알려고 하지도 않아."[13]

마리아의 생각을 녹음한 내용을 보면 마리아는 문제를 풀면서 물체의 수가 무한히 많다는 의미로서 무한대와 연속적인 물체에서

(이 경우 나무판자에서) 발견되는 무한대가 서로 다르다는 중요한 수학적 쟁점을 정확히 꼬집고 있다. 아이들은 과제의 협동적 성질을 이용해서 서로 분석한 것을 교환했다. 그렇게 지식을 모아 모두의 이해를 확장할 수 있었다. 연구자들은 아이들이 무한대처럼 거대하고 어려운 개념을 이해하기 위해서는 단순히 그 개념을 흡수하기보다 적극적으로 사고를 구성해야 한다고 주장한다. 아이들 대부분이 보에로의 연구에 기술된 것처럼 안내자가 있는 토론에 참여하는 게 아니다. 대다수가 친구와 놀이를 하거나 밤하늘 별을 쳐다보다가 가끔 멈추고 아주 잠깐만 무한대 생각에 빠진다. 오직 일부 아이들만 순간적으로 떠오르는 희미한 생각들을 간직했다가 나중에 성장했을 때 그것들을 조합해서 더 체계적이고 더 철저한 생각으로 발전시킬 것이다.

처음 무한대를 이해하려고 씨름했을 때로부터 대략 15년이 지나 조나는 내 세미나 수업 강의실에 앉아 있었다. 그때는 내가 조나를 알기 전, 그러니까 그가 어린 시절 이야기를 내게 들려주기 전이었다. 내가 요청한 대로 학생들은 한 명씩 자신이 머릿속으로 자주 생각하는 것을 발표하고 있었다. 한 학생은 매일 달리던 달리기 코스에 대해 말했다. 한 학생은 사람들이 서로 교류하는 방식에 대해 곰곰이 생각해본다고 말했다. 또 어떤 학생은 학교 대표팀 선수였는데 농구에 대한 공상에 잠긴다고 했다. 조나의 차례가 되었다. 조나는 "대수학에 관한 생각을 합니다."라고 거침없이 말했다. 조나는 지금 수학과 대학원에 다니고 있다.

지금까지 나는 인지할 수 있는 퍼즐에서 시작되는 생각에 대해 논의했다. 죽음과 무한대에 관한 생각은 처음에 꽤 이해할 수 있는 방식으로 나타나며 두 개념 모두 물리 세계와 관련 있다. 그러나 세상살이나 심리 세계에서 나오는 방대한 퍼즐들은 어떤가? 아이들은 어떻게 해서 처음에 그런 어려운 문제에 관해 생각하게 될까?

'선Goodness'이라는 것

아이들의 호기심을 자극하는 문제 중에는 죽음이나 무한대보다 더 쉽게 사라지고 실체가 없는 것이 있다. 사실 죽음은 우리가 직접 보거나 냄새 맡고 느낄 수 있다. 무한이라는 것도 별이나 수 세기, 넓은 하늘을 통해 넌지시 알 수 있다. 우리 언니 캐시가 열세 살, 그러니까 6학년이었을 때 체육 담당 교사가 쿡 선생님이었다. 하루는 쿡 선생님이 갑자기 아무 이유 없이 어느 여학생에게 화를 냈다. 캐시는 선생님이 괜한 트집을 잡고 화내고 있다고 생각했다. 화가 나서 얼굴이 붉어진 선생님은 가냘픈 열세 살짜리 소녀에게 달려가서 체육관 벽으로 세게 밀치면서 똑바로 하라고 소리쳤다.

캐시는 충격을 받았다. 그런 폭력에 익숙하지 않은 것도 이유였지만 욕을 먹고 있는 그 아이 때문이기도 했다. 캐시는 그 아이는 무슨 잘못을 해서가 아니라 흑인이기 때문에 그런 일을 당했다는 것을 알았다. 우리가 사는 롱아일랜드 동쪽 끝에는 웬만해서는 서로 동선이 겹치는 일이 없는 세 부류의 사람들이 있었다. 주말에만 거주하는 부유한 특권층 사람들, 주로 개신교도인 백인 농부 · 어부 · 상인 그리고 말 그대로 철도를 사이에 두고 백인들과 반대편에 거주하는 흑인들이 있었다. 흑인들은 대개 부모나 조부모가 떠돌이 노동자로 한시적으로 농장에서 일하기 위해 미국 남부에서 건너왔다가 농장의 상근 노동자나 부유한 백인 가정의 가사도우미로 일하면서 정착하게 된 사람들이었다. 우리 의붓아버지도 감자 농장에서 일할 흑인들을 몇 명 고용했다. 집 안 청소를 하고 아직 아기인 여동생을 돌보는 일을 도와주던 아밀리아도 흑인이었다. 우리 가족은 실제로 흑인 친구가 없었다. 하지만 어머니와 아버지(우리가 가끔 찾아가기는 했지만 함께 살지는 않았던 친아버지) 모두 인종차별에 관한 이야기를 우리에게 해줬다. 두 분 모두 인권운동을 높이 평가하고 흑인 작가들이 쓴 책도 읽었다.

내 생각에 그런 영향으로 캐시는 체육 선생님이 그날 보여준 악의적이고 부조리한 노골적인 인종차별을 인지하고 그것에 분노했을 것이다. 그러나 캐시의 행보는 거기에서 끝나지 않았다. 캐시는 쿡 선생님이 반 친구를 대하는 태도에 대한 분노를 떨쳐버릴 수가 없었다. 더 많은 것을 인식하게 되었고 저녁 식사 시간에도 말하기 시작했다. 나는 언니가 부모님에게 왜 농장에서 일하는 흑인들은 농장과 백인 농부들 집이 있는 곳에서 떨어진 다른 동네에 살고 있냐고 물었던 것이 기억난다. 아버지는 감자 선별 작업을 위해 감자 수

확기에만 일하러 오는 일꾼들을 일이 끝나면 집까지 태워줬는데 가끔 캐시도 픽업트럭에 함께 타고 갔다. 일꾼들은 트럭 뒤에 탔고, 아버지는 그들이 사는 동네 길모퉁이에 그들을 내려주곤 했다. 캐시는 그때 그 사람들이 사는 작고 허름한 판잣집을 보고 받은 충격을 지금도 기억하고 있다. 농장에 일하러 오는 사람들이 우리 동네 사람들과 그렇게 다른 삶을 살고 있으리라고는 전혀 생각하지 못하고 있었다.

가끔 캐시는 감자를 대량으로 캐내는 감자 수확기에 타고 있곤 했다. 아버지는 운전하고 일용직 일꾼들을 포함해 다른 사람들이 수확기 뒤편에 타거나 옆에서 쫓아가면서 컨베이어벨트 위로 감자를 주워 담았다. 컨베이어벨트에서는 크기에 따라 감자를 선별하는 수작업이 이뤄졌다. 감자를 선별하는 일꾼 중에 여자는 한 명뿐이었는데 이름이 제랄딘이었다. 아마 40세도 안 되었겠지만, 그때 우리가 보기에는 꽤 나이 들어 보였다. 제랄딘 아줌마는 구식 두건을 쓰고 있었고 파이프 담배를 피웠다. 캐시는 여자가 파이프 담배 피우는 것을 전에는 본 적 없었다. 캐시는 제랄딘 아줌마를 알고 싶어 했고 나머지 형제들은 그냥 그 아줌마에 대해 아는 것이 즐거웠다. 캐시는 감자 수확기 옆면의 높은 자리에서 내려와 제랄딘 아줌마 옆에 서서 감자 분류 작업을 거들었다. 두 사람은 몇 시간을 함께 수다를 떨었다. 열네 살 때 캐시는 주민 센터에서 열리는 작은 댄스파티에 갔다. 언니는 그때 일을 지금도 기억하고 있다. 파티장에 있던 흑인 아이 몇 명이 다가와서 "너는 백인 여자아이처럼 춤추지 않는구나."

라고 말했는데, 캐시는 그 아이들이 무슨 말을 하는 것인지 전혀 몰랐다. 그러나 알고 싶었다.

캐시는 눈이 부시도록 아름답고 매력적인 아밀리아와 점점 가까워졌다. 학교에서 돌아오면 부엌에 앉아 아밀리아와 몇 시간이고 얘기를 나눴다. 두 사람은 방에 들어가서 함께 신인 밴드 슈프림스의 신나는 음악을 듣거나 히치하이크 춤(1960년대 미국에서 댄스 열풍을 일으킨 히치하이크하는 몸짓을 기반으로 한 간단한 춤-옮긴이) 같은 춤을 연습하곤 했다. 친아버지가 캐시 언니에게 『블랙 라이크 미Black Like Me』라는 책을 선물로 줬다. 언니는 하룻밤 사이에 책을 다 읽었다. 나는 언니보다 세 살이 어려서 책에서 묘사하는 사건에 관해서 미묘한 부분을 많이 놓쳤을 것이다. 하지만 나는 캐시 언니가 매우 심란해한다는 것을 알아차릴 수 있었다. 캐시는 학교에서 일어난 일과 주변에서 목격한 일들을 조합하기 시작했다. 인종차별이라는 말을 듣게 되자 처음에 단순한 반응으로 시작된 것이 더 형식을 갖춘 무엇인가로 구체화하기 시작했다. 시간이 조금 지나 캐시는 자신과 같은 생각을 지닌 사람들이 있음을 알게 되었다.

로렌스 콜버그Lawrence Kohlberg가 이른바 '성숙한 도덕성'에 도달하는 단계를 연구하기 시작한 것은 60여 년 전이었다. 그는 만 2세에 거의 모든 아이가, 심지어 천사처럼 착하고 사랑스러운 아이들도 포함해서, 자신의 요구와 욕구를 충족하기 위해 밀고 붙잡고 때리는 일을 서슴지 않고 하다가 청소년기 후반에 이르면 어떻게 대부분 옳고 그름에 관한 상당히 추상적인 규칙을 따르게 되는지 궁금했다.

그런 정신적 이행 과정을 밝히기 위해 콜버그는 모든 연령대의 아이들에게 도덕적 딜레마를 제시하는 실험을 시작했다. 가장 유명한 딜레마가 '하인츠Heinz' 딜레마다. 하인츠는 아내의 목숨을 살릴지도 모르는 약이 있음을 알아냈지만, 그 약을 만든 약제사는 하인츠가 가지고 있는 돈이나 빌릴 수 있는 돈보다 높은 가격을 책정했다. 그래서 하인츠는 약을 훔치기 위해 약국에 침입한다. 콜버그는 아이들에게 이 딜레마를 들려준 후 하인즈가 어떻게 해야 하고 왜 그래야 하는지 물었다. 콜버그는 도덕성 발달의 가장 초기 단계에 있는 아이들은 정해진 규칙과 복종 요구, 처벌 위협 측면에서 판단한다는 것을 알아냈다. 그러나 초등학생이 되면 아이들은 개인 간에 상충하는 이해관계에 관해 생각하는 법을 배우고, 그다음에는 '인습 도덕성conventional morality' 즉 무엇이 선한 동기를 구성하느냐에 관한 사회 일반적 관점을 따른다. 콜버그에 따르면 오직 여섯 번째 도덕성 발달 단계에 이르렀을 때 사람들은 깊은 사색을 통해 얻은 옳고 그름에 관한 원리를 기반으로 '후 인습 도덕성postconventional morality'을 습득한다. 아이들은 청소년기에 접어들어서야 이 수준의 도덕성 영역에 관한 탐구를 시작한다.[14]

여러 해 동안 콜버그의 도덕성 발달 모형은 아이들이 어떻게 성숙한 도덕성을 습득하는지 보여주는 확실한 모형이었다. 그러나 시간이 지나면서 심리학자들은 아이가(이 문제에 대해서는 어른도 마찬가지다) 옳고 그름에 관해 말하는 것으로는 도덕성을 요구하는 상황에 직면했을 때 그 아이가 실제로 어떻게 행동할지 전혀 알 수 없으리라는 것을 깨닫기 시작했다. 그래서 그들은 피실험자에게 진짜 딜레마를 일으키는 실험을 고안하기 시작했다. 그런 실험으로 아이들이 자기가 내린 결정이 자기가 원하는 것과 다른 결과를 가져오는 실제 상황을 겪는 모습을 관찰할 수 있었다. 이런 종류의 실험 중 하나가 피터 블레이크Peter Blake와 캐서린 맥컬리프Katherine McAuliffe가 고안한 '불공정 게임Inequity Game'이다. 게임 내용은 이렇다. 한 아이가 탁자를 사이에 두고 친구와 마주 앉는다. 두 아이 사이에는 양쪽 끝에 두 개의 작은 쟁반이 있는 장치가 놓여 있는데, 쟁반에는 연구자들이 눈에 띄라고 놓아둔 캔디가 있다. 두 아이 중 실제 실험 대상인 아이는 장치를 조작할 수 있는 결정자이다. 결정자는 여러 차례에 걸쳐 장치에 달린 두 개의 손잡이 중 하나를 선택할 것이다. 초록색 손잡이는 쟁반의 내용물이 탁자로 쏟아지게 하는 장치로 그렇게 되면 아이들은 자기 앞에 있는 캔디를 먹을 수 있다. 빨간색 손잡이를 잡아당기면 양쪽 쟁반의 내용물이 가운데에 있는 그릇에 쏟아진다. 그런데 가운데 그릇은 두 아이 모두 접근할 수 없다. 총 열두 번 장치를 조작하는 동안 결정자는 세 가지 상황을 접한다. 어떤 때는 두 쟁반에 놓여 있는 캔디 수가 같고, 어떤 때는 결정자의 쟁반에 반대편 쟁반보다 캔디가 더 많고, 또 어떤 때는 상대편 아이의 쟁반에 캔디가 더 많다. 결정자가 내리는 결정에 어떤 패턴이 나타날까? 캔디의 양이 똑같을 때만 초록색 손잡이를 잡아당긴다면 피실험자가 공평함에 관한 특정 모델을 기반으로 결정하고 있음을 뜻한다. 상대 아이보다 결정자 자신에게 더 적은 캔디가 분배될 때 초록색 손잡이를 잡아당긴다면 그 아이는 공평함에 대한 다른 모델을 따르고 있다. 자신에게 캔디가 더 많이 분배될 때 초록색 손잡이를 잡아당기는 성향이 있는 결정자는 아주 다른 도덕성 기준에 따라 행동하는 것이다.[15]

여러 차례에 걸친 연구에서 아이들이 자기가 독단적으로 다른 아이보다 캔디를 많이 얻는다는 의미일 때 확실하게 캔디를 거부하는 행동은 만 9세가 되어서야 나타난다는 것이 입증되었다. 그보다 어릴 때는 얻을 수 있는 캔디가 무엇이든 상관없이 십중팔구 다 가져갈 것이다. 캔디의 양이 같든 한쪽이 더 많든 아이들은 초록색 손잡이를 잡아당긴다. 그러나 만 9세 이전에도 공평한 분배에 관한 어렴풋한 인식이 생겨난다는 것을 보여주는 다른 연구들이 있다.

알렉산드라 제라시Alessandra Geraci와 루카 수리안Luca Surian은 10~16개월 아기들에게 매우 비슷한 내용의 짧은 애니메이션 영상 네 개를 연속으로 보여주고 아이들이 그것을 볼 때 눈동자 움직임을 추적했다. 각 애니메이션에서는 동물 한 마리가(두 영상에서는 사자가, 다른 두 영상에서는 곰이) 다른 동물에게 나눠줄 화려한 색의 원반 두 개를 들고 있다. 그 선물을 받을 잠재 수령자로 원숭이와 소가 등장한다. 닭은 옆으로 물러나서 아기들과 마찬가지로 벌어지고 있는 상황을 지켜보는 캐릭터다. 네 영상 안에서 사자는 계속 곰과 다른 행동을 보인다. 한 동물은 원숭이와 소에게 원반을 공평하게 나눠주지만 다른 동물은 원반 두 개를 원숭이 아니면 소에게 모두 다 줘버린다. 그러고 나서 아기들은 닭이 껑충껑충 뛰며 터널을 통과해 갈림길에서 있는 마지막 영상을 본다. 갈림길의 한쪽은 사자에게 접근하는 길이고 다른 쪽은 곰에게 접근하는 길이다. 터널 출구에서 평등주의자와 반평등주의자 사이 선택의 갈림길에 서 있는 것이다.

눈동자 움직임 추적은 어떤 선택이 아이들에게 더 매력적으로 보이는지를 보여줄 것이다. 10개월 된 아기들 반응에는 특정한 패턴이 없었다. 닭이 공평한 동물에게 접근하든 불공평한 동물에게 접근하든 아기들은 똑같게 보는 것 같았다. 공평한 분배자가 된다는 것의 의미가 아기들 머릿속에 어떤 식으로든 등록되어 있지 않은 것으로 보였다. 그러나 아기의 인생에서 6개월은 긴 시간이다. 16개월 된 아기들은 닭이 공평한 분배자에게(그것이 사자이든 곰이든 간에) 접근할 때 훨씬 더 오랜 시간 지켜봤다. 꾸준히 봤다는 것은 아기들에게는 그것이 더 타당하게 느껴졌음을 시사한다. 걷는 법을 배울 무렵에 아기들은 공평하다는 것의 의미도 배우고 있다.

그러나 여기에서 우리는 약간의 아이러니에 부딪힌다. 콜버그의 연구는 가상으로 딜레마를 만들어내고 그에 대한 아이들의 반응을 도덕성의 증거로 받아들였다는 비난을 피할 수 없다. 다시 말해 도덕적 판단과 도덕적 행동을 구별하지 않은 것이었다. 그러나 그런 결함에 대한 대응책으로 연구자들은 정반대 방향으로 너무 치우쳐 연구하고 있다. 아이들이 윤리적 딜레마에 처했을 때 하는 행동만 평가한다는 것은 도덕성 자체에 대한 아이들의 생각을 들어보는 것이 얼마나 엄청난 가치가 있는지 간과하는 것이다. 발달과 더불어 아이의 행동은 변한다. 그러나 분명 부분적으로는 도덕적 딜레마에 관한 아이의 생각이 행동을 이끈다. 콜버그의 도덕성 발달 모형이 암시하듯이 아이들의 생각은 단순히 인지 능력을 평가하는 수단 그 이상의 것이다. 즉 생각은 아이들의 정신적 삶에서 중심 부분을 구성하고 있다.

그것이 어떻게 연출되는지 보여주는 새로운 연구가 있다. 2013년 연구에서 크레이그 스미스Craig Smith, 피터 블레이크, 폴 해리스는 만 3~8세 아동들에게 아이들이 가장 좋아하는 색상의 아주 멋진 판박이 스티커 세트를 제공했다. 아이들이 서로 얼마나 나눠 갖는지 측정하기 위해 설계된 실험이었다. 여기에서도 사탕이 가운데 그릇이나 아이 앞으로 떨어지게 조작할 수 있는 사탕 분배 장치가 사용되었다. 하지만 이 실험에서는 한 가지 중요한 요소를 추가해서 더 복잡하게 만들었다. 실험 대상 아동에게 손잡이를 잡아당길 기회를 주기 전에 다른 아이들이 어떻게 해야 하는지 또는 자기가 어떻게 해야 하는지 말해보라고 했다. 가장 어린 나이대에 속하는 아이들도 자기와 다른 아이들 모두 똑같이 나눠 가져야 한다고 대답했다. 물론 아이들은 실제로는 그 기준에 못 미치리라 정확하게 예측했다. 나이가 더 든 아이들은 말뿐만 아니라 행동 면에서도 훨씬 더 일관되고 확고하게 공평함을 추구하는 태도를 보였다.[16]

이것을 입증한 또 다른 연구가 있다. 찰스 헬위그Charles Helwig와 우르슐라 제시오베드츠카Urszula Jasiobedzka는 만 6~11세 아동들에게 다양한 가상의 법을 제시하고, 그것들이 개인의 권리와 사회적 목적 사이 공정한 균형을 이루고 있는지 판단하고 왜 그렇게 생각하는지 설명하라고 했다. 실험에 사용된 법에는 교통과 자동차 사용, 의무 예방접종, 의무 교육에 관한 것이 포함돼 있었다. 명백히 불공정한 법을 묘사한 가상 시나리오도 제시했다. 예를 들어, 정부 관료들이 모두 초록색 눈을 가지고 있는 나라에서 파란색 눈을 가진 어린이에게 수학을 가르치지 못하도록 하는 법을 통과시키는 것이다. 다른 차별적 법으로 부자들이 가난한 사람들의 의료 기회를 차단하기 위해 통과시킨 법, 시 정부에 있는 나이 든 사람들이 젊은 사람은 누구든 버스나 지하철에서 좌석에 앉는 것을 불법화하기 위해 만든 법 등이 있었다. 그런 법에 관한 의견을 요구했을 때 아이들은 이전 연구보다 훨씬 더 정교한 수준의 추론을 보였고, 종종 공정과 평등 개념을 기반으로 차별적 법을 반대하는 이유를 밝혔다. 눈동자 색깔 같은 특성을 기반으로 교육 기회를 주지 않는 것은 사람들이 지식을 제한할 수 있으므로 문제가 될 뿐만 아니라 "우리는 여전히 인간적이고, 여전히 예전 모습 그대로이고" 그리고 "모든 사람은 공평한 대우를 받아야 하므로"[17] 허용할 수 없다고 주장했다. 연구 결과를 보면, 아이들이 아직 생각을 정교하게 표현할 수 없고 그 생각이 나중에 어떻게 행동할지 보여주는 청사진으로는 불완전하더라도 아이들이 이처럼 복잡한 문제에 대해 생각하고 있음을 알 수 있다.

모든 사회의 아이가 같은 사고 과정에 따라 생각하는 것은 아니다. 마리 셰퍼Marie Schäfer와 대니얼 하운Daniel Haun 그리고 마이클 토마셀로Michael Tomasello는 관련 연구에서 독일과 케냐 시골 지역 삼부루Samburu 부족 사회, 나미비아의 앗코에 하이옴≠Akhoe Hai||om 사회

이렇게 세 문화권 아이들에게 비슷한 과제를 수행하게 하는 실험을 했다. 아이들은 두 명씩 짝지어 통에서 큐브를 낚아 올리는 게임을 했다. 그러나 짝을 이룬 두 아이 중 한 명이 다른 아이보다 큐브를 낚아 올리는 성공률이 높도록 게임을 조작했다. 게임이 끝난 후에 두 아이에게 작은 상품이 든 통을 하나 주면서 둘이 낚아 올린 큐브 수만큼 상품이 들어있다고 설명해줬다. 실험자는 아이들이 함께 받은 상품을 원하는 대로 하게 놔두고 지켜봤다.

연구진은 독일 아이들의 경우 공로 기반 접근 방식을 취하는 경향을 보일 것으로 예측했다. 그래서 서로 똑같은 수의 큐브를 낚아 올린 팀은 상도 똑같이 나눌 것이고, 성공률이 다른 팀은 성공률에 따라 상도 다르게 분배하리라 예상했다. 그리고 장로 중심 사회인 삼부루 부족의 아이들과 평등 사회인 나미비아 하이옴의 아이들은 개개인이 '낚은' 큐브의 수에 상관없이 상을 똑같이 나누는 경향을 보이리라 예측했다. 연구진의 예측은 정확히 맞아떨어졌다. 연구진은 분배의 공정함에 대한 아이들의 생각은 문화마다 다르다고 결론 내렸다. 그러나 연구 결과는 일종의 보편성도 암시하고 있다. 어느 사회의 아이든 모두 나눔에 관한 자기 생각에 따라 어떻게 행동해야 하는지 결정한다는 것이다.[18]

연구 결과를 종합해 보면 공평함에 관한 아이들의 생각은 나이가 들수록 더 중요해지고, 점점 행동의 지침이 되고, 집단 규범에 대한 이해를 구체화하는 것으로 밝혀졌다. 옳고 그름에 관한 생각과 실제로 유혹에 직면했을 때 나타나는 행동 사이에는 아마 늘 차이가 있을 것이다. 심지어 아동기에도 아이들의 생각은 행동을 형성하는 데 중요한 역할을 한다. 어린아이들이 여러 상황에서 나오는 생각들을 조합한다는 증거들이 있다. 윌리엄 데이먼William Damon의 고전 『도덕적 아이The Moral Child』(2008)에서 생생한 예를 제시하고 있다. 한 무리의 아이들이 매사추세츠 우스터에 있는 한 피자집에 앉아 있다. 아이들은 피자를 나눠 먹는 방법을 찾으려고 하고 있다.

아이 1: 얘들아, 피자가 여덟 조각이야. 하나씩 먹고 남는 것은 어떻게 할까?

아이 2: 나이가 가장 많은 사람이 먹어야지. 너 몇 살이야?

아이 1: 만 아홉 살

아이 3: 난 만 아홉 살하고 3개월이야.

아이 1: 이번 여름에 내 생일이 돌아와. 한두 달 지나면 만 열 살이 돼.

아이 2: (아이 4에게) 넌 몇 살이야?

아이 4: 만 열한 살. 그리고 다음 달이면 만 열두 살이야.

아이 2: 그래, 난 지금 만 열두 살이니까 남은 조각은 내가 먹을게.

아이 1: 작은 조각을 가져간 사람에게 그것을 주는 건 어때?

아이 4: 음, 누가 가장 작은 조각을 받았어?

아이 1: 내가 가장 작아. 봐봐!

아이 2: 자, 이제 정리하자! 나이가 가장 많은 사람이 한 조각 더 먹고, 가장 작은 조각을 가져간 사람도 한 조각 더 먹는 거야.

아이들이 피자를 나누는 공정한 분배에 대해 그렇게 빨리 그리고 쉽게 토론할 수 있다면 그것은 분명 아이들이 각자 개인적으로 그 문제를 생각하고 있었다는 말이다. 그에 못지않게 중요한 점은 아이들이 논의를 더 하기 위해 함께 시간을 내고 대화하고 있다는 것이다. 데이먼은 아이들 사고 과정에서 확실하게 빠져 있는 특징을 하나 지적했는데, 그것은 어른들이 어떤 생각을 할지 고려하지 않는다는 것이다.[19] 콜버그의 도덕성 발달 모형에 따르면 아이들의 생각은 그 나이에 기대되는 집단 규범을 대부분 반영했을 것이다. 그러나 아이들은 단순히 처벌 회피와 권위 복종에 초점을 둔 도덕성 발달 단계에서 벗어났다. 다른 사람의 규칙을 그냥 수긍하는 것이 아니라 독자적인 자기 생각을 탐구하고 있었다.

캐시 언니가 처음에 가졌던 인종차별의 부당함에 관한 생각은 언니의 뇌리에서 사라지지 않았다. 언니는 인종차별에 관한 책을 읽고, 같은 관심사를 가지고 있는 사람들과 대화를 나누고, 일부러 다양한 사람들과 친분을 쌓았다. 언니는 인종에 대한 깊은 편견이 우리 마을 너머 먼 곳까지 만연해 있고, 개인의 관점뿐만 아니라 사회경제적 구조까지 형성하는 문제라는 것을 이해하기 시작했다. 언니가 사용하는 판단 기준과 정치적 용어도 확대되었다. 열여섯 살 무렵에는 그것이 사고의 핵심이 되었다. 대학을 졸업한 후에는 인종 평등 활동가로 일하기 시작했다. 캐시 언니는 첫아이를 낳았을 때 흑인 인권 운동가 엘라 베이커Ella Baker와 가수 니나 시몬Nina Simone이라는 상징적인 두 흑인의 이름을 따서 아이 이름을 지었다. 처음에는 조금 속상해서 막연한 의견으로 시작된 일이 관련 정보를 모으고 체계가 잡히면서 점차 언니에게 스며들어 마침내 평생을 결정하는 신념이 되었다.

무한대, 도덕성 또는 불공정함과 관련된 어마어마한 생각을 추구하는 이 놀라운 아이들 중 특정한 한 명만을 묘사한다면 그저 이례적인 예라고 분석되기 쉽다. 그러나 실제 전혀 그렇지 않다. 아이들은 지적 퍼즐에 흥미를 느끼고 그런 퍼즐을 자세히 깊이 추구할 수 있는 수단을 갖추고 있다. 하지만 지적 퍼즐을 풀기 위해 아이들이 벌이는 이른바 머리 쓰는 일은 불완전하고 간헐적이고 일관성이 없어 보일 수 있다. 벤이라는 아이의 예를 보자.

끊임없는 지적 노동

벤은 요란한 꼬마였다. 입심 좋고 활기 넘치는 가족의 세 자녀 중 막내였다. 벤이 보이는 기분의 강도와 그 기분을 표현하는 힘을 보면 절대 형과 누나에게 뒤지지 않는 것이 분명했다. 화가 나면 자유자재로 움직이는 큰 입꼬리가 내려가고 입술은 흥분으로 시퍼레졌다. 그럴 때면 마치 누군가 크레용으로 벤의 얼굴에 눈코입을 그려놓은 듯했다. 눈 밑까지 뺨 전체가 짙은 홍조를 띠곤 했다. 며칠 동안 잠을 자지 못했거나 염소 처리한 수영장에 너무 오래 있었던 사람처럼 보일 수도 있었다. 그러나 벤은 거친 아이였다. 뚱할 때만큼이나 화가 나 보일 때도 많았다는 말이다. 저녁 식사 자리에서 아무도 자기 말을 들어주지 않아 화가 날 때, 8월마다 온 가족이 모여서 즐기는 탁구 시합에서 져서 흥분했을 때, 누나가 놀려서 화가 났을 때, 자기가 보자고 조른 영화를 제쳐두고 가족들이 다른 영화를 선택해서 실망했을 때 벤은 소리를 지르며 울었다.

벤은 어휘력이 좋았고 사람들 앞에 서는 것을 좋아했다. 가끔 가족 모임이 있을 때면 건배 제의를 하고 싶어 했다. 벤이 사용하는 표현은 열 살 아이 입에서 나올 법한 이상한 표현이었다. 모든 문장이 물음표로 끝나는 말로 건배사를 시작했다. "우리 가족에게 감사드리고 싶어요? 지금까지 저를 지원해준 것에 대해서요? 그리고 가족 모두 아주 행복한 크리스마스가 되길 빌어요? 클라우스 아저씨에게도 감사드리고 싶어요? 오늘 밤 방문할 곳이 참 많았을 텐데 이곳에 와주셔서 정말 고맙습니다. 그리고 산타할아버지? 새 스케이트 정말 갖고 싶어요? 그리고 아이폰도요? 그리고 스파이더맨에 나오는 거 아무거나 산타할아버지가 가지고 계신 거요!" 벤은 자기 자리로 돌아와 앉았다. 사람들의 주목을 받는 자기만의 시간을 갖고 자기 몫의 건배사를 끝마쳐서 기쁘고 후련했다. 그러나 대부분 시간을 사람들 앞에 서 있지 않았다. 게임이나 가상 놀이를 하고 베개와 이불로 슈퍼영웅 은신처를 만들고 친구들과 함께 놀기 위한 대본을 짜고 형과 함께 온몸을 불사르며 복잡하고 힘든 캐치볼 놀이를 하면서 보내느라 바쁠 때가 더 많았다. 벤이 느끼는 기쁨은 절망감만큼이나 강렬했다.

벤의 부모가 보기에 벤은 아홉 번째로 맞이한 여름에 유난히 감정 기복이 심해진 것 같았다. 벤의 가족은 해마다 서부에서 동부로 자동차로 여행하면서 여러 친척과 친구들을 방문했는데, 그해 여름 여행을 시작했을 때 벤의 불만은 이만저만한 게 아니었다. 벤은 자기가 좋아하는 간장 곁들인 오이를 찾았고, 더는 이상한 채소나 핫도그를 먹기 싫다고 했다. 왜 자기는 자기 침대를 가질 수 없냐며 형과 침대를 함께 써야 하는 것을 질색했다. 벤은 가장 친한 친구도 보고 싶었다. 다른 가족들처럼 매일 하이킹을 하는 것도 하고 싶지 않았다.

사촌네 집에 머물고 있던 어느 날 밤 벤은 유난히 짜증을 냈다. 생일이 이틀밖에 남지 않아서 특유의 집착증으로 인해 너무 흥분해 제정신이 아니었고 동시에 몹시 조바심이 났다. 내가 꿈꾸던 생일 파티가 아니면 어쩌지? 멋진 선물을 받지 못하면 어쩌지? 생일이 지나면 그날 밤 얼마나 슬플까? 자려고 침대에 눕자 이런 감정의 소용돌이가 더 강하게 몰아쳤다. 벤은 훌쩍거리기 시작했다. 작은 어깨가 들썩였다. 눈물과 침이 뒤범벅되어 턱을 타고 내려와 엄마 어깨를 적셨다.

"벤, 무슨 일이야?" 엄마가 물었다. "뭐 때문에 그렇게 슬픈 거야?"

"비참한 기분이 들어요." 벤은 슬픈 목소리로 말했다. "그냥 모든 게 다 그래요. 내가 뭘 잘하는지도 모르겠고, 나중에 커서 뭘 하게 될지도 모르겠어요. 직업을 얻지 못하면 어떡해요? 생활비도 벌지 못하면 어떡해요? 난 산이 뭔지도 몰라요."

"산?" 어머니는 어리둥절해서 따라 말했다.

"네, 그게 뭔지 모르겠어요."

어머니는 벤이 무슨 말을 하는지 알 수 없어 당황스러웠으나 아들을 껴안고 진정될 때까지 등을 쓰다듬어줬다. 마침내 벤이 잠들었다. 폭풍우가 지나가서 벤의 어머니는 안심했다. 그러고서는 이 일을 잊어버렸다.

며칠 뒤 벤은 대학에서 화학을 전공하고 있는 사촌 형 이삭과 함께 식탁에 앉아 브라우니를 먹고 있었다. 둘은 악당이 슈퍼영웅에게 염산을 뿌리는 만화책 이야기를 하고 있었다. 벤은 볼이 터질 듯이 브라우니를 한입 가득 문 채 쳐다보았다. "형, 궁금해서 그러는데 산이 뭐야?"

이삭은 멍하니 벤을 쳐다봤다. "뭐?"

"산이 뭔지 모르겠어." 벤은 계속 물었다. "산은 모두 똑같아?"

이삭은 벤이 무슨 말을 하려고 하는지 이해되지 않았다. 그러나 산을 어떻게 설명해야 하는지 알고 있었기 때문에 기꺼이 산의 화학 구조를 설명하기 시작했다. 벤은 브라우니 씹는 것을 멈췄다. 한 마디도 놓치지 않겠다고 단단히 마음먹고 자리에 앉아 사촌 형의 입에서 눈을 떼지 않았다.

며칠 뒤 벤이 다시 그 이야기를 꺼내서야 이삭은 문제의 핵심을 알아차렸다. 벤의 어머니는 샐러드드레싱을 만들고 있었다. 맛을 보더니 레몬주스를 조금 넣었다. 벤은 그것을 구경하고 있었다. "그래서 산이 좋은 거구나. 그러나 가끔은 나쁘기도 하죠? 그래서 음식이 되기도 하지만 무기도 되는 거죠?"

"아마도." 어머니는 대답한 후에 다시 요리에 집중했다.

그날 밤에 이삭이 벤의 어머니에게 말했다. "숙모, 벤이 생각하고 있는 게 뭔지 알았어요. 벤은 산성을 띠게 하는 것이 무엇인지 알아내려고 노력하고 있어요. 아리스토텔레스의 '자연종'처럼 말이에요. 아시죠?"

벤은 '어떤 것에 정체성을 부여하는 것은 무엇인가?'라는 아주 중대한 문제로 씨름하고 있었다. 아직 구체적인 생각인 것은 아니지만 온통 그것에 신경을 쓰고 있었다. 이삭이 그랬던 것처럼 벤은 그의 생각을 추구하기 위해 지적 도구가 하나 더 필요했다. 생각을 물체처럼 다루는 법을 배워야 했다.

생각에 관해 생각하는 아이들

장 피아제는 처음으로 아동의 사고 발달 패턴을 밝히려고 노력한 심리학자이다. 피아제의 연구 방법은 간단하면서도 매우 혁신적이었다. 그는 어린아이들에게 복잡하고 이해하기 어려운 다양한 현상을 어떻게 설명할 것인지 물었다. 예를 들어 생물성animacy, 꿈, 계절이 생기는 이유와 같은 주제에 대해 어떤 생각을 하고 있는지 말하라고 했다. 생물성에 대해 만 6세 아동은 무엇이라 말하는지 보자.

실험자: 도마뱀은 살아있는 것이니?

아동: 네.

실험자: 손톱은?

아동: 살아있는 게 아니에요.

실험자: 해는 살아있는 것이니?

아동: 네.

실험자: 왜?

아동: 왜냐하면 해는 움직여야 할 때 알아서 움직이니까요.[20]

피아제는 아이들 마음에 관한 한 최초의 위대한 탐정과도 같았다. 그는 아이들에게 생각을 물었고 그 대답이 아이들이 세상을 어떻게 이해하고 있는지 말해준다고 생각했다. 그러나 피아제의 접근 방법은 그것 이상으로 실험적이었다. 그는 심지어 만 4~5세 아동들도 중요한 생각을 할 수 있다고 예상했다. 어른들의 일반적 기준에서 보면 아이들의 대답이 틀린 것일 수 있더라도 세상을 머릿속에서

구조화하려는 어린 시절의 시도는 더 정확하고 강력한 생각을 얻는 과정에 매우 중요하다고 가정했다.[21]

다른 사람들의 방법도 그렇지만 피아제가 사용한 방법은 그가 발견할 수 있는 것을 억제했다. 그는 '퀴즈' 느낌이 더 강하게 드는 빡빡한 질의응답 형식을 도입함으로써 아이들에게 흥미로운 주제를 탐구하는 기회가 아니라 기존에 알고 있는 것을 말해야 하는 시간임을 알렸다. 피아제는 아이들 대답에 영향을 미치지 않으려는 노력으로 가장 좋은 생각을 드러내기 위해 요구되는 특정 요소를 일부러 대화에서 배제했다. 그래서 결국 아이들의 생각보다는 지식을 나타내는 그림을 얻는 것으로 끝났고, 그마저도 다소 빈약했다.

아이들이 주어진 대화의 인식론적 성질에 놀라울 정도로 민감하다는 것은 연구를 통해 입증되었다. 아이들은 다른 사람이 재미있는 이야기나 실용적인 정보가 아닌 자기 생각을 공유하려고 할 때를 알려주는 단서에 신경을 집중한다. 루카스 버틀러Lucas Butler와 엘렌 마크맨Ellen Markman이 만 3세와 4세 아동들에게 생소한 작은 물건(연구자들은 그것을 블리킷이라 불렀다)을 보여주었을 때 모든 아이가 블리킷은 무엇보다도 자성을 띤다고 대답했다. 하지만 아이들은 서로 다른 세 가지 방식으로 그 정보를 접했다. 첫 번째는 실험자가 블리킷을 다루는 동안 블리킷이 우연히 종이 클립을 끌어당기는 것을 보게 하는 것이었다. 두 번째는 블리킷이 자석으로 사용될 수 있다고 설명하는 것이었다. 세 번째 방법은 실험자가 의도적으로 블리킷을 사용해 종이 클립을 들어 올리는 것을 보여주는 것이었다. 이때 실험자는 블리킷이 자성을 띤다는 것을 가르치려고 한다는 어떤 암시의 말이나 행동도 하지 않았다. 각각의 아이에게 세 가지 방식 중 하나로 정보를 제공한 후 아이들이 눈치채지 못하게 자성을 띠지 않는 블리킷을 줬다. 그리고 아이들이 얼마나 끈질기게 블리킷을 자석으로 사용하려고 하는지 살펴봤다. 블리킷을 자석으로 사용하려고 한다는 것은 아이들이 처음에 접한 경험에서 자기화 성질을 일반화했다는 징후이다. 연구진은 더 오래 더 끈질기게 시도하는 아이일수록 블리킷이 자성을 띤다는 개념을 더 완벽하게 자기 것으로 만든 것이라고 추론했다. 실험자가 블리킷을 자석으로 사용하는 것을 본 만 3세 아동들은 자성을 띠지 않은 새 블리킷을 사용해서 클립을 들어 올리려는 시도를 계속했다. 이 나이의 아이들에게는 실험자가 블리킷의 자성에 대해 가르치려고 했든 안 했든 상관없었다. 이와 대조적으로 만 4세 아동 중에는 블리킷이 자성을 띤다는 설명을 명확하게 들은 아이들만 새 블리킷으로 클립을 끌어당기려고 계속 시도했다. 버틀러와 마크맨은 만 3세와 4세 사이에 아이들은 생각을 생성하고 전달하는 인간의 역할에서 중요한 점을 파악하기 시작한다고 주장한다. 아이들은 대략 만 4세가 되어서야 비로소 다른 사람이 어떤 물건에 부여하는 목적과 생각을 공유하는 목적을 구별한다. 그렇게 하면서 다른 사람의 생각이 무엇인지 배우고, 사람들이 아이디어를 생각해 내고 서로 교환한다는 사실도 알게 된다.[22] 피아제의 어린 피실험자들은 피아제에게 이러한 내용을 말하려고 했는지도 모르겠다.

피아제의 이론이 발표된 지 거의 백 년 후 닐코스 프램링Nilkos

Pramling은 아이들에게 도마뱀, 행성, 꿈, 인과관계의 본질에 관해 어떻게 생각하는지 물었던 피아제의 옛날 자료를 재분석했다. 프램링은 피아제가 부호화한 자료를 그대로 살피기보다 아이들의 실제 대답을 더 자세히 들여다봤고, 그 속에서 아이들의 지적 수준이 피아제가 생각했던 것보다 더 높다는 증거를 발견했다. 피아제가 지나치게 구체적이고 비논리적인 사고의 증거라고 여겼던 부분(예를 들어 꿈을 바로 눈앞에서 벌어지는 일로 표현하는 것)에 대해 프램링은 그것이 실제로 아이들이 복잡하고 규정하기 어려운 현상을 전달하려고 애썼다는 증거임을 밝혔다. 피아제의 어린 피실험자 중 한 아이는 "그것은 마치 바로 눈앞에서 일어나고 있는 것 같아요."라고 말했다. 그 아이는 결코 꿈에 관한 원시적이거나 순진한 사고방식을 가지고 있던 것이 아니라 물질이 아닌데도 꿈이 생생하게 느껴지는 역설적 상황을 전달하려고 하고 있었다.[23] 어쩌면 피아제의 어린 피실험자들은 복잡하거나 추상적인 현상을 탐구하기 위해 무엇이 필요한지에 대해 피아제가 깨달은 것보다 더 섬세하고 진보된 이해를 하고 있었을 것이다.

피아제가 놓친 부분은 다른 측면에서도 암시하는 바가 있다. 새로운 생각을 해내거나 진정으로 다른 사람의 생각을 고찰하기 위해서는 어느 발달 시점이 되었을 때 아이들 스스로 자기가 그렇게 하고 있음을 인식해야 한다는 것이다. 아리스토텔레스는 교육받은 사람의 특징은 어떤 아이디어를 그냥 받아들이지 않고 그것에 대해 충분히 숙고하는 능력에 있다고 믿었다. 아주 어린 아이들은 생각을 한 발 떨어져 바라보거나 여러 각도에서 보거나 다시 찾아갈 수 있는 사물처럼 다루지 않는다. 그렇게 할 수 있으려면 시간과 교육이 필요하고, 또 그러려면 생각에 대한 개념부터 습득해야 한다. 그렇다면 그것은 언제부터 일어날까?

이 질문의 답을 찾기 위해 나는 학생들과 함께 만 4~6세 아동들을 대상으로 면담 조사를 벌였다. 아이들에게 생각이라는 것이 무엇인지 말하고, 현재 가지고 있는 생각을 하나씩 말해달라고 했다. 다음은 몇몇 아이들과의 면담에서 발췌한 것이다.

> 아동: 어떤 생각을 하나 가지고 있으면 원하는 것을 아무거나 만들 수 있어요.
> 연구자: 그렇다면 네가 가지고 있는 생각은 무엇이니?
> 아동: 매듭을 만들어서 묶는 거요.

> 연구자: 그렇다면 너의 생각은 무엇이었니?
> 아동: 모르겠어요. 집에서 잊어버렸어요!
> 연구자: 집에서 잊어버린 게 뭔데?
> 아동: 생각이요!

> 연구자: 생각이란 게 무엇인지 궁금하구나.
> 아동: 아, 그건 우리가 머리에서 만들어내는 어떤 거예요!
> 연구자: 머리에서 만들어내는 어떤 거라고?

아동: 그건 놀랍고 조금 무서운 것일 수도 있어요.

연구자: 놀랍다고? 왜 그렇지?

아동: 중요한 것이기 때문이에요. 그러니까 그런 종류의 것이기 때문이에요. 그래서 나쁜 것을 생각해낼지도 몰라요.

연구자: 네가 하는 생각의 예를 말해줄 수 있니? 아니면 네가 들은 것이라도? 아무거나 괜찮아.

아동: 나는 기니피그를 한 마리 얻는 생각을 해요!

아동: 음, 사실이기를 바라는 그런 거 있잖아요. 아니면 사실일 수가 없는 그런 거…….

연구자: 그건 그때그때 다르니?

아동: 네, 그리고 마음속에서 생각하는 거예요.

연구자: 마음속에서?

아동: 아니면 눈으로도 볼 수 있어요.

연구자: 어떻게 눈으로 보지?

아동: 만일 줄사다리를 보면 아마 나는 나무 집을 지을 수 있다는 생각을 할 거예요.

아동: 우리가 머릿속에 뭔가를 그리잖아요. 떠올릴 수 있는 그런 거요. 그게 생각이에요. 예를 들어 그네를 뛰어넘

으려고 한다면 그게 생각을 하나 한 거예요.

연구자: 머릿속에 떠올릴 수 없으면 어떡해?

아동: 떠올릴 수 없다면 생각을 못 하지요. 생각을 만들어 내지 못한 거예요.

이 조사 자료는 아이들이 아주 어릴 때는 계획이나 자기 생각을 반영하는 구체적인 대상(예를 들어 그림 같은 것)을 생각이라고 여긴다는 것을 암시한다. 그러나 여덟 살이 되면 생각을 관념적 대상으로 여기는 아기가 더 많아진다. 아이들은 생각이 좋을 수도 나쁠 수도 있음을 이해한다. 이 시기 아이들은 어느 정도 아리스토텔레스의 초연함을 가지고 생각을 탐구할 수 있으며 그렇게 하는 것을 좋아하기까지 한다.

1980년대 초반 철학자 가레스 매튜스Gareth Matthews는 어린이들에게 철학에 관한 이야기를 해주는 실험을 시작했다. 그는 전통적인 심리 실험에는 별 관심이 없었고 어린아이들이 철학적 문제를 철학적 방식으로 생각할 수 있는지 알아내는 데 관심이 있었다. 그것을 알아내기 위해 매튜스는 아이들에게 철학적 사고가 필요한 문제를 접한 또래 아이들 이야기를 들려줬다. 예를 들어 한 이야기에서 두 아이가 곧 있을 여행에서 방문할 역사적으로 중요한 배를 볼 날만 손꼽아 기다리고 있다. 그런데 두 아이는 배의 보존을 위해 돛, 널빤지, 철제 부품을 포함해 배의 모든 것이 언젠가 교체되었기 때문에 실제로 같은 배라고 할 수 있을지 의문이 들었다. 한 아이는 그렇다고 말하고 다른 아이는 아니라고 말한다.

매튜스는 이처럼 간단한 이야기를 아이들에게 소리 내어 읽어 준 후에 이야기 속 아이 중에 어느 아이의 말이 옳은지 물었다. 그가 읽어준 이야기 대부분은 결말이 없었다. 그래서 어린 청중에게 가장 좋은 결말을 만들어달라는 요청도 했다. 그가 들려준 이야기에 대한 아이들의 반응은 일고여덟 살밖에 안 된 어린아이들도 철학 이야기에 흥미를 느끼고 추상적이고 미묘한 문제에 대해 생각하는 것을 몹시 하고 싶어 한다는 놀라운 증거를 제공했다. 그런데 아이들의 반응은 우리에게 다른 중요한 단서를 제시한다. 아이들은 매튜스의 이야기를 듣고 곧바로 활동에 뛰어들어 다양한 종류의 추론을 이용해서 매우 민첩하게 답을 찾아냈다. 이것은 그런 사고가 아이들에게 전적으로 새로운 것이 아니었음을 암시한다. 그것은 즉흥적인 사고 형태에서 껑충 뛴 것은 아니고 한 걸음 나아간 것이었다. 많은 경우에 아이들은 주어진 문제에 관해 하나 이상의 각도에서 이미 생각해 본 적이 있는 것 같다. 여기 매튜스가 들려준 다른 이야기가 있다.

> "우리 프레디 왔네. 오늘 학교 어땠어?" 정원으로 난 길에 프레디가 나타나자 엄마가 반갑게 맞이하며 말했다.
> "괜찮았어요." 프레디가 대답했다. "그런데 있잖아요, 스토노웨이에서 온 이상한 아이가 과학 수업에 들어왔어요. 이안이라는 아이인데요, 오늘 수업 시간에 그 애가 나한테 치즈는 풀로 만든다고 작게 말하길래 나도 '농담하지 마.'라

고 했어요. 그런데 맥콜 선생님이 우리가 잡담하는 걸 알아차리고 무슨 얘기 하냐고 물었어요. 이안은 내게 말한 것을 그대로 말했어요. '치즈는 풀로 만들어요.' 그러자 선생님이 '참 흥미로운 추론이구나. 다음 주에 그것에 대해 토의해보자.'라고 말했어요. 엄마, 선생님은 무슨 의미로 말했을까요?"

"쉽네." 현관 입구에서 요구르트를 먹으면서 대화를 듣고 있던 앨리스가 말했다. "소는 풀을 먹고 우유를 만들고 농부는 우유로 치즈를 만든다는 의미잖아. a는 b로 만들고 b는 c로 만든다면 a는 c로 만든 것이지. 치즈는 우유로 만들고 우유는 풀로 만드니까 치즈는 풀로 만든 거잖아."

프레디는 현관 앞에 들어와 책을 바닥에 내려놓았다. 그리고 앨리스를 한번 째려보고는 엄마 쪽으로 돌아섰다. "엄마, 앨리스 말이 맞아요?"

"그건 저녁 먹으면서 얘기하자." 엄마가 대답했다. "지금 당장은 볼일이 있단다."

매튜스의 보고에 따르면 이야기를 듣고 있던 아이들은 앨리스의 추론이 꽤 괜찮다고 생각했다. 도널드라는 아이가 요약했다. "어떤 면에서는 앨리스의 말이 맞아요……. 이상하게 들리겠지만 어떤 면에서는 풀이 치즈예요. 풀은 치즈가 되는 과정의 첫 번째 단계예요. 두 번째 단계는 우유이고 세 번째 단계가 치즈예요." 도널드는 계속 말을 이어갔다. "정말 모두 같은 거예요. 단지 완성되어 가는 단계만 다를 뿐이에요." 또 다른 아이는 "우리는 실제로 치즈가 무엇으로 만들어지는지 정말로 알지 못해요. 소는 위가 4개 있다고요."라고 말했다.

연구 기간 중 어느 시점에 매튜스는 어떤 물건이 무엇에서부터 만들어지는가와 무엇으로 만들어지는가에 차이가 있다는 가능성을 제기했다. 매튜스의 실험에 참여한 아이들은 그 차이를 인지하고 있었다. 아이들은 책은 종이로 만들어진다는 데 모두 동의했다. 그러나 많은 아이가 종이는 나무에서부터 만들어진 것일지 몰라도 정말로 나무로 만들어진 것은 아니라고 말했다.

"만일 종이가 나무로 만들어졌다면 목제여야 한다는 거잖아요."라고 열두 살 마틴이 말했다.

매튜스는 그의 연구진이 벌인 토론을 이렇게 요약했다. "그러니까 결국 에든버러의 아이들은 소에 의해서 우유가 풀에서부터 만들어지고 치즈는 농부에 의해 우유 또는 크림에서부터 만들어진다고 말하는 것을 꺼리지 않았다. 그러나 치즈가 우유로 만들어지고 우유가 풀로 만들어진다는 것은 아니라고 말하고 싶어 했다. 아이들이 내 의견을 묻지 않았지만 나는 아이들 말이 정확하다고 생각한다."[24]

매튜스가 낸 어려운 문제를 깊이 생각할 때 보이는 아이들의 열정은 시사하는 바가 있다. 정체성의 본질만큼 다루기 어렵고 까다로운 문제에 관해 아이들이 그렇게 세심한 추론을 할 수 있다면 이번이 복잡하거나 추상적인 개념에 대해 충분히 생각하려고 한 첫 번째 시도가 아니었을 가능성이 크다. 매튜스의 설명은 아이들이 항상 명백하게 자기 생각을 다른 사람과 공유할 수는 없더라도 그런 복잡하고 추상적인 문제에 대해 깊이 생각하고 있다는 주장에 힘을 실어주고 있다.

매튜스의 연구 이후로 같은 결론을 보여주는 더 체계적인 자료가 나왔다. 캐런 바취Karen Bartsch와 헨리 웰먼Henry Wellman은 『아이들은 마음에 관해 말한다Children Talk about the Mind』에서 어린아이들이 마음 같은 것이 있다는 그 관념에 대한 이해가 확장되고 있음을 내보이기 위해 '생각하다', '알다', '원하다'와 같은 표현을 어떻게 사용하는지 묘사하고 있다. 일반적으로 다섯 살쯤 되면 아이들은 최소한 조금이라도 생각에 관한 생각에 시간을 쓰고 있음을 분명히 한다. 바취와 웰먼의 책에서 발췌한 아직 만 3세가 안 된 아담과 어른 사이에 오간 대화를 살펴보자.

> 아담: 나는 그냥 생각하고 있어요?
> 어른: 그냥 생각하고 있다고?
> 아담: 네.
> 어른: 무슨 생각을 하고 있니?
> 아담: 잎에 관해서 생각해요.[25]

아이들이 '생각하다'와 같은 동사를 사용한다는 것은 '점프하기' 또는 '노래하기'처럼 생각하기를 개별적인 활동으로 인식하기 시작했다는 증거이다. 이와 관련된 사례 중에서 내가 개인적으로 가장 좋아하는 것은 내 동료가 네 살배기 아들 마이로를 데리고 미술관에 갔을 때 겪은 일이다. 엄마와 아들은 피카소의 거대한 추상화를 함께 보면서 서 있었다. 요정 같은 마이로가 심하게 쉰 목소리로 속사포같이 말했다. "자극적이야."

마이로의 엄마는 깜짝 놀랐다. "자극적이라고?"

마이로는 이마를 가리키며 말했다. "생각하게 만들잖아요."

나중에 이 이야기를 들으면서 나도 웃고 동료도 웃었다. 그녀는 예술에 관해 아들과 많은 이야기를 나눴다고 했다. 그녀는 아들이 사용한 말은 분명 자신이 지금까지 사용해왔던 말일 것이라 단정하면서 다음과 같이 말했다.

> 내 생각에는 마이로가 나와 대화를 하면서 '자극적'이라는 단어를 모든 추상화에 적용할 수 있다는 말도 안 되는 생각을 하게 된 것 같아요. 보니까 미술 작품에 대해서만 그 말을 사용하더라고요. 자기가 알아볼 수 있는 게 하나도 없는 그런 미술 작품 있잖아요. 그건 고양이 조각품이 있으면 "저건 고양이다!"라고 말하는 것과 같은 거예요. 달 그림이 있으면 우리 아들은 "저 그림은 달이다!"라고 말할 거예요. 피카소 작품이니까, 분명하게 고양이나 달이 아니니까 "저 그림은 자극적이다!"라고 말하는 거죠. 마이로는 자기가 그린 그림도 자극적이라고 말해요. 그냥 뭐가 뭔지 알 수 없는 낙서여서 그런 거겠죠. 아마 '명확하게 어떤 것

이 아닌 작품'을 의미하는 말이라고 생각하는 것 같아요.

어린아이들이 생각을 구성하는 요소에 민감하다는 것을 보여주는 다른 간접적 증거들이 있다. 만 4세 아동들은 이미 알고 있는 지식이 무엇이냐에 따라 문제 해결에 필요한 정보가 달라진다는 것을 알고 있는 듯하다. 캐롤린 베어Carolyn Baer와 오리 프리드만Ori Friedman은 만 4세, 5세, 6세 아동들에게 곰 인형에게 새로운 것을 가르치게 하는 실험을 했다. 아이들은 곰 인형에게 커다란 초록색 개구리처럼 생긴 아주 특이한 우산에 관해 말해주기로 되어 있었다. 첫 번째 실험 조건에서는 아이들에게 곰이 이렇게 생긴 우산을 본 적은 없어도 그 우산에 관해 많은 것을 알고 있다고 말해줬다. 두 번째 조건에서는 곰이 우산에 대해 아무것도 모른다고 말해줬다. 연구진은 아이들의 일반 정보(우산을 쓰면 비에 젖지 않는다)와 특정 정보(초록색 우산이다) 사용이 실험 조건과 나이에 따라 어떻게 달라지는지에 중점을 두고 있었다. 만 4세 아동들은 곰이 알고 있는 것에 대해 어떤 말을 들었든 상관없이 일반 정보와 특정 정보를 똑같이 섞어서 제공했다. 하지만 만 5세 아동들은 아무것도 모르는 '순진한' 곰에게 말할 때만 일반 정보를 사용했고 우산에 관한 지식을 가지고 있는 곰을 가르칠 때는 일반 정보를 빼고 특정 정보로 건너뛰었다.[26]

또 다른 흥미로운 연구로 아이들이 물리적 실험뿐만 아니라 사고 실험도 할 가능성을 조사한 이고 바스칸제프Igo Bascandziev와 폴 해리스의 연구를 들 수 있다. 그들은 한 실험에서 만 3~4세 아동들에게 실험자가 세 개의 컵 중 하나에 공을 떨어뜨리는 모습을 보여줬다. 그 컵들은 S자 불투명 튜브를 사이에 두고 아래쪽 세 개의 컵에 하나씩 연결되어 있었다. 실험자가 떨어뜨리려고 하는 컵 바로 위에 공을 잡은 상태에서 아이에게 아래쪽 컵 중 어느 컵에 공이 도착할지 맞혀보라고 하는 실험이었다. 그냥 구경만 하게 한 조건에서 실험을 진행했을 때 만 3세 아동들은 공을 떨어뜨리려고 하는 컵 바로 밑에 있는 컵을 가리켰다. 휘어진 튜브가 미치는 영향을 생각하지 못하고 단순히 중력 기반의 추론을 한 것이었다. 그러나 장치를 만져볼 기회를 준 후 진행했을 때는 많은 아이가 직관적 추측을 수정하고 튜브가 끝나는 지점에 있는 컵으로 공이 떨어진다고 추측했다.[27]

이처럼 바스칸제프와 해리스의 연구는 피아제와 그의 많은 제자가 암시했던 것, 즉 아이들은 자신의 행동을 통해 세상이 돌아가는 방식에 관한 새로운 지식을 발견한다는 것을 보여줬다. 그들은 아이들이 세상에 관해 생각함으로써 세상을 배울 수 있는지도 알고 싶었다. 그래서 장치를 만져보게 하는 대신에 공이 처음에 떨어뜨린 위치가 아닌 다른 위치로 떨어지는 이유와 과정에 관한 정보를 제공했다. 이번에는 만 3세 아동에게도 같은 효과가 나타났다. 만 3세 아이들도 위치를 제대로 파악한 것이다. 이 연구는 직접적 설명에 의한 학습 효과를 보여주는 연구가 아님을 주목하자. 단순히 아이에게 정답을 제공하는 것은 아이의 사고 과정을 바꾸는 데 거의 도움이 되지 않는다는 것은 이미 확실하게 밝혀졌다. 이 연구가 시사하는 것은 아이들에게 실험 장치를 다양한 측면에서 머릿속에 그려보라고 했을 때 아이들이 스스로 새로운 생각에 이르게 되었다는 데 있다. 바스칸제프와 해리스의 연구는 만 3~4세의 어린아이들도 계획적인 사고 실험을 할 수 있으며 그런 사고 실험은 신체 활동이기도 하지만 사색 활동도 된다는 것을 보여주고 있다.

이같이 세심하게 설계된 실험들은 아이들이 익숙하지 않은 개념에 대해 꾸준히 깊이 생각하도록 돕는다는 점에서 의의가 있다. 그런데 분명한 것은 아이들이 일상생활 속에서 종종 사고 실험을 실행하지 않으려고도 한다는 것이다. 그러는 이유는 아마 모든 사고 실험이 같은 형식으로 실행되는 것이 아니기 때문일 것이다.

매튜스는 초등학생들을 대화에 초대했을 때 아이들이 어떤 생각에 깊이 파고드는 능력을 습득하는 과정에 관한 중요한 단서를 우연히 얻었다. 바로 그 과정에는 이야기들로 채워져 있다는 것이다. 소설가들과 마찬가지로 교육자들은 어떤 내용을 이야기 속에 집어넣으면 더 흥미로워지고 특히 어린이 청자에게 효과가 더 크다는 사실을 알고 있다. 그런데 이야기는 흥미를 일으키는 역할만 하는 것이 아니라 사고의 기본 구조를 반영함을 암시하는 증거들이 있다. 이야기 구조가 아이가 처음으로 그것도 매우 효과적으로 주변 세상을 이해하는 방법이라는 것이 우리에게 알려진 지 35년이 지났다. 아이들은 자연스럽게 일상 속 경험을 시작과 중간 그리고 끝으로 나눠 정리한다. 그뿐 아니라 가상의 사건과 사실적 사건을 이야기할 때도 그렇게 한다. 모든 이야기에는 등장인물과 문제 그리고 그 문제의 해결방법이 포함되어 있다. 이야기 구조는 어린아이들이 일상생활을 이해하게 도울 뿐만 아니라 더 추상적인 사고를 할 수 있게 길을 닦는다.

한 예로 동물원에 자주 가는 다섯 살 소녀를 상상해보자. 이 아이는 "우리가 동물원에 가면 나는 바다사자에게 먹이를 주고, 가끔은 뱀을 찾아간다. 시간이 있으면 아빠가 나에게 캐러멜 팝콘을 사준다."라고 동물원 방문에 대한 대본을 만든다. 아이들은 이런 대본을 만들면서 특정 경험을 이야기로 풀어내는 능력이 생긴다. 예를 들어 "한번은 우리가 동물원에 갔는데 뱀이 없었어요. 그래서 우리는 앵무새를 보러 갔어요."라고 말한다. 처음에는 대본으로 그리고 그다음에는 이야기 형식으로 자기 경험을 서술하면서 아이들은 사물과 사건을 더 추상적인 범주로 재편성하기 시작한다. '내가 동물원에 갔을 때 보는 동물들'로 부류를 나누던 것이 '야생동물', '고양잇과 대형 동물', '포유동물' 같은 개념으로 이어지게 된다.

이와 같은 초기 정신 발달의 기본 특징이 매튜스의 접근 방법이 왜 그렇게 효과적인지 설명해줄 수 있을 것이다. 매튜스는 이야기 형식으로 철학적 문제를 전달함으로써 어린아이들이 추상적 사고에 접근하고 그것이 아이들에게 유의미한 것이 되게 유도했다. 실제로 그러는지 검증하기 위해 나는, 지금은 애나 커비Anna Kirby로 이름이 바뀐 애나 델로이Anna Deloi와 함께 유치원생들을 대상으로 일련의 실험을 수행했다. 첫 실험에서 애나는 아이들 각자에게 공정함을 주제로 하는 두 이야기 중 하나를 들려줬다. 첫 번째 이야기는 아이들이 자신과 동일시할 만한 등장인물과 상황을 포함한 것이다. 애나는 다음과 같이 그 이야기를 들려줬다.

> 내가 이제 어떤 이야기 일부를 말해줄 거야. 그러고 나서 네가 그 이야기를 마무리 짓게 도와줄 수 있는지 볼게. 이야기는 이렇단다. 어느 날 에밀리라는 한 소녀가 거실에서 자기가 가장 좋아하는 TV 프로그램을 보고 있었어. 부모님 친구들이 집에 왔는데 에밀리 또래 아이 세 명도 같이 데리고 왔어. 그 아이들 이름은 토미, 케이티, 알렉스야. 갑자기 그 세 아이가 거실로 뛰어 들어와서는 영화를 볼 수 있게 에밀리에게 보던 TV 프로그램을 끄라고 했어. 에밀리는 그 아이들의 요구가 전혀 공정하지 않다고 생각했어. 자기가 먼저 그곳에서 TV를 보고 있었고 그 아이들이 영화를 보고 싶어 하는 것 못지않게 자기도 그 프로그램을 보고 싶었기 때문이지. 그러나 다른 아이들은 한 명이 원하는 것보다 세 명이 원하는 것이 더 중요하다고 말했어. 이 이야기의 결말을 어떻게 내야 할까? (아이가 대답한다) 이 이야기는 공정함에 관한 것이야. 복잡한 개념일 수 있어. 만일 누군가 공정함이 무엇을 의미하는지 묻는다면 너는 뭐라고 대답할래?

두 번째 이야기도 매우 비슷하다. 이번에도 공정함에 관한 것이지만 농부와 땅을 파는 것을 묘사한 이야기다. 아이들에게는 익숙하지 않은 상황과 등장인물들이 나왔다. 애나는 다음과 같이 이야기를 들려줬다.

> 내가 이제 어떤 이야기 일부를 말해줄 거야. 그러고 나서 네가 그 이야기를 마무리 짓게 도와줄 수 있는지 볼게. 이야기는 이렇단다. 몇 년 전 작은 땅에 옥수수를 키우며 사는 농부가 있었어. 새로 생긴 어떤 회사가 큰 사무실 빌딩을 짓겠다고 그 마을로 왔는데 어느 날 회사 측 남자 세 명이 농부의 땅으로 들어와서 그곳에 새 건물을 지을 수 있게 농장을 팔라고 요구했단다. 농부는 그 요구가 부당하다고 생각했어. 자기가 먼저 그곳에 살고 있었고 그들이 건물을 짓고 싶어 하는 것만큼이나 자기도 농사를 짓고 싶었기 때문이야. 그러나 그 사람들은 세 명이 원하는 것이 한 명이 원하는 것보다 중요하다고 말했어. 이 이야기의 결말을 어떻게 내야 할까? (아이가 대답한다) 이 이야기는 공정함에 관한 것이야. 복잡한 개념일 수 있어. 만일 누군가 공정함이 무엇을 의미하는지 묻는다면 너는 뭐라고 대답할래? 네 대답이 궁금하구나.

세 번째 실험 조건은 아이들에게 이야기를 들려주기보다 공정함에 관해 설명해주는 것이었다. 그러나 두 이야기와 비교했을 때 단어 수준이나 길이 측면에서 차이 나지 않도록 비슷하게 맞췄다. 설명 방식은 학교에서 교사가 모든 종류의 주제에 대해 아이들에게 제공하는 아주 명확하지만 지루한 그런 방식이었다. 내용은 다음과 같다.

> 내가 생각하고 있는 것을 말해줄 거야. 그리고 네가 어떻게 생각하는지 보려고 해. 나는 공정하다는 것이 어떤 것인지 계속 생각 중이야. 너도 사람들이 어떤 것이 공정하다 또는 부당하다고 말하는 것을 여러 번 들었을 거야. 그러나 나는 무엇이 공정한 것인지 모르겠어. 그래서 사람들이 하는 말이 이해가 안 가. 어떤 사람에게는 좋지만 다른 사람에게는 나쁜 것이 있다면 그것이 공정한 것인지 어떻게 알까? 공정한 것은 항상 가장 많은 사람에게 좋은 것일 수도 있어. 그런데 때로는 개인의 요구가 집단의 요구보다 더 중요할 수도 있어. 너는 어떻게 생각하니? 어느 것이 공정함의 옳은 정의인 것 같니? (아이가 대답한다) 공정함에 관한 좋은 대화였어. 하지만 여전히 복잡한 개념이지. 만일 누군가 공정함이 무엇을 의미하는지 묻는다면 너는 어떻게 대답할래? 네 대답이 궁금하구나.

에밀리 이야기나 농부 이야기를 들은 아이들이 설명을 들은 아이들보다 공정함의 개념에 대해 더 많이 알게 되었다. 그 아이들의 대답이 더 정확하고 더 유익한 정보를 담고 있었다. 아이들은 당연히 개념을 직접 가르치는 방법보다 이야기 속에 함축시켜 제시했을 때 지식을 더 많이 도출해냈다. 그러나 애나와 나는 아이들이 얼마나 몰입해서 생각하는지에 관심이 있었기 때문에 그것을 파악하기 위해 아이들이 대답할 때 사용한 단어 수를 셌다. 우리는 만일 어떤 이야기나 설명이 아이들에게 깊이 생각하도록 하는 데 더 효과적이라면 그것은 그 주제에 대해 더 길게 말하는 것으로 관련지어 표출될 것이라고 가정했다. 아닌 게 아니라 에밀리 이야기와 농부 이야기를 들은 아이들은 더 길고 더 상세한 대답을 내놓았다.

이런 결과에 대해 한 가지 가능한 해석은 이야기는 이야기를 낳는다는 것이다. 즉 아이들이 단어를 더 많이 사용하는 것은 공정함이라는 개념을 생각하는 데 관심이 있어서라기보다 단지 스토리텔링 그 자체를 계속하려는 경향을 반영한 것이라는 해석이다. 그러나 이런 해석은 우리가 관찰한 것과 맞지 않았다. 이야기를 들은 아이들은 이야기를 연장하거나 새로운 이야기를 하지 않았고 그저 공정함의 개념에 관해 더 많은 말을 했다. 오히려 공정함의 개념에 대한 직접적인 설명을 들은 아이들이 개념을 설명하라고 했을 때 가장 어려워한 아이들이다.

이야기의 내용도 중요하게 작용했다. 에밀리의 이야기를 들은 아이들이 농부 이야기를 들은 아이들보다 공정함의 개념에 대해 더 명확하게 설명했고 더 적극적으로 말하려고 했다. 이야기 형식이 개념을 다루는 강력하고 매력적인 구조임에는 틀림없는 것 같지만 가장 풍부한 사고를 유도하는 최고의 이야기는 아이들의 경험과 가장 일치하는 내용과 등장인물이 포함된 이야기이다.[28]

구성이 좋은 이야기는 아이들이 주어진 개념을 적극적으로 다루도록 의욕을 높여주는 것이 분명한 듯하다. 그런데 이야기 형식은 흥미를 북돋우는 것 외에 실제로 새로운 개념을 이해하거나 배우는 데도 유용할까? 이 질문의 답을 얻기 위해 애나와 나는 유치원생과 초등학교 1학년 학생들에게 어려운 개념을 소개하는 두 가지 방법을 시험했다. 실험 조건은 네 가지다. 각 어린이에게 이원론과 절대론이라는 두 철학 개념 중 하나를 소개하는데, 소개 방법에는 가르치듯이 소개하는 방법과 이야기하듯이 소개하는 방법이 있다. 예를 들어 다음과 같이 가르치는 방법으로 이원론에 관해 설명했다.

> 어쩌면 네가 모르고 있는 어떤 멋진 생각에 관해 말해주고 싶어. 이원론이라고 하는 것인데, 사람은 몸과 마음이라는 서로 분리된 두 부분으로 이루어져 있다고 보는 생각이야. 네 머리 안에 뇌가 들어있다는 거 알고 있지? 뇌는 몸의 한 부분이야. 너의 움직임을 조절하고 너의 눈과 귀가 주변을 인식할 수 있게 도와주기 위해 뇌는 항상 일하고 있단다. 그러나 이원론을 믿는 사람들은 너의 생각과 느낌이 뇌에서 나오는 게 아니라 우리가 보거나 만질 수 없는 마음에서 나온다고 말해. 그래서 몸은 마음에서 느끼는 것과 완전히 다르게 느낄 수 있다는 거야. 실제로 전혀 배가 고픈 게 아닌데도 마음으로는 아이스크림이 먹고 싶을 때가 있잖아. 맞지? 네 몸이 음식을 원해서 아이스크림이 먹고 싶은 게

아니야. 마음속에서 아이스크림이 정말 맛있다는 것을 알기 때문에 먹고 싶다는 생각이 드는 거야. 아니면 친구들이 모두 먹고 있으니까 너도 같이 먹으면서 즐기고 싶어서 그런 생각이 드는 거야. 이렇게 마음과 몸이 서로 다른 것을 말할 때마다 그게 바로 이원론의 예야. 네 생각은 어때? 이원론에 동의하니, 아니면 네 생각은 다르니?

다음과 같이 몇몇 아이에게 이원론을 이야기 형식으로 소개할 때 실험자가 사용한 단어의 차이를 확인해보자.

너에게 이야기를 하나 들려주고 싶어. 옛날 뉴욕시에서 가장 큰 식당의 요리사가 생일 파티를 열었어. 게임을 하고 춤도 췄지. 식당에서 일하는 모든 사람이 그 요리사가 좋아하는 음식을 만들어서 내놓았어. 그러고 나서 제빵사가 아름다운 10층짜리 케이크를 가지고 들어왔지. 그런데 요리사는 배가 너무 불러서 더는 먹을 수 없을 것 같았어. 하지만 케이크가 맛있을 거라는 걸 알고 있었고 어떻게든 먹고 싶었지. "이렇게 배가 부른데 어떻게 여전히 케이크를 먹고 싶다는 생각이 들 수 있지?" 요리사가 친구에게 물었어. 친구가 말했어. "그건 자네의 위가 자네 몸의 한 부분이고 몸은 배가 부르다고 느끼지만, 자네 마음은 몸과 달라서 케이크를 원하는 거지. 그것을 이원론이라고 하네. 몸과 마음이 별개의 것이고 그래서 원하고 느끼는 것이 서로 다르다고 보는 생각이야." 요리사는 친구의 말에 고개를 끄덕이고 나서 케이크 네 조각을 집어 먹었어. 나중에 요리사는 심한 배탈이 났어. 그러나 파티가 정말 즐거워서 여전히 행복한 기분이 들었단다. 요리사는 "몸이 죽을 것만 같은데도 마음은 행복하다니! 이것도 이원론이구나!"라고 생각했어. 너는 이원론에 대해서 어떻게 생각하니? 요리사의 친구가 한 말에 동의하니?

위의 두 가지 방법으로 이원론을 소개한 후 그다음 단계는 아이에게 다음 다섯 가지 보기 중에서 이원론을 가장 잘 정의한 문장을 고르라고 하는 것이었다.

1. 마음과 몸은 분리되어 있고 가끔 서로 느끼는 게 다르다.
2. 사람은 모두 자기만의 생각과 느낌이 있다.
3. 뇌는 우리가 세상 여기저기로 움직이며 다니고 사물을 보고 느끼게 도와준다.
4. 우리를 구성하고 있는 부분들은 모두 항상 동시에 같은 것을 원한다.
5. 우리가 원하는 것에 관해 마음을 정하기가 가끔 정말 어렵다.

그다음 단계로 아이들에게 다음 다섯 가지 보기를 제시하고 이원론의 예로 가장 적절한 것을 고르라고 했다.

1. 너는 파자마 파티에 와 있다. 몸은 정말로 졸린 것 같은데 친구들과 더 오래 놀고 싶어서 마음은 계속 깨어 있기를 원한다.
2. 너는 발가락을 부딪쳤다. 그래서 지금 몸이 아프기 때문은 마음에서는 다른 어떤 것도 생각할 수 없다.
3. 축구 시합에서 뛰면서 너는 결승 골을 넣는 생각을 하고 있다. 그러고 나서 너의 발이 골을 넣는다.
4. 너는 잠을 잘 수 없다. 그래서 긴장을 풀려고 정말 열심히 마음을 집중하는데 그것이 더 빨리 잠드는 데 도움이 된다.
5. 좋아하는 음식으로 막 맛있는 식사를 했다. 그래서 정말 행복했다.

결과적으로 이원론이든 절대론이든 이야기 속에 담아서 말해줬을 때 아이들은 더 많이 배우고 더 정확하게 개념을 이해했다.

이 책을 읽는 사람들은 추상적이고 논리적인 설명보다 이야기를 통해 더 많이 배우는 것이 당연하다고 생각할 것이다. 그러나 단순 사실을 가르치려고 할 때든 복잡한 개념을 가르치려고 할 때든 이런 건조한 형식의 설명과 용어 정의가 교사들이 어린 학생에게 제공하는 교육 대부분을 구성하고 있다. 아이들은 대부분 시간을 학습지나 칠판에 적힌 절차와 지시를 따르고 내용 중심 교과서의 정보를 소화하면서 보낸다. 아이들이 어쩌다 듣는 이야기 속에서 온갖 생각할 거리를 흡수하는 것은 주로 집과 놀이터나 식료품점 같은 학교 밖 공간에서이다. 일상에서 자연스럽게 접하는 모든 이야기가 아이들에게 영향을 미친다는 것을 보여주는 연구 결과가 있다.

캐롤린 슐트Carolyn Schult와 헨리 웰먼은 만 2~4세 아이들에게 예기치 않은 반전이 포함된 이야기들을 들려줬다. 한 예로 시리얼에 우유를 넣어 먹으려고 냉장고에서 병을 꺼냈는데 우유 대신 오렌지 주스를 그릇에 부은 꼬마 지미의 이야기를 들려줬다. 그런 다음 아이들에게 "왜 그런 일이 벌어졌을까? 왜 지미는 시리얼에 오렌지 주스를 부었을까?"라고 물었다. 아이들이 항상 매우 설득력 있는 이유를 명확하게 말한 것은 아니었다. 하지만 결과에 대응되는 원인을, 즉 지미가 우유 대신 오렌지 주스를 사용하게 만든 생각이나 기분을 생각해냈다.[29] 원인 설명은 웰먼이 다른 동료 학자들과 수행하고 있던 연구의 초점이기도 했다. 그들은 실생활 속 상황에서 어린 아이들이 갖가지 인간 행동에 대해 어떤 설명을 하는지 분석하기 위해 CHILDES를 이용했고, 그 결과 아이들에게서 공감대를 형성하고 있는 사람들이 관련된 상황에 대해 깊이 생각하는 능력을 발견했다. 만 3세 아담은 "나는 누군가 깨우게 될까 봐 아주 조용히 말해요."라고 말했다. 만 4년 8개월인 로스는 "그 애는 살기 위해 음식을 먹을 거예요."라고 말했다. 로스는 "그 아이는 자전거 타다가 얼굴로 떨어져서 이빨이 안 좋아요."라고 말했다.[30] 이 아이들의 말은 아이들이 다양한 사건 즉 심리적, 신체적, 생물학적 사건에 맞춰 다양한 종류의 설명을 표현할 수 있음을 보여준다. 만 3세가 되면 아이들은 자기도 모르는 사이에 인과관계에 대한 언어적 이론을 구축하기 위해 기본 틀을 만들기 시작한다.[31]

우리 이야기 퍼즐의 중요한 조각 하나가 여전히 어둠 속에 남아 있다. 이제 우리는 아이들이 우리가 예상했던 것보다 훨씬 더 깊은 사고를 하고 그것을 통해 더 정확하게 설명할 수 있음을 안다. 그러나 이유를 설명할 수 있는 문제와 이유를 찾고 싶은 문제는 엄연히 다르다. 나는 아이들이 아주 어릴 때부터 생각을 형성하기 시작한다는 것을 입증하기 위해 연구해왔다. 그러나 이 이야기 퍼즐은 아직 완성되지 않았다. 다섯 살밖에 안 된 어린아이들 모두 초보 지성인이지만 오직 몇 명만이 지성인의 길을 계속 걸어갈 것이다. 청소년기 후반에 접어들면 열정적으로 어떤 생각을 끝까지 물고 늘어지는 사람과 그러지 않는 사람 사이 확연한 차이가 생긴다.

대학에 들어갈 즈음이면 추상적인 관념과 복잡한 개념을 어느 정도 이해할 수 있는 학생이 많아진다. 아마 이 학생들은 고등학교에서 그런 개념들을 학습해야 했을 것이다. 고등학교 다닐 때부터 프랑스 혁명의 뿌리를 설명하거나 비활성 물질을 정의하거나 자본주의를 비판해야 했을 것이다. 학생들은 관념과 사상을 공부할 수 있다. 그렇다고 자기 생각을 적극적으로 추구한다는 의미는 아니다. 갓 어른이 되었을 때 새로운 발상을 하기 위해 애쓰거나 자기 생각을 발전시키기 위해 새로운 지식을 모으거나 생각을 보강하기 위해 다양한 각도에서 다시 살펴보려는 사람은 거의 없을 것이다. 아이들은 자라면서 무수히 많은 발상을 할 것이다. 그러나 그것들 중 많은 것은 일시적이고 조잡하고 때로는 평범한 작은 아이디어 수준에서 결코 벗어나지 못할 것이다. 일상생활 속에서 얻은 작은 생각을 자신의 삶을 형성하고 다른 사람의 삶에 영향을 미칠 수 있는 큰 생각으로 연결하지 못하는 것이다.

프로이트의 흔적

토니 그린왈드Tony Greenwald는 획기적인 연구 업적으로 세상을 깜짝 놀라게 한 것이 아니었다. 심지어 그의 연구는 완전히 새롭게 느껴지는 것도 아니었다. 그린왈드는 그저 워싱턴대학교에서 함께 연구하고 있던 동료 학자 마자린 바나지Mahzarin Banaji와 몇몇 훌륭한 심리 실험에서 멋지고 새로운 연구 방법을 고안해낸 것이었다.

1980년 그린왈드는 「전체주의 자아The Totalitarian Ego」라는 제목의 중요하고 영향력 있는 논문을 발표했다. 논문에서 그는 인간의 자아감이 그 사람이 자기 삶에 관해 무엇을 기억하는지 결정한다고 주장했다.[32] 그의 주장의 파급력은 막강했다. 어디를 가든 연구자들이 그린왈드의 주장에 관해 논했고 그것을 검증하기 위한 실험을 설계했다. 그러나 그린왈드의 관심사는 그것에만 멈춰 있지 않았다. 흔히 과학자들이 그러하듯이 그린왈드는 점차 실험의 초점을 바꿨다. 보통 한 연구가 다른 연구를 위한 뜻밖의 길을 열어줬고, 그래서 새로운 주제를 연구하게 되었다. 1990년 무렵 그린왈드가 발표한 논문들은 대부분 인간의 태도에 초점을 맞추고 있었다. 당시 다른 많은 사회심리학자와 마찬가지로 그는 사람들이 왜 그렇게 고집스럽게 특정 행동을 고수하는지, 어떤 조건일 때 사람들이 생각을 바꾸는 것에 대해 개방적인지 알고 싶었다. 연구의 초점은 변하더라도 그의 지적 열정은 변하지 않았다. 그는 사람들의 생각과 행동이 정확하게 정의하기는 어렵지만 분명 독재자처럼 보이는 내면의 상사에게 어떻게 지배받고 있는지에 늘 관심을 두고 있었다.

그린왈드는 다른 연구도 추가로 하기 시작했다. 그는 판단이 요구되는 문제에 사람들이 자기도 모르게 적용하는 범주의 종류에 관심이 있었다. 남성 후보와 여성 후보 중에서 어느 후보가 일자리를 얻을지 예측하기 쉬운 이유와 백인 고객이 흑인 종업원보다 백인 종업원에게 가서 물어볼 확률이 훨씬 더 큰 이유를 알고 싶었다. 그는 만일 사람들에게 남성이 여성보다 중요한 일을 맡을 자격이 더 있는지 묻는다면 응답자들은 성별과 그것은 아무 관련이 없다고 주장하리라는 것을 알았다. 마찬가지로 우리가 백인들에게 백인이 더 좋은 종업원이 된다고 믿는지 물어본다면 그들은 그렇게 생각하지 않는다고 대답할 것이다. 그린왈드는 사람들이 자신의 태도에 대해 하는 말과 실제 행동하는 방식이 일치하지 않는 것은 사소한 실수가 아니라 광범위하고 중요한 심리 현상의 특징임을 알았다. 그것은 나니아의 옷장이었다.

한편 그린왈드는 미국의 다른 심리학자들과 마찬가지로 컴퓨터가 어떻게 사람들의 마음을 들여다보고 사람들이 알리려고 하지 않거나 알릴 수 없는 성향을 탐지하는 강력한 새로운 방법을 제공할 수 있는지 열심히 연구하고 있었다. 그가 처음에 방법을 생각해냈을 때는 너무 자명한 것으로 여겨졌다. 말하자면 이런 것이다. 만일 사람들이 특정 범주를 함께 연관 지어(예를 들어, 남성과 능력) 생각하는 경우가 많다면 그런 범주를 떠올리는 단어들은 보통 연관 짓지 않는 두 범주(예를 들어, 여성과 능력 또는 남성과 무능력)를 떠올리는 단어들보다 서로 연결하기가 더 쉬울 것이다. 간단한 소프트웨어 프로그램을 이용하면 수백 명의 사람을 단어 빨리 분류하기 게임에 참여시키고 그들이 선택하는 것을 포착할 수 있다. 인간 연구자가 할 수 없는 방법을 이용해 컴퓨터는 피실험자가 평상시에 서로 연관 지어 생각하거나 전혀 연관 짓지 않는 범주의 단어들을 접했을 때 보이는 반응 시간의 아주 작은 차이까지 포착할 수 있다.

이 방법을 시험해보기 위해 그린왈드와 바나지는 우선 컴퓨터 기반 연습 문제를 만들었다. 사람들이 대부분 기분 좋은 단어라고 생각하는 '부드럽다', '천국', '친구' 같은 단어와 불쾌한 단어라고 생각하는 '위험', '토하다', '우울하다' 같은 단어 그리고 곤충과 꽃 이름을 연습 문제에 포함했다. 피실험자들이 화면에 두 개의 세로줄이 보이는 컴퓨터 앞에 앉으면 다음과 같은 지시사항이 전달되었다.

"화면에 한 번에 한 단어씩 총 58개의 단어가 나타날 것입니다. 꽃 이름이나 기분 좋은 단어가 나타나면 왼쪽 버튼을 클릭하고, 곤충 이름이나 불쾌한 느낌의 단어가 나타나면 오른쪽 버튼을 클릭하세요."

그린왈드와 바나지는 피실험자가 모든 단어에 대해 왼쪽 또는 오른쪽 버튼을 클릭하는 데 총 얼마의 시간이 걸리는지 측정했다. 그다음에는 피실험자에게 두 번째 단어 목록을 제시했다. 마찬가지로 곤충과 꽃, 기분 좋은 단어와 불쾌한 단어가 포함되어 있었다. 그러나 이번에는 기분 좋은 단어나 곤충 이름이면 왼쪽 버튼을 클릭하고, 불쾌한 단어나 꽃 이름이면 오른쪽 버튼을 클릭하라고 했다. 연구자들은 만일 사람들이 곤충을 기분 좋은 것과 연결 짓고 꽃을 불쾌한 것과 연결 지어 생각하려 하지 않는다면 이번 게임 시간이 더 오래 걸릴 것이라 추론했다. 그들의 추론은 정확히 맞았다.[33]

단어를 분류하는 데 걸리는 시간이 '내재적 연관 implicit association'을 나타내는 믿을 만한 척도임을 발견한 그린왈드와 바나지는 이제 그들이 정말로 관심을 두고 있는 인종 편견을 측정할 준비가 되어 있었다. 두 번째 실험에서는 피실험자에게 긍정적 연상 또는 부정적 연상을 일으킬 수 있는 인물 사진과 단어들을 보게 했다. 예를 들어 피실험자는 총 28개 항목의 사진 또는 단어를 보게 되는데 절반은 흑인 어린이나 백인 어린이 얼굴이고 절반은 '행운', '평화', '진실', '달콤하다' 같은 단어와 '증오', '극심한 고통', '부패하다', '비극'과 같은 단어였다. 그린왈드는 피실험자가 자기 생각을 편집할 시간이 없게 하려고 컴퓨터를 프로그래밍해서 항목이 아주 빨리 제시되게 만든 후에 직접 테스트를 받았다. 그린왈드 본인이 내재적 연관 이론을 만들고 실험을 설계했는데도 부정적인 단어와 백인의 얼굴을 연결하고 긍정적인 단어와 흑인 얼굴을 연결하는 과제를 수행할 때 시간이 더 오래 걸렸다.

그린왈드는 자신의 테스트 결과와 그것이 말해주는 자신이 지닌 암묵적 편견에 스스로 경악했지만 동시에 그 방법이 지닌 힘에 전율을 느꼈다. 그는 중요한 것을 이룰 수 있으리라 확신했다. 그러나 그의 방법이 심리학 분야 전체에 얼마나 큰 반향을 불러일으킬지는 알아차리지 못했다. 그 후 몇 년 사이에 내재적 연관 검사는 심리학자들 사이에서 필수적인 도구로 손꼽히게 되었다. 사람들이 일상에서의 경험을 어떻게 정리하는지 이해하기 위해 심리학자들은 내재적 연관 검사를 이용해 사람들 마음속 잘 보이지 않는 구석까지 들여다볼 수 있었다. 이 검사는 사람들의 무의식적 인종차별을 평가하는 방법으로도 사용되고 있으며 나이와 성 역할, 운동 경기, 종교와 관련된 다른 숨겨진 편향을 진단하는 데도 사용되고 있다. 심지어 사람들의 자아관을 측정하는 데 사용되고 있다.[34] 마를린 샌드스트롬Marlene Sandstrom과 레이철 조던Rachel Jordan은 한 연구에서 내재적 연관 검사로 아이들의 자아존중감을 측정했다. 자신감이 있는 아이들은 자신에 대한 단어를 긍정적인 단어들로 분류하는 데 시간이 적게 걸렸고, 자신에 관한 부정적인 의견을 가지고 있는 아이들은 정반대의 결과를 보였다.[35] 그린왈드와 바나지는 우리에게 머릿속 생각을 볼 수 있는 엑스레이를 소개해준 것이라 할 수 있다.

그에 못지않게 중요한 사실은 그린왈드와 바나지의 연구가 실험실 바깥세상으로 멀리 퍼져 나갔다는 것이다. 그들의 연구 결과는 인종차별에 대한 현대 사회의 인식을 바꿔놓았다. 그때까지 적어도 미국에는 사람들이 자신의 의견과 관점을 스스로 알고 있다는 사회적 통념이 있었다. 만일 어떤 사람이 자기는 인종차별주의자가 아니라고 말하면 사람들은 그가 인종차별주의자가 아니라고 생각했고, 만일 인종차별적인 행동을 하면 그 사람 스스로 인종차별주의자임을 인정할 것이라 기대했다. 즉 말로 표현하면 그것이 곧 자기 생각이었다. 자기 생각이라고 생각한 것이 있으면 그것이 진짜 자기 생각이라고 믿을 수가 있었다. 그린왈드는 우리에게 그런 믿음이 얼마나 잘못되었는지 보여줬다. 그 현상을 연구한 그린왈드 본인도 그전까지는 마음속 깊이 묻혀있던 자기 생각을 정확히 알아볼 수 없었다.

'내재적 연관 검사Implicit Association Test'가 처음 도입된 후 10년 사이에 내재적 편향이라는 개념은 대중들의 의식 속으로 스며들었고 미국에서 일어나는 모든 담화의 한 주제가 되었다. 이제 더는 학계에서만 연구하는 난해한 개념이 아니라 모든 사람의 입에서 나오는 용어가 되었다. 2016년 미국 대통령 선거 후보자 1차 토론회에서 민주당의 힐러리 클린턴 후보는 "내재적 편향은 경찰만의 문제가 아닌 우리 모두의 문제이다."라고 말했다.[36]

2018년 4월 흑인 남성 두 명이 필라델피아의 한 스타벅스 매장에 들어와 테이블에 앉았다. 그러나 그들은 아무 음료도 주문하지 않았다. 잠시 후 백인 종업원이 경찰에 신고했고 경찰들은 두 남자를 어슬렁거린다는 이유로 체포했다. 그러나 검사는 두 남자 모두 어떤 범죄를 저질렀다는 증거가 없으므로 기소하지 않았다. 그저 친구를 찾고 있었던 두 흑인 남성은 어떤 잘못도 하지 않았다. 잘못은 커피를 아직 주문하지 않은 흑인 남성이 분명 문제를 일으킬 것이라고 성급한 결론을 내린 종업원이 한 것이다. 그 종업원은 해고되었고 스타벅스 최고경영자 케빈 존슨Kevin Johnson은 아무리 진보적 명성을 지닌 기업이라 할지라도 '무의식적 편견unconsicious bias'을 품고 있을 수 있음을 시인했다. 그는 종업원 17만 5,000명에게 반편견 교육을 하기 위해 총 8,000곳 매장 모두를 하루 동안 문 닫을 것이라 발표했다. 단 20년 사이에 아무나 몇 분이면 받을 수 있는 간단한 검사가 인종차별에 대한 사회적 인식에 거대한 변화를 일으킨 것이다. 토니 그린왈드가 제기한 내재적 편향은 사회 구석구석 스며들어 있었다. 2018년 무렵에는 편견에 대한 인식이 높아졌고 스타벅스도 그 이론을 신뢰했기 때문에 자사의 명성을 쇄신하기 위해 기꺼이 수백만 달러의 수익을 포기했다.

사실 그린왈드와 바나지 이론의 핵심 개념은 새로운 것이 아니었다. 그것은 19세기 중반 오스트리아 빈에서 프로이트가 무의식이라는 개념을 생각해낸 이후로 100년 넘게 늘 존재해오던 것이었다. 프로이트의 이론은 사람들 사이에서 철저하게 거부되더라도 깊은 영향력을 유지할 수 있는 사상의 완벽한 예다. 프로이트는 단지 심리학과에서만 외면당하고 있는 게 아니라 더 광범위하게 일반 대중들로부터 거부당하고 있다. 극소수의 사람만이 자기가 인식하지 못하는 생각과 감정이 있음을 기꺼이 인정하려 한다.[37] 친구에게 우리의 행동은 숨겨진 감정이나 생각을 드러낸다고 말해보라. 그러면 그 친구는 분명 난색을 보이며 어떻게 자기가 모르는 감정이 있을 수 있냐면서 당신이 틀렸다고 말할 것이다.

그러나 프로이트의 생각은 여전히 살아있다. 미국 사회의 거의 모든 사람이 무의식에 대해 들어봤을 것이다. 심지어 십자말풀이에도 나온다. 어떤 면에서 보면 그것은 흑인이 다가오면 길을 건너가 버리는 백인의 모습에서든 말실수로 드러나는 불편한 진실에 의해서든 아니면 오랫동안 잊고 있었던 기억이 불러낸 감정에 의해서든 매일 확인되고 있다. 우리는 여전히 지하 창고 안에 야수를 키우고 있으며 그런데도 창고 문 뒤에 야수가 있다는 것을 깨닫지 못한다. 내가 아무렇게나 지어진 그 이상한 집 꿈이 내 무의식을 나타낸다는 것을 깨달은 날부터 그 꿈은 사라졌고 나는 다시는 그 꿈을 꾸지 않았다.

생각이 우리의 삶을 형성하는 데 깊은 영향을 미치는 잠재력을 고려해볼 때 더 많은 아이가 깊이 생각하고 자기만의 생각을 창조하는 법을 배울 수 있게 돕는 일을 우리가 왜 마다하겠는가? 그러기 위해 우리에게 필요한 것은 무엇일까?

4장

The Idea Workshop 생각 공작소

아이의 기분에 신경을 쓰고 아이에게 발언권을 주는 것은 분명 가치가 있다. 그러나 그것은 아이들의 생각을 중시하거나 아이들이 발상을 더 잘할 수 있게 돕는 것과는 다르다.

○

내가 기억하기로 학생이었을 때 내 나름의 생각을 할 기회가 통틀어 딱 두 번 있었다. 나만 그랬다고 생각하지 않는다. 나는 그것이 일반적으로 벌어진 끔찍한 현실이었다고 생각한다.*

– 엘리너 덕워스Eleanor Duckworth

앨리스 호프Alice Hope는 자신이 예술가의 길을 걸으리라 확신했다. 넓고 아름다운 얼굴에 몸이 호리호리한 그녀는 좁은 코르덴 바지를 골반에 걸치고 옛날 풍 셔츠를 바지 밖으로 빼입고 있었다. 꾀죄죄해 보였지만 조금은 세련되어 보이기도 했다. 앨리스는 리드 대학을 다닐 때 지금의 남편을 만났고 졸업하고 얼마 지나지 않아 딸아이를 낳았다. 딸의 첫 돌이 되기 전까지 앨리스는 그림을 그리고 조각품을 만들었지만, 창작 활동에 전적으로 몰입하지는 않았다. 적어도 그때는 아니었다. 그녀는 자신의 예술적 잠재력에 대해 확신이 서지 않았고 집안일로도 바빴다.

딸이 일곱 살이 되었을 때 앨리스는 도시 근교의 작은 학교에서 교사로 일했다. 8~12세 학생 총 15명으로 구성된 반을 맡았다. 학교 측에서는 그녀가 재량껏 가르치면 된다고 했다. 그녀는 아이들이 열심히 생각하고, 글을 쓰고, 만들고, 수를 세고, 책을 읽게 하는 방법을 고안해야 했다. 그때 나는 그 학교에 자문을 제공하고 있었다. 나는 앨리스에게 사람들이 나중에 보거나 사용할 수 있는 것을 만드는 대규모 프로젝트를 학생들과 함께 해보면 좋을 것 같다고 말했다. 내가 말을 꺼냈을 때 앨리스는 아무 말도 하지 않았다. 심지어 그녀가 내 말을 들었는지 아닌지도 알 수 없었다.

앨리스는 인정 많고 조금은 어눌해 보이는 인상이었다. 말을 할 때 문장 중간 예기치 않은 부분에서 멈출 때가 많았다. 생각을 완성하기 위해 시간이 필요하거나 긴장해서라기보다 자기 생각을 말하고 싶은 것인지 확신이 서지 않아 그러는 듯했다. 앨리스는 매우 평범한 세부 정보를 조금 산만하게 말하는 버릇이 있었다. 한번은 업무 계획에 관한 교직원 회의에서 다른 교사가 앨리스에게 점심 직후에 반 아이들이 쉬는 시간을 갖는 것을 원하는지 물었다. 앨리스는 그렇다, 아니다를 말하지 않았다. 그 질문을 던진 여자 교사를 마치 그곳에 있으면서도 없는 사람인 양 바라보면서 한참 동안 가만히 있었다. "가끔 보면 아이들이 학습 자료에 대한 감각을 익히는 시간을 가졌을 때가 학습 효과가 매우 좋은 것 같습니다." 마침내 앨리스가 입을 열었다. "저는 의미 있는 일이 일어나지 않을 때도 열심히 한다는 것이 어떤 느낌인지 아이들이 알았으면 좋겠습니다." 그녀는 잠시 멈췄다가 다시 말을 이어 나갔다. "휴식 시간을 갖는 것이 좋다고 생각합니다. 그러고 나면 남은 하루를 깊은 사고가 아니라 조금 더 감정을 따르는 활동을 하며 보낼 수 있습니다." 매우 의욕적이고 초

집중하는 사람도 앨리스가 무슨 말을 하고 있는지 파악하는 데 시간이 조금 걸릴 수 있다. 전통적인 교사 교육을 받은 초등학교 교사들로 가득한 회의실에서 앨리스는 수많은 깔끔한 파란색 원들 사이에 껴있는 회녹색 반점처럼 눈에 띄었다.

그해 처음 몇 주 동안 다른 교사들은 앨리스가 맡은 반을 지나가다 수업 광경을 보고 어리둥절할 때가 많았다. 자기 반에서 볼 수 있는 것과 조금은 다른 풍경이었다. 내가 그 학교를 방문한 어느 날 아이 두 명이 앨리스에게 서둘러 달려가는 것을 봤다. 아이들은 화가 나서 얼굴이 붉게 상기되었고 목소리에 절박함이 배어났다. 지정받은 작업 공간에서 과제물을 만들고 있었는데 다른 두 아이가 침범해서 종이를 어질러놓고 자기들을 '자기네' 영역에서 쫓아냈다며 호소했다. 앨리스는 얼굴에 뜻 모를 표정을 지으며 몹시 흥분한 아이들의 얼굴을 내려다봤다. 무슨 말을 해야 할지, 문제를 어떻게 해결해야 할지 전혀 모르는 것 같았다. 경험 많은 다른 교사였다면 아이들을 즉시 자리로 돌려보내면서 침범했다는 그 아이들과 같이 만들라고 했을 것이다. 아니면 공간을 침범한 아이들에게 가서 다른 곳으로 옮기라고 했을 것이다. 그러나 앨리스는 주저했다. 그러고 나서 조용한 목소리로 거의 아무 상관이 없는 말을 하기 시작했다. "이번 활동은 참 흥미진진하지, 안 그래? 스토리보드 만드는 것이 어려워. 종이를 저기 긴 탁자 위에 펼쳐놓고 싶니?" 두 아이는 선생님이 침입자에게 확실하게 꾸짖거나 조용히 하라고 말하지 않아서 당황한 듯했다. 선생님의 애매한 반응에 어쩔 줄을 몰라 그냥 잠시 아무 말 없이 서 있었다. 그러고 나서 앨리스가 가리킨 긴 탁자를 쳐다봤다. 두 아이 중 한 아이가 어깨를 살짝 으쓱하고서는 물건들을 챙겨 새로운 작업 장소에 펼쳐놓았다. 그리고 다시 과제에 집중했다.

처음에 일부 학생들은 앨리스의 방식을 이해하지 못했지만 몇 주 사이에 모든 학생이 그 방식에 적응한 듯했다. 학생들은 앨리스의 말하는 속도와 방식을 이해하기 시작했다. 한편 앨리스 반 아이들은 다른 반 학생들이 하는 활동도 많이 했다. 아이들은 읽을 책을 직접 고르고, 읽은 책에 대해 글을 썼다. 연산과 기본적인 기하를 공부했다. 단어 공부도 하고 학급 조회를 열었다. 체육관에 가서 운동하고, 이집트를 조사했다. 앨리스와 학생들과의 관계는 특별해 보였다. 하지만 교과과정은 그 학교 다른 반에서 진행하는 것과 별반 달라 보이지 않았다.

빨대와 캔 고리

11월이 되었을 때 앨리스는 반 학생들에게 빨대를 연결하는 과제를 시작할 것이라 말했다. 그녀는 40개 넘는 플라스틱 빨대 상자를 가지고 왔다. 아이들에게 빨대의 끝부분을 꼬집어서 빨대를 서로 연결하는 법을 시범 보이며 매일 빨대를 조립하는 시간을 가질 것이라고 말했다. "우리는 빨대를 길게 연결해서 기네스북에 도전할 수 있어." 앨리스는 아이들이 기네스북이 무엇인지 볼 수 있게 몇 권을 교실에 남겨두었다. 그러나 더 이상의 설명은 하지 않았다. 그녀만의 고전적인 방식대로 앨리스는 학생들이 '11,000미터가 넘는 마리아나 해구의 깊이를 물리적으로 측정하는 것'이 자신의 진짜 생각임을 말하지 않았다. 기네스북 기록을 세우는 일은 재미있을 것이다. 그러나 무엇보다 이 프로젝트가 지닌 지속적인 이점은 아이들이 엄청난 수량을 이해하게 된다는 것이다. 앨리스는 모든 교사가 단기 목표와 장기 목표를 가지고 있는 것은 아니잖냐고 묻기라도 하듯이 나에게 이것을 말해줬다.

앨리스는 매일 학생들에게 빨대를 연결하게 했다. 처음에는 다른 교사들과 학부모들도 흥미를 보였다. 수학이나 독서를 할 수 있는 기력이 떨어졌을 때 아이들을 차분하게 가라앉히고 계속 무엇인가 하게 할 수 있는 괜찮은 만들기 프로젝트처럼 보였다. 어떤 사람들은 어린 학생들이 대단한 기록을 모은 책에 이름을 올리기 위한 활동을 하도록 지도하는 것이 이상하다고 수군거렸다. '왜 이런 걸 하지? 아주 별나다.' 3월이 되자 몇몇 학생이 불평하기 시작했다. 빨대를 붙이는 것이 지겨워진 것이다. '도대체 얼마나 오래 이걸 해야 할까?' 한편 자리에 앉아 빨대 끼워 맞추는 일을 무척 좋아하는 듯한 아이들은 연결된 빨대의 길이에 관해 이야기하기 시작했다. "마침내 모든 빨대의 조립을 끝마치면 길이가 얼마나 될까?", "지금까지 실생활에서 본 것 중에서 가장 긴 것은 무엇이었나?", "지구 한 바퀴를 돌 수 있을 만큼 긴 빨대 띠를 만드는 게 정말 가능할까?", "그것을 수직으로 세운다면 어떻게 될까?", 마지막 질문은 "길게 연결한 빨대 띠는 절대 똑바로 세울 수 없는데, 어떻게 해야 튼튼하게 할 수 있을까?"라는 질문으로 이어져 25분 동안 그 문제에 관한 이야기를 나눴다.

프로젝트는 평범한 것이었다. 그러나 아이들의 사유는 절대로 평범하지 않았다. 5월쯤 되자 아이들이 빨대를 연결해서 만든 띠는 6,115미터를 막 넘겼다. 마리아나 해구의 깊이에는 못 미치는 길이였지만 그해 가장 길게 연결한 빨대 띠 기록을 깨고 기네스북에 이름을 올렸다.

앨리스는 한 해 더 그 학교에서 일하고 나서 그곳을 떠나 도시로 돌아갔다. 아이들과 함께 무엇인가를 하는 것이 그리워서 가끔 가까운 학교에서 시간제로 일했다. 그러나 대부분 시간은 다양한 재료로 큰 조각품을 만들면서 보냈다. 몇 년 후, 빨대 연결 프로젝트를 진행했던 학교에서 출산 휴가로 자리를 비운 교사 대신 한 반을 맡아달라는 제안이 들어왔다. 만 11~14세 학생들로 구성된 반이라고 했다. 앨리스는 학생들이 캔 고리를 수집하고 그 수를 세고 재활용하면서 상당 시간을 쓸 수 있게 허락한다면 제안을 받아들이겠다고 했다. 프로젝트는 2월에 시작되었다. 5월 하순에 학생들은 캔 고리로 어마어마하게 큰 조각품을 완성했다.

그 무렵 앨리스의 초점은 교사에서 예술가로 거의 완전히 바뀌어 있었다. 딸이 대학에 입학한 해 말에 앨리스는 자기 작업실을 마련하고 전업 작가로 일하기 시작했다. 그녀는 초대형 조각품을 만들었다. 일부는 벽에 설치했고 일부는 바닥에 세워놓았다. 거의 모든 작품의 높이가 1.5미터 이상이었고 종종 폭이 그 정도인 것도 있었다. 작품들은 작은 금속 조각과 플라스틱 조각으로 만들어졌다. 캔 고리는 특히 앨리스가 선호하는 매체였다. 많은 작품이 중세시대 작은 쇠사슬을 엮어 만든 갑옷 같은 느낌이었다. 형태가 추상적이고 물결치는 듯한 모양이었다. 그녀의 작품은 방패와 파도를 닮았고 어떤 것은 심지어 가상의 거대 동물에서 떼어낸 금속 피부 같았다. 앨리스는 캔 고리를 이용해 아름다운 장신구 같은 작은 물건도 만들었다. 시작한 지 5년 만에 작품을 팔고 미술관에 전시하고 대규모 작업 의뢰를 받기 시작했다. 하지만 아이들과 함께 하는 만들기 작업이 늘 그리웠다. 그래서 몇 년 전에 근무했던 학교에 일주일에 한 번 만들기 수업을 열고 싶다고 제안했다. 학교에서는 기꺼이 제안을 받아들였다.

몇 년 동안 연락이 없다가 어느 날 나는 앨리스의 전화를 받았다. "이제 일하게 될 학교에서 아이들과 하고 싶은 것이 있는데요, 선생님의 조언을 듣고 싶습니다." 그녀가 말했다. 우리는 레모네이드를 마시면서 앉아있었다. 앨리스가 말을 하기 시작했다. 그녀는 평상시 버릇대로 말을 멈추고 멍하니 다른 곳을 보다가 다시 말했다. "저는 측량할 수 없는 것을 물리적으로 형상화할 수 있는지 확인하고 싶습니다. 그러니까 캔 고리를 이용해서 시간에 따른 인구 변화를 표현하고 싶어요. 저는 크기의 주관성에 관해서 계속 생각했어요. 예를 들어 지평선이 있잖아요. 아이들은 자기가 특정 위치에서 지평선을 보기 때문에 그만한 크기의 지평선으로 보인다는 것을 깨달을까요?

저는 아이들이 지평선을 그림으로 그릴 수 있는지, 심지어 아이들에게 지평선이 어떻게 보이는지 관심 없어요. 단지 아이들이 주관성에 대해 생각했으면 좋겠습니다."

앨리스는 계속 말을 이어 나갔다. "교사들은 아이들이 '진짜 경험'이나 '체험'을 해야 한다는 관념에 사로잡혀 있어요. 모두가 아이들이 구체적인 물건은 사용할 수 있더라도 대수학 같은 추상적인 것은 배우기만 할 수 있다고 주장합니다. 어쩌면 그럴지도 모르죠. 하지만 그렇다고 추상적 개념이 의미가 없다는 말은 아닙니다. 그러지 않나요? 제 생각에 아이들은 추상적 개념에 대해 생각하는 것을 좋아하는 것 같아요."

앨리스의 말이 옳다. 아이들이 교육에서 얻을 수 있는 가장 중요한 것을 하나 꼽으라면 그것은 자기 스스로 생각을 형성하고 다른 사람이 내놓은 생각을 탐구하고 사유하려는 성향과 재능이다. 그러나 대부분 교실에서는 계획적으로 생각에 초점을 둔 학습 활동을 찾아보기 어렵다. 교육정책에서도 완전히 빠져 있다. 교사들은 아이들에게 많은 주제와 기량을 익히거나 연습하라고 장려한다. 특정 사실을 모르거나 중요한 학습 기술을 증명해 보이지 못한 아이들은 절대 다음 학년으로 승급하지 못하게 하는 정책이 시행되고 있다. 그러나 우리는 종종 생각을 추구하는 능력은 산술과 철자, 문장을 요약하는 법, 줄지어 서는 법, 지시사항을 따른 법 그리고 우리가 가르쳐주려고 열정을 쏟는 모든 다른 것들을 배웠을 때 생기는 필연적 결과라고 가정하면서 그냥 운에 맡기고 만다. 그러나 그 가정은 틀렸다. 생각을 추구하는 능력은 결코 필연이 아니다. 우리는 모든 것을 가르치고 있지만 가장 중요한 한 가지를 빠뜨리고 가르치고 있다.

만일 부모나 교사에게 아이들의 생각을 소중하게 여기는지 묻는다면 마치 아이에게 다정하게 대하는지 묻기라도 한다는 듯이 대부분 놀라서 쳐다볼 것이다. 어른들 대부분은 자기는 아이들이 생각이 있다고 생각한다고 착각하고 있다. 실제 행동은 그렇지 않다는 것을 고스란히 드러낸다. 교사와 부모 그리고 아이가 말하는 것을 감탄하며 구경하고 있는 사람들은 아이가 사용하는 표현 방식의 매력에 주목하거나, 평범하지 않은 단어 선택을 보며 웃거나, 아이가 복잡한 개념을 이해하고 있는 것 같으면 그 조숙함에 혀를 내두를 것이다. 친척들은 언제나 어린아이들이 이례적으로 무엇인가 알아차리면 미소를 짓고 한 아이가 예리한 통찰력을 보이면 그것에 감명을 받는다.

심지어 온갖 종류의 주제에 대해 아이가 바라는 것과 느끼는 것을 아이에게 물어보는 것이 유행처럼 되었다. 공원이나 식당에서 그리고 학급 조회 시간에 옆에서 들어보면 어른들이 아이들에게 의견을 간청하고 있는 것을 알 수 있다. "강아지가 죽었을 때 슬펐니?" "유령에 관한 그 이야기 무서웠지, 안 그래?" 어른들은 종종 아이들에게 좋아하는 것이 무엇인지 꼭 물어보려고 한다. "영화 재미있었어?" "오늘 오후에 뭘 하고 싶어?" 아이의 기분에 신경을 쓰고 아이에게 발언권을 주는 것은 분명 가치가 있다. 그러나 그것은 아이들의 생각을 중시하거나 아이들이 발상을 더 잘할 수 있게 돕는 것과는 다르다.

가로등과 전구

나는 다섯 살 때 교회 지하실에 있는 작은 유치원을 다녔다. 주로 어머니가 자전거로 그곳까지 데려다줬다. 나는 자전거 앞에 장착된 어린이용 안장에 앉아서 갔다. 대략 10분 정도 걸리는 짧은 거리였지만 신호등 여섯 개를 통과해야 했다. 내가 기억하는 가장 어린 시절의 경험은 어머니와 유치원까지 자전거를 타고 가면서 함께 게임을 한 것이다. 어머니가 첫 번째 신호등의 색깔을 외치면, 예를 들어 "초록색 불"이라고 말하면 그다음은 내가 "노란색 불"이라고 다른 색을 말했다. 그러고 나서 어머니가 다른 색을 말하면 다시 내 차례가 되었다. 세 번 정도 돌고 나면 일반적인 신호등 색깔을 다 말해버렸기 때문에 앞에서 말한 색이 아닌 새로운 색을 만들어내는 게임으로 바뀌었다. 나는 그 게임을 머리를 써야 하는 수수께끼로 기억하고 있다. 아마 그래서 내가 말한 최고의 대답을 아직도 생생하게 기억하고 있는지도 모르겠다. 나는 작은 안장에 앉아 기세등등하게 "낙타색 불!"이라고 외쳤다. 누가 그런 색을 생각해냈겠는가? 그것도 신호등 색으로 말이다. "낙타색 불이라고!" 어머니가 소리쳤다. "참 멋진 생각이구나!"

돌이켜 보면 머릿속에서 무엇인가를 떠올리는 것이 생각이라는 것을 아마 그때 처음 알았을 것이다. 뻔해 보이거나 기발해 보일 수 있고 비범하거나 평범할 수 있지만 어쨌든 나 자신만의 특정한 생각이 된다는 것을 알았다. 물론 그때 나는 생각의 질을 묘사하는 '기발하다'와 '평범하다' 같은 단어를 몰랐다. 그러나 새로운 것이나 다른 무엇인가를 생각해내는 것이 어떤 것인지 어렴풋이 알게 되었다. '낙타색 불'을 생각해냈을 때 나는 흥분했다.

만 3세 아동들 대부분이 갑자기 전구에 불이 번쩍 들어오는 듯한 순간을 경험한다. 그러나 그런 번쩍하는 생각은 시작점에 불과하다. 그 후로 대략 3년에 걸쳐 아이들은 탐구, 발명, 생각을 가능하게 해줄 많은 기술을 습득할 것이다.

요약하면 아이들은 태어난 순간부터 초보적인 호기심을 보인다. 만 3세쯤 되면 아이들은 호기심을 자극하는 모든 것을 의도적으로 추구하고, 질문하고, 정말로 마음을 사로잡는 주제가 있으면 그것을 깊이 파고들 수 있다. 비록 발명가로서 더 굴곡진 길을 걷더라도 아이들은 이 시기에 발명 기술을 서서히 펼치기 시작한다. 돌 이후 가상으로 꾸며서 행동하거나 이야기를 지어내기 시작하는 순간부터 아이들은 다양한 문제에 대해 새로운 해결방법을 생각해낼 수 있는 기반을 다지고 있다. 아이들은 이 시기에 비교적 추상적인 생각도 추구하기 시작하는데, 예를 들어 인간의 필멸성, 정체성, 동시성 같은 문제에 대해 성가실 정도로 질문을 퍼붓는다.

생후 5년 동안 탐구, 발명, 생각에 관여하는 정신적 과정들은 서로 독립적으로 진행된다. 각 과정은 일련의 특별한 단계를 따른다(단계의 순서는 중요하지만, 아이가 특정 단계에 도달하는 나이는 중요하지 않다). 독립적으로 발생한 이 세 요소는 대략 생후 5년째 되는 해에 하나로 합쳐져서 아이들을 새로운 지적 세계로 안내한다. 만 6세가 되면 아이들 대부분이 생각이 무엇인지 알 수 있고 어떤 생각을 해낸다는 것의 의미를 이해할 수 있다.

이 시기에 아이들은 생각을 정신적 객체, 즉 평가하거나 비평하거나 수정하거나 응용할 대상으로 다룰 수 있게 된다. 자신의 흥미를 끄는 지적인 문제에 탐구와 발명의 힘을 적용하는 능력도 생긴다. 그러나 거의 모든 어린아이가 생각을 추구할 수 있다고 해도 실제로 다 그런다는 말은 아니다. 아이가 어떤 것에 관한 사색이나 새로운 발상을 더 잘하게 될지는 주변 어른들에게 달려 있다. 그만큼 부모의 역할이 중요하다. 그것은 교사도 마찬가지다.

대부분 초등학교에서 사용하는 성적표와 활동 기록지에는 산수 문제 이해하기, 더하기와 빼기, 할 일 확인하기, 독해할 때 근거 사용하기, 글쓰기 지침 따르기, 지시사항 따르기 등의 특정한 표준 항목이 포함되어 있다. 그러나 교사들이 이처럼 제한적인 학업 성취만 평가한다고 말하는 것은 오해의 소지가 있고 맞는 말이라고도 할 수 없다. 교사들은 학생의 다른 특성들도 고려한다.

한 예로 지난 15여 년 동안 학교들은 아이들이 사이좋게 지내고 서로 나누고 도와주는 법을 배울 수 있도록 돕기 위한 노력을 더 확실하게 벌여왔다. 종종 이것은 인성 교육 또는 사회정서 교육이라는 이름으로 논의된다. 그런 인성적 특징들은 일반적으로 하나로 합쳐지고, 수학과 읽기 같은 딱딱한 학업적 기술과 대비시키기 위해 '소프트 기술'이라 불린다. 때때로 소프트 기술은 최근 인기가 많아진 다른 행동들 즉 자기 절제, 집중력, 지시를 따르는 능력을 포함한 '실행기능executive functioning'과도 연결된다. 최근 발표된 여러 중요한 연구에 따르면 산만한 요소를 차단하지 못하거나 과제에 집중하지 못하거나 보상이 미뤄지는 것을 참지 못하는 아이들은 학교생활을 힘들어할 가능성이 더 크다고 한다. 일상생활 경험이 이런 연구 내용을 뒷받침하고 있다. 지역을 막론하고 미국의 교사들은 통제가 안 되는 학생이 점점 많아지고 있다고 말할 것이다. 많은 교사가 어떤 식으로든 아이들이 떨어져나가는 것을 막기 위해 너무 많은 것을 쓰다 보니 학습에 집중할 시간이 거의 없다고 느끼고 있다. 적어도 일부 연구 결과는 학교에서 이런 능력을 가르칠 수 있다는 의견을 지지하고 있다.

요컨대 교육제도는 학생들이 특정 학업 기술을 습득하고 기본적인 지식을 배우고 자기 스스로 행동을 관리하도록 돕기 위해 막대한 자원과 관심을 쏟고 있다. 하지만 생각의 창조를 강조하는 학교 교육과정이나 교육 목표는 좀처럼 찾아보기 어려울 것이다. 흥미로운 질문하기, 사색하기, 복잡한 질문에 집중하고 답 찾아내기, 중요한 문제를 명확하게 설명하고 시간 들여 그것을 해결하기, 여러 관점에서 생각에 접근하기, 언제 생각을 수정하고 어떻게 수정하는지 알기 같은 새로운 평가항목을 적용해서 학생의 발달 상황을 평가한다고 상상해보라.

회의적인 사람들은 새로운 생각을 창조하는 능력을 향상하기 위해 특별하고 계획적인 교육적 관심이 꼭 필요한 것이 아닐뿐더러 우리가 그런 교육과정을 지원하든 안 하든 아이들은 생각을 창조할 수 있다고 주장할 것이다. 이것이 우리 사회에 널리 퍼져 있는 생각일 것이다. 그러나 증거는 그 반대를 가리키고 있다. 여섯 살만 되어도 아이에 따라 추상적 개념에 관한 대화에 참여하는 빈도가 상당히 다르다. 불가사의한 현상에 대해 인과관계를 설명할 수 있는 능력도 다르고, 어른들의 초대로 직접적 상관이 없는 주제나 실질적이지 않은 주제를 논의할 기회에도 상당한 차이를 보인다.[1] 아주 어릴 때 생각을 경험한 차이는 다양한 학업 성취와 밀접한 관련이 있다.[2] 학교에서 공부를 잘하는 아이들은 어릴 때 다른 아이들보다 더 많은 단어를 듣고 더 많은 대화를 나누고 비실제적인 것에 관한 말을 더 많이 한 아이들이다. 고등학교에서 학업 적성검사에서 더 높은 점수를 받은 아이는 책을 더 많이 읽고 어휘력이 더 좋은 아이들이다.[3] 이제 우리는 다른 것은 몰라도 유아기의 지적 경험과 청소년기의 학업 성취 사이에 강한 상관관계가 있음을 알게 되었다.

그러나 이것이 전부가 아니다. 전체적으로 위에서 언급한 연구들은 아이들이 단어와 숫자라는 상징을 이용해 생각을 표현하는 세계에 아주 어릴 때 발을 들여놓는다면 나중에 성장했을 때 그 세계에 더 깊은 흥미를 느끼고 더 잘 헤쳐갈 수 있음을 보여주고 있다. 최근의 연구 결과에 따르면 어린아이들은 다양한 현상에 대해 각기 다른 설명이 필요하다는 것을 배운다. 어릴 때 직접 인과관계를 설명하는 경험은 아이의 사고력 향상에 깊은 영향을 미친다. 다시 말해 어른이 되었을 때 사색의 세계에서 생활을 잘하는 사람이 되게 하고 싶으면 어린아이였을 때 그 세계로 초대해야 한다는 것이다.

어른과 아이가 사색하는 것을 의식적인 습관으로 만든다는 것은 어떤 것일까? 그것은 아이가 하루 중 어느 때고 형식에 얽매이지 않고 불쑥 내놓은 생각에 어른이 흥미를 명백하게 집중시킬 때 시작된다. 내 친구는 여섯 살 난 딸아이에게서 "아빠, 아빠가 죽으면 무슨 일이 일어나요?" 하고 질문을 받았다. 앞서 어른들은 그런 질문에 보통 "너는 하늘나라로 갈 거야."라고 말하거나 "모든 것이 멈추게 돼." 또는 "걱정하지 마, 그런 일은 한참 동안 일어나지 않을 거야."라고 대답한다고 한 대목이 생각날 것이다. 하지만 내 친구는 "많은 사람이 그것에 관해 다양한 생각을 한단다." 하고 완전히 다른 대답을 했다.

그 친구는 짧고 절제된 대답으로 더 많은 부모가 더 자주 해야 하는 일을 한 것이다. 다시 말해 아이가 생각을 조사하고 있다는 사실을 아이에게 상기시켜준 것이다. 그는 죽음에 관한 특정한 사실을 알려주는 대신에 사람들은 죽음에 관해 나름의 이해를 구축한다는 점에 주목했다. 그의 대답은 딸아이가 생각의 세계를 들여다볼 수 있게 문을 열어줬다. 이처럼 평범하지만 잘 표현된 말은 종종 더 확장된 대화로 이어져 아이들은 그런 대화 속에서 생각을 충분히 숙고하는 데 필요한 기술과 전략을 시험해보면서 자기 생각을 추구한다.

발달심리학자 엘리자베스 보나위츠는 여섯 살 여자아이와 두 살 더 많은 오빠가 어느 날 아침 엄마와 함께 학교 가는 길에 나눈 대화를 묘사했다. 아이들은 레프러콘(초록색 옷을 입고 장난을 좋아하는 아일랜드의 요정-옮긴이)에 관해 이야기하고 있었다.

동생: 레프러콘은 변기에 초록색 오줌을 누질 않나 정말 말썽꾸러기야.

오빠: 나는 레프러콘이 있다고 생각하지 않아.

동생: 그래? 그럼 변기는 어떻게 해서 초록색이 되는 거야?

오빠: 내가 보기에는 어른들이 변기에 물감을 풀어놓는 것 같아.

동생: 말도 안 돼. 어른들이 왜 어질러놓겠어?

오빠: 나도 몰라. 하지만 레프러콘이 있다고는 생각하지 않아. 내 말은 나도 너처럼 그런 요정이 있다고 믿은 적이 있었어. 하지만 지금은 있다고 생각하지 않아.

엄마: 어째서 생각이 바뀌었니?

오빠: 음, 두 가지 이유가 있어요. 첫째, 아무도 레프러콘을 잡은 적 없다는 게 의심스러워요. 둘째, 이야기책에서만 그 요정을 봤기 때문이에요. 논픽션 책에 나오지 않는다면 아마 실제로 있는 존재가 아닐 거예요.[5]

학교 가는 길에 그냥 불쑥 시작된 이 평범한 대화에서 눈에 띄는 점은 세 명의 대화 참가자 모두 자기가 알고 있는 것을 어떻게 아는지 어느 순간 말하고 있다는 것이다. 오빠는 정보의 출처와 직접적 증거의 중요성 그리고 누군가의 믿음이 어떻게 바뀔 수 있는지 말하고 있다. 엄마는 무엇 때문에 아들의 믿음이 변했는지 묻고 있다. 심지어 여섯 살 난 어린아이도 '말도 안 되기' 때문에 오빠의 주장을 거부하고 있다. 모두가 어떤 사고(레프러콘의 존재)에 대해 능동적으로 사색하고 자기 생각을 소리 내어 표현하고 있다. 어린아이를 생각하는 것에 흥미 있어 하고 생각에 대해 논의할 수 있는 사람으로 대한다면 미래에 아이가 가지게 될 지적인 삶에 상당한 영향을 미칠 것이다.

어린아이가 생각하는 데 필요한 요소들은 자연스레 생겨난다. 그러나 그 요소들은 어른들이 어떤 지원을 제공할 때야 비로소 하나로 융합되어 더 강력하고 능숙한 사색을 추구할 수 있게 해준다. 아이들이 스스로 생각을 형성할 수 있도록 돕기 위해 우리가 평상시에 할 수 있는 것들이 있다.

아이의 생각에 관심을 집중시켜라. 아이가 생각에 공을 들이고 있는 것 같을 때를 주목하라. 추측 · 계획 · 가설의 언어는 아이들에게 지적 탐색을 위한 강력한 도구를 제공해주고, 사고를 형성하는 것이 귀중한 시도임을 알려준다. 생각은 어디에서 생겨나고 시간이 지나면서 어떻게 변하는지, 사람들은 어떻게 좋은 생각인지 아닌지 판단하는지 그리고 생각이 당신 자신에게 어떤 영향을 미쳤는지 아이에게 말해주자. 내가 의기양양하게 "낙타색 불"이라고 말했을 때 어머니는 다른 식으로 반응할 수 있었을 것이다. 내 말을 무시할 수도 있었고 "낙타색은 신호등 색깔이 될 수 없어."라고 말할 수도 있었을 것이다. 그저 "멋지다!"라고 하거나 "좋은데!"라고 말할 수도 있었다. 단순히 열광했을 수도 있었다. 그러나 어머니는 "참 멋진 생각이야!"라고 말해줬고 그것은 나에게 완전히 새로운 세상으로 가는 문을 열어줬다.

아이들이 발명할 때 사용하는 과정에 주목하라. 아이에게 만들고 싶은 게 무엇인지 미리 알고 있었는지 물어보라. 어떤 문제를 해결하려고 했는지 물어보라. 아이들이 발명품을 만들어내기까지 얼마나 많은 반복이 필요했는지에 주목하라. 과정을 명백하게 한다면 일을 망치지 않을 것이다. 그렇다고 해도 이것이 또 다른 수업 시간으로 바뀔 필요가 없고 모든 발명에 설명이 필요한 것도 아니다. 물건을 만드는 것과 어떤 생각을 해내는 것의 연관성을 주기적으로 언급하라. 아이들은 자신의 사고에 관해 생각하기 위한 틀을 마련해야 할 필요가 있다. 그것은 아이들에게 물건을 만들거나 생각을 해낼 때 사용하는 과정에 관해 말하라고 자주 격려했을 때만 이뤄질 수 있다.

가벼운 대화 속에 내포된 가설과 추측을 밝혀내는 데 매일 시간을 써라. 어떤 것에 대한 당신의 추측이 틀렸음이 드러났을 때 그것에 대해 말할 준비를 철저히 하라. 아이들이 자신의 추측이 맞았는지 틀렸는지를 어떻게 알 것인지, 어떤 증거에 의해 자신이 옳다거나 틀렸다는 것이 입증될지 생각하도록 격려하라. 아이들이 극도로 싫어하거나 결국에는 버려질 것이라 확신하는 생각이라도 누군가 그것에 관해 충분히 생각하는 것은 괜찮다. 아이들에게 옳다거나 틀렸다고 말하거나 위험한 주제를 건드렸다고 말하기 전에 먼저 마음속에 어떤 생각이 있는지 더 말해달라고 하라. 사람들이 무엇인가를 생각하는 이유를 탐구하는 습관을 들여라.

여러 해를 알고 지낸 초등학교 1학년 교사 에블린이 어느 날 갑자기 내게 문자를 보내왔다. 그녀는 이사야라는 학생에 관해 이야기했다. 어느 날 조회 시간에 이사야가 느닷없이 "멍청한 사람은 똑똑한 사람만큼 오래 살지 않는다."라는 뜻밖의 말을 했다. 다른 학생들이 냉담한 시선으로 이사야를 쳐다봤다. 에블린은 그 짧은 순간에 아이들이 이사야의 말을 어떻게 생각하는지 알 수 없었다. 어쩌면 자신 중에 누가 바보인지 궁금해하고 있었을 수도 있었다. 에블린은 당황스러웠다. 이사야가 정신 나간 소리를 하는 것 같았다.

"뭐? 그게 무슨 말이니, 이사야?" 거기까지는 괜찮았다. 에블린은 이사야에게 그의 아리송한 말을 더 자세히 설명해달라고 했다.

"내 고양이는 멍청했어요." 이사야가 설명했다. "길을 건널 때 잘 살피지 않았어요. 그래서 차에 치여 죽었어요."

에블린은 아이의 대답이 터무니없다고 생각했다. 잘못된 논리를 펴고 있었다. 나에게 그 이야기를 해주면서 에블린은 "그 아이에게 다윈의 진화론을 설명해야 할까 봐요."라고 빈정댔다. 이번에는 내가 당황스러웠다. 나는 그게 무슨 말이냐고 물었다. "분명 그 아이는 사람들이 똑똑하기 때문에 더 오래 사는 게 아니라는 사실을 모르고 있어요. 건강한 몸으로 태어났는지 아닌지 그런 문제인데요."

그러나 정작 잘못 알고 있는 사람은 에블린이었다. 이사야는 '예측 불가능한 환경에서는 아이큐 지수가 높을수록 좋다.'라는 흥미로운 추측을 하려는 것이었다. 에블린이 이사야의 생각을 독특하다고 무시하기보다 그 생각을 발전시켜보라고 격려했다면 두 사람 모두 진화에 대해 더 잘 이해할 수 있었을 것이다. 아이가 막 생겨난 자신의 미숙한 생각을 발전시킬 수 있게 도와줄 황금 같은 기회는 이처럼 아주 짧은 순간에 생긴다. 에블린은 이사야의 말이 다른 아이들 마음을 상하게 할까 봐 걱정했고 또 그게 틀린 생각이라고 믿었기 때문에 중간에 말을 끊었다. 그러나 그렇게 하기보다 이사야가 자기 말 속에 숨어 있는 가설에 이를 수 있게 도울 수도 있었을 것이다. 아이들에게 이사야의 말에 숨어 있는 가정을 찾아내고 그것을 더 탐구해보라고 제안할 수도 있었을 것이다. 다른 아이들이 이사야의 가설을 검증할 수 있는 증거를 같이 생각해보도록 이끌 수도 있었을 것이다. 아이들의 마음은 지적인 활동을 하고 싶어 한다. 하지만 그것을 더 잘하기 위해서는 안내가 필요하고, 참여할 기회도 많이 필요하다.

저명한 교육학자 데보라 볼Deborah Ball은 젊었을 적에 초등학교 교사였다. 그녀의 수업 모습을 보여주는 동영상에서 우리는 데보라가 4학년 학생들에게 말하고 있는 것을 볼 수 있다. 화면 아래에 달린 제목은 그녀가 학생들에게 짝수와 홀수를 가르치고 있다고 설명한다. 그러나 동영상이 시작되었을 때 다른 것에 대한 말을 한다. 데보라는 그냥 아이들에게 전날 참석했던 전체 조회가 어땠는지 물어봤다. 한 남자아이가 손을 들고 말한다. "어제 조회에 관해서 할 말은 없어요. 하지만 저는 숫자 6에 관해서 생각하고 있었어요. 왜냐하면 6도 홀수가 될 수 있다는 생각을 하고 있었거든요……." 아이는 약간 스트레스를 받은 듯 보인다. 속으로 뭔가 생각에 사로잡힌 듯하다가 계속해서 설명한다. 수석 교사인 데보라는 그 아이를 앞에 나오게 하고 반 아이들 앞에서 충분히 설명하게 한다. 아이는 6은 3을 두 개 포함하고 있고 3이 홀수이므로 6이 홀수도 되고 짝수도 될 수 있다고 생각한다고 설명한다. 데보라는 아이의 설명을 바로 잡아줄 수도 있지만 그렇게 하지 않는다. 대신에 다른 학생들을 참여시킨다. 그 뒤로 정말 놀라운 일이 벌어진다.

모든 학생이 7분이 넘도록 한 아이가 내놓은 주장에 대해 골똘히 생각한다. 몇몇 아이들은 그들의 친구가 6이 홀수이자 짝수라는 결론에 이르게 한 논리에 대해 생각해본다. 몇몇 아이는 일어나서 수학적 정교함의 수준은 다 다르지만 각자 그 주장이 왜 타당하지 않은지 증명한다. 한 여자아이가 자리에서 일어나서 나무 지시봉을 잡고 수직선이 그려져 있는 칠판으로 걸어간다. 그 아이는 2에서 출발해서 수직선 위의 수를 두 개씩 건너뛰며 표시한다. 6도 포함되어 있음을 언급하며 그러므로 6을 홀수 집합에서 제외해야 한다고 말한다.

마지막으로 연약해 보이는 긴 검은 머리 여학생이 손을 높이 든다. 다른 아이들보다 키가 훨씬 작은 여학생은 "저 애가 왜 그렇게 말했는지 알 것 같아요."라고 말한다. 여학생은 6이 2의 집합 세 개로 구성되어 있고, 3은 홀수인데 세 개의 집합을 포함하고 있으므로

6도 홀수의 자격을 얻는다고 생각했을 수 있다고 설명한다. 여학생은 계속 말을 잇는다. "그러나 그건 틀렸어요. 6은 짝수이면서 홀수일 수가 없어요." 동영상을 보면 그 여학생은 자기 마음속에 몽글몽글 피어오르는 것을 뚜렷하게 표현하려고 하면서 점점 활기가 넘치고 심지어 점점 흥분하는 것을 볼 수 있다. 여학생은 자기 말을 믿지 못하겠다고 하는 반 친구들에게 설명하기 위해 허락을 구해 칠판으로 나간다. 막 칠판을 사용한 후 분필 받침대에 기대어 구부정하니 서 있는 문제의 남학생 옆으로 간다. 그 남학생은 흥미를 보인다. 하지만 다른 아이들이 자기 의견에 끼어들자 점점 자신을 잃어가는 듯하다.

잠시 생각을 정리한 후에 그 작은 여학생이 말한다. "음, 생각 좀 해볼게요. 만약 6이 홀수가 될 수 있다고 한다면 다른 수에 대해서도 홀수가 될 수 있다는 말을 왜 안 하는 겁니까?" 그 여자아이는 잠시 머뭇거린다. 홀수 개의 집합을 포함하고 있는 다른 수의 예를 생각해내려는 게 분명하다. 8초 정도 지났을까. 아이는 예를 생각해낸다. "10을 생각해볼게요." 아이는 칠판에 일렬로 열 개의 동그라미를 그린다. "10은 두 개씩 모아놓은 집합 다섯 개라고 말할 수 있습니다. 그럼 같은 이유로 10을 홀수라고 해야 하지 않을까요? 만일 10을 홀수라고 한다면 그럼 모든 짝수가 홀수가 될 것이고, 그러면 짝수와 홀수의 구분이 없어질 겁니다. 만약 그렇다면 우리가 이런 토론을 하고 있지도 않을 거예요!" 여학생은 자신 있게 그리고 약간 흥분된 목소리로 주장을 끝마친다.[6]

어떤 아이들은 다른 아이들보다 훨씬 더 적극적으로 참여하는 듯하지만 어쨌든 모든 아이가 토론에 귀 기울이고 흥미로워한다. 어느 교사라도 11세 아동 집단이 이렇게 수의 지위에 관한 토론을 7분 연속 집중해서 하는 것에 대해 대단하다고 생각할 것이다. 데보라 볼의 반 아이들은 그냥 우연히 수의 성질에 관한 진지하고 탐구적인 집중 토론을 하게 된 것이 아니었다. 몇 개월 전부터 데보라는 반 아이들이 자기 생각과 다른 사람의 생각을 소중하게 여길 수 있도록 가르쳤다. 그녀는 학생들이 관심을 보일 만한 문제를 제시했다. 그녀는 수에 대해 잘 알고 있었기 때문에 아이들이 가지고 있는 가장 흥미로운 생각이나 어려운 생각에 초점을 집중시킬 수 있었고, 아이들이 더 명확하고 논리적이고 분석적으로 사고하도록 쉽게 유도할 수 있었다. 그녀는 생각하는 학급 문화를 만들어냈다. 이 모든 것은 다양한 학생들로 구성된 미국 중서부의 한 공립학교 4학년 학급에서 일어났다.

당신이 알고 있는 아이들과 함께 "이것이 왜 사실일까?", "내가 틀리면 어떻게 하지?", "만약 ~라면 어떤 일이 일어날까?" 하고 질문하는 습관을 들여라. 당신이 어떤 것에 대해 사색하거나 불확실성을 즐길 때 "더 생각해봐야겠어." 하고 말하거나 저널리스트 에즈라 클레인Ezra Klein이 종종 쓰는 표현대로 "나의 관점이 아닌 관점"을 고려하기로 하고 아이들에게 함께 생각하자고 초대하라.

아이들이 다른 사람과 함께 생각을 형성하도록 격려하자.

반발하는 습관이 서서히 스며들게 하자. 윌리엄 펜 두 보이스William Pène du Bois는 그의 멋진 아동용 도서 『사자Lion』에서 구름 속 거대한 작업실에서 지구에 내려보낼 동물의 모습을 그리는 작업을 하는 화가 114명의 이야기를 들려주고 있다. 어느 날 반장이라고 불리는 책임 화가가 새로운 동물을 만들기로 마음먹는다. 동물 이름을 무엇으로 할지는 이미 정해놓은 상태였다. 그는 그것을 '사자'라고 부르기로 했다. 밑그림 작업을 마친 후 반장은 화판에서 그림을 그리고 있는 다른 화가에게 그림을 보여준다.

"사자의 어떤 부분이 잘못되었는지 한마디 해주게나."라고 그가 말한다.

동료 화가는 반장이 그린 동물 그림을 보고 대답한다. "크기요."

반장은 자기가 그린 사자가 처음에 생각했던 웅장한 동물이라고 하기에는 너무 작다는 사실을 깨닫는다. 그는 자기 화판으로 돌아가서 더 크게 그린다. 그러고 나서 다른 화가에게 그림을 보여준다. "사자의 어떤 부분이 잘못되었는지 한마디 해주게나."

그 화가는 "깃털이요."라고 대답한다.

반장은 한 동물이 깃털과 털을 모두 가지고 있을 수 없음을 깨닫는다. 그래서 깃털이 풍성하고 거대한 갈기처럼 보일 될 때까지 블렌딩 기법으로 처리한다. 다른 화가들의 피드백을 계속 받으면서 사자 몸에 칠해진 여러 밝은색 색상들은 부드러운 갈색 털로 바뀌고, 사자의 작은 다리는 더 길고 강해진다. 마지막으로 사자가 내는 소리가 '짹짹'에서 '으르렁'으로 바뀐다. 『사자』는 그 자체로도 아주 멋진 책일 뿐만 아니라 다른 사람의 조언을 받아 더 나은 생각으로 발전시키는 것의 가치를 보여주는 훌륭한 우화이다.[7]

시티네이버스스쿨City Neighbors School은 미국 볼티모어에서도 가장 영세한 지역에 있는 초 · 중 · 고 학교 교육이 통합 운영되는 공립학교이다. 학교 가는 길에는 허름한 건물과 공터가 이어지는 황량한 구역을 통과해야 한다. 내가 그곳을 찾았을 때 학교 인근 거리는 텅 비어있었고 오싹할 정도로 냉기가 흘러 버려진 마을 같았다. 그러나 초등학교와 중고등학교 건물 안으로 들어가자 나는 완전히 다른 세상에 들어와 있었다. 어른들과 교사들이 대화를 나누고 일하고 서로 어울리며 시간을 보내고 있었다. 다양한 연령층의 학습 공동체가 무엇인지 직접 느낄 수 있는 곳이었다. 유치원부터 초등학교 3학년 교실, 고등학교 교실까지 내가 방문한 거의 모든 교실에서 아이들은 분명 긴급한 문제처럼 느껴지지만 쉽게 답이 나오지 않는 아주 흥미로운 질문의 답을 찾기 위해 애쓰고 있었다.

초등학교 3학년 교실을 찾아갔을 때 학생들은 두 가지 목록을 기록하고 있었다. 하나는 살아있는 모든 것을 나열한 목록이고 다른 하나는 그렇지 않은 것을 나열한 것이었다. 큰 종이 위에서 아이들은 무엇은 살아있는 것이고 무엇은 아닌지 어떻게 결정하는지를 확인하고 있었다. 내가 방문한 그 짧은 시간 동안에도 아이들은 여기저기 무리 지어 앉아서 무엇이 '살아 있는' 것을 구성하는지 논의하고 있었다. 고학년 학생들의 경우 그런 고찰의 단계가 한층 더 발전되어 있었다.

8학년(중학교 2학년) 교실에서는 학생들이 "갈등은 좋은 것인가?"라는 질문에 어느 정도 일치된 의견을 도출하기 위해 개별적으로 그리고 모둠별로 공들이고 있었다. 학생들은 3개월 넘도록 다양한 답을 탐색하고 자기가 찾은 답의 근거를 더 구체화하기 위해 애쓰고 있었다. 의견을 제시하거나 뒷받침하기 위한 정보를 찾는 것이 아이들 활동에서 핵심적인 부분이었다. 아이들은 서로 토론을 벌였다. 어떤 아이들은 생각을 바꿨다.

마지막으로, 9학년(한국의 중학교 3학년에 해당하지만, 미국에서는 일반적으로 9학년부터 고등학교 학년이다-옮긴이) 교실에서는 학생과 교사가 "미국 사회의 삶은 나아지고 있는가?"라는 질문을 한 학기 동안 다루고 있었다. 다양한 청소년들로 구성된 집단이 정말 그런 질문에 어떻게 열중하는지 어렵지 않게 상상할 수 있다. 교사들이 어떻게 그런 자극적이고 시사적인 질문을 학생들의 지적 근육을 스트레칭시키기 위한 발판으로 이용할 수 있는지도 쉽게 상상할 수 있다.

아이들이 스스로 문제를 구성하게 놔둬라. 학생들은 온종일 문제를 풀라는 요구를 받는다. 그러나 대부분 어른이, 즉 교사나 교재의 저자가 문제를 제시한다. 여기에는 '제대로 이해'하려는 열의가 생각을 잘하게 하는 동기가 될 것이라는 가정이 깔려 있다. 어떤 때는 그게 사실이다. 그러나 발명이 일어나는 과정을 자세히 살펴보면 아이들은 스스로 문제가 무엇인지 알아내고 그 문제에 진심으로 주의를 기울일 때 또는 자신과 관련된 문제라고 느낄 때 생각을 더 잘한다는 것을 알 수 있다.

캐서린 스노우는 중학교 학생들이 글을 더 잘 쓰고 더 학문적인 대화에 참여하는 법을 어떻게 배우는지 연구하고 싶었다. 스노우는 그런 대화에는 다른 사람 관점 수용하기, 자기 의견의 근거 제시하기, 반론 예상하기, 인식론적 방향epistemological orientation이라는 것 유지하기, 자기 의견을 전달하기 위해 권위 있는 목소리 또는 작가다운 목소리 사용하기 이렇게 다섯 가지가 필요하다고 주장했다. 스노우의 연구진은 몇몇 6학년 학급에(미국에서 6학년은 학군에 따라 초등학교 마지막 학년이거나 중학교 첫 학년이다-옮긴이) 짧은 수필을 쓰기 위한 준비 과정으로 다양하고 흥미로운 주제를 조사하라고 과제를 냈다. 한편 다른 6학년 학급에는 별도로 구내식당에서 즉석 음식 판매 여부, 등하교 시간, 의무적 병역의 필요성 등 학생들이 신경 쓰고 있던 주제를 토론하는 과제를 냈다. 후자에 속한 학생들은 토론 주제에 대한 확실한 자기 의견을 가지고 있었고 토론 학습에 적극적으로 참여했으며 토론에서 이기기 위해 열심이었다. 그 과정에서 어휘력이 늘었고 글쓰기 기술이 향상되었다. 토론 능력도 더 전통적인 방식으로 배운 학생들을 능가했다.[8]

만 16세의 그레타 툰베리Greta Thunberg는 이미 서른 번 이상 학교를 빼먹었다. 그레타는 학교에 가기보다 기후변화를 막기 위한 정부의 대응책을 요구하는 피켓을 들고 스톡홀름 시내 한가운데 서 있는 선택을 했다. 몇 년 전만 하더라도 그레타는 그다지 특별한 학생처럼 보이지 않았다. 학교에서 공부를 잘했고 우울증으로 고생했고 텔레비전을 즐겨 봤다. 하지만《뉴욕타임스》에 실린 소개 글은 그레타가 굉장히 생각이 깊은 아이라고 말하고 있다.

> 많은 다른 아이들과 마찬가지로 그레타는 녹아서 사라지는 북극 얼음과 북극곰의 운명, 플라스틱을 삼켜 배가 터질 듯한 동물들을 다룬 교육 영상을 봤다. 그러나 다른 아이들과 달리 그것을 그냥 보고만 있을 수가 없었다. "영상을 보고 큰 충격을 받았어요. 그 뒤로 그 문제를 늘 생각하기 시작했어요. 너무 안타까웠어요." 하고 그레타가 말했다. "그 장면들이 뇌리에서 떠나지 않았어요."

게다가 그레타는 많은 다른 아이들과 달리 아주 유명하고 능력 있는 환경운동가로 성장했다. 고독한 저항의 몸짓으로 시작된 행동이 이윽고 많은 국가에서 관심을 끌어모았다. 테리사 메이Theresa May 영국 총리가 비슷한 시위를 벌이는 영국 학생들을 향해 소중한 '수업 시간'을 낭비하고 있다고 비난했을 때 그레타는 트위터에 다음과 같은 글을 남겼다. "아니 정반대로 정치지도자들이 아무것도 안 하면서 30년을 낭비했다. 그것이 더 나쁜 것이다."《타임스》의 인물 소개 글에서 그레타는 환경운동 활동이 우울증을 극복하는 데 도움이 되었다고 말한다. "이제 더 행복해요……. 삶의 의미가 생겼어요. 제가 꼭 해야 하는 일이 있으니까요."[9]

아이들이 하나의 생각을 추구하기 위해서는 게다가 그것을 더 능숙하게 잘하기 위해서는, 즉 증거에 비추어 헤아리고 현명하게 수정하고 약점을 고려하고 한계점에 관해 생각하고 응용과 의의를 상상하고 다른 생각들과 연결하는 법을 배우기 위해서는 중요한 것에 대하여 사색하는 기회가 필요하다. 아이가 문제를 해결하면서 의미있는 무엇인가를 얻기 위해서는 아이에게 상관있는 문제이어야 한다. 아이들에게 아이들 스스로 불가사의한 현상이라고 생각하는 것을 설명하거나 빨리 해결해야 한다고 느끼는 문제를 풀 기회를 가끔이라도 반드시 주자.

그레타의 포부는 물론 대단하다. 아이들 대부분은 비교적 즉각적이고 사소한 문제를 해결하려고 한다. 나는 조카 찰리가 열 살쯤이었을 때 찰리를 데리고 해변에 간 적 있다. 태양이 내리쬐는 해변에 누우려고 내가 수건을 펼치고 있을 때 찰리는 해안선을 훑어보기 시작했다. 1분도 안 돼서 무엇인가를 발견한 찰리는 그것을 향해 달려갔다. 대략 60미터 떨어진 곳에 거대한 통나무가 누워 있었다. 길이가 1.5미터가 넘고 지름은 30센티미터 정도 되어 보였다. 나는 찰리가 통나무를 굴려서 내가 자리 잡은 곳으로 점점 가까이 오는 것을 곁눈질로 봤다. 찰리는 드디어 원하는 장소로 통나무를 옮겼다. 이제 땅을 파기 시작했다. 거의 40분 동안 계속 파고 또 팠다. 그러고 나서 남동생을 불러서 함께 통나무를 밀어서 통나무 밑동이 구멍 가장자리에 놓이게 했다. 그런 다음 두 아이는 통나무를 간신히 들어서 구멍에 수직으로 세웠다. 그다음은 통나무를 단단히 세우기 위해 기둥 밑에 모래를 채우는 힘든 작업을 시작했다. 작업을 시작한 지

거의 한 시간이 지났을 때 마침내 찰리의 목적이 무엇인지 분명해졌다. 찰리와 동생은 번갈아가며 서로의 깍지 낀 손을 받침대 삼아 요란한 소리를 내면서 꼭대기까지 올라갔다. 그러고는 자기네가 만든 정글짐 주변에 소용돌이 모양으로 펼쳐진 부드러운 젖은 모래 위로 슈퍼맨 동작을 하며 뛰어내렸다. 두 아이는 그 놀이를 하면서 남은 오후 시간을 보냈다. 한참 놀던 찰리가 자기가 만든 것을 보라면서 내 손을 잡고 끌고 갔다. 찰리는 만들기와 뛰어내리기를 하느라 약간 숨이 찼지만 의기양양하게 말했다. "내가 뭐 했는지 알아요? 내가 한 거 보이세요? 통나무를 보니까 딱 생각이 떠올랐어요. 그리고 그 생각을 실행에 옮겼어요!" 아이들은 문제를 해결하거나 탐구를 할 때 그것을 하는 목적이나 쓰임새에 대한 감각이 있어야 한다.

생각하는 데 많은 시간을 들이게 하라. 아이들이 생각을 형성하는 법을 어떻게 배우는지에 내가 관심을 두기 시작한 것은 더 큰 주제를 추구하기 위해 일련의 질문을 자주 하는 아이들을 관찰하게 되면서이다. 그런 종류의 질문은 일반적으로 상당히 긴 기간에 걸쳐 일어난다. 아이의 삶에서 몇몇 순간만 따로 분리해서 봤다면 나는 아이들이 추구하는 그런 주제가 있다는 것을 알아차리지 못했을 것이다. 마찬가지로 아이들의 발명도 보통 반복되어 나타난다. 놀이시간에 새로운 종류의 요새나 새로운 이야기는 한 번만 등장하고 끝나는 게 아니다. 때때로 아이는 이야기의 기본적인 서사를 변경하고 수정하면서 한 주제를 가지고 스무 가지 이야기를 할 것이다. 아이들이 만드는 함정이나 동물 서식지, 로봇 같은 물리적 구조물도 마찬가지다. 실제로 이 점에 관해서는 많은 사람의 삶에 영향을 미치는 발명을 하는 어른들과 크게 다르지 않다. 좋은 생각의 씨앗은 대개 매우 다양한 이전 경험과 꽤 많은 전문지식에 기초한다. 더욱이 생각의 씨앗은 단지 출발점에 불과하다. 대부분의 중요한 발명은 오랜 시간 수정과 시행착오 그리고 교정의 과정을 거쳐 나온 최종 산물이다. 아이들이 자기 생각을 생성하려면 시간이 필요하다.

앨리스를 고용한 학교는 앨리스에게 일주일에 하루만 수업할 수 있다고 못 박았다. 그러더니 정규 수업이 끝난 후에, 그것도 금요일 오후 교직원들이 주간 회의를 하는 동안에 수업할 수 있다고 말했다. 교사들은 매번 한 시간 동안 많은 학생을 모아 앨리스에게 보냈다. 그들은 모든 학생이 앨리스의 수업을 한번 받아봐야 한다면서 몇 명만 보내는 것은 비효율적이라고 생각했다. 이런 제약 때문에 앨리스는 고민했다. 그녀의 프로젝트 수업은 나중에 생각난 김에 추가된 프로그램으로 취급되는 것만 같았다. 다시 말해서 학생들이 '정규 수업'을 받을 기운이 없을 때 하는 활동쯤으로 인식되고 있었다. 앨리스는 걱정이 이만저만이 아니었다. 나는 화가 났다. 학교에서 이런 식으로 하는 게 한두 번이 아니었다. 덜 중요한 일이 많은 시간을 차지하고 더 중요한 일은 주변으로 밀려나 있다.

그런데도 앨리스는 첫 번째 금요일에 어마어마하게 많은 캔 고리를 들고 학교에 왔다. 교실로 들어오는 아이들 얼굴에는 경계와 관심이 뒤섞여 있었다. "안녕, 선생님 이름은 앨리스야." 앨리스는 인사말로 수업을 시작했다. "나는 예술가야. 앞으로 일 년 동안 매주 금요일에 이곳에 올 거고, 너희들과 함께 여기 있는 캔 고리를 사용해서 만들기 프로젝트를 할 거야. 이 프로젝트를 통해 우리는 수백만이라는 수, 수 킬로미터의 거리 그리고 시간이라는 개념을 이해할 수 있을 거야. 앞으로 우리는 캔 고리를 이어서 연속선을 만들 거야."

첫날부터 앨리스는 아이들과 실랑이를 벌였다. 아이들은 캔 고리를 집어 던지고 이미 연결해놓은 고리를 확 잡아당겨버리고 시끄럽게 떠들었다. 몇몇 아이는 캔 고리 더미 위에 눕고 어떤 아이는 심지어 고리 더미 속을 헤치며 걸어 다녔다. 아이들은 앨리스의 말에 귀 기울이지 않았다. 너무 좌절한 앨리스가 나를 불렀다. 그녀는 학생들 수가 너무 많아서 캔 고리로 만들려고 하는 것에 대한 실질적인 대화를 할 수 없으며, 무엇보다도 아이들이 어떤 생각을 하고 있는지에 대해서 대화를 나눌 수 없다고 느꼈다. 많은 아이가 캔 고리를 가장 많이 연결해서 게임에서 '이기겠다'라는 마음으로 들어온 것 같다고 앨리스가 말했다. 또 어떤 아이들은 그게 무엇이 되었든 '특별한' 캔 고리를 찾는 데 빠져 있다고 했다. 앨리스는 그 아이들이 모양이 다른 것을 찾고 싶어 한다고 생각했다. 그러나 몇몇 아이는 달랐다. 다른 아이들을 이기겠다는 생각이 전혀 없는 듯했다. 결국, 가장 긴 연결고리를 만든 아이들은 바로 이 아이들이었다. 이 아이들은 다른 아이들이 뭘 어떻게 하는지보다 자기가 하는 일에 더 몰입하는 것 같았다.

앨리스는 학생들이 만들기를 하면서 던지는 질문을 기록했고,

나중에 나와 함께 검토했다. 우리는 아이들의 질문이 결국은 '어떻게 모든 고리를 하나로 연결할 것인가?'. '저 많은 재료를 다 쓸 수 있을까?', '선생님은 왜 캔 고리를 선택했을까?', '무한대는 어떤 모습일까?' 이렇게 네 가지로 요약할 수 있다는 것을 알아냈다. 그러나 아직은 앨리스가 기대한 방식대로 프로젝트가 진행되고 있지 않았다. 그녀는 이 프로젝트가 아이들에게 의미 있는 것으로 바뀔 수 있을지 확신이 들지 않았다. "제대로 될지 모르겠어요." 하고 앨리스가 속마음을 털어놓았다. 나는 앨리스가 멋진 무엇인가를 만들어내지 못할까 봐 걱정하는 것인지 아이들이 아무것도 얻지 못할까 봐 걱정하는 것인지 분간할 수 없었다. 어쨌든 프로젝트는 계속 진행되었고 아이들은 금요일마다 앨리스를 찾아왔다. 매주 조금씩 프로젝트에 집중하는 아이들 수가 늘었다. 적극적인 핵심 그룹의 아이들이 자석처럼 친구들을 끌어당겨 만들기 작업에 합류시켰다. 대화는 계속되었다. 4월이 되자 앨리스는 캔 고리 프로젝트 이름을 '영겁'이라고 해야겠다고 확신했다.

우리가 마지막으로 그 프로젝트에 관한 이야기를 나눌 때 앨리스는 이렇게 말했다. "초봄 어느 때부터 아이들이 이해하기 시작한 것 같았어요. 그 후로 꽤 잘하더라고요. 얼마 전에 제가 아이들에게 '우리에게 주어진 시간은 고작 한 시간이야. 그리고 여러분 모두 각자 한 시간 안에 1년을 연결할 수 있어. 이것이 1년의 모습이야.'라고 말했어요." 앨리스는 캔 고리 365개가 연결된 사슬을 들어 올렸다. 가장자리가 울퉁불퉁 불규칙하게 휘어진 동글납작한 금속판으로 만든 목걸이가 묵직하고 아름다웠다. "가끔 아이들은 또 다른 1년을 만들기 위해 한 시간 넘도록 고리들을 연결해요." 하고 앨리스가 말했다. "아이들은 가끔 6개월을 연결할지 아니면 2년을 연결할지를 두고 논쟁을 벌입니다. 아주 가끔은 9개월에서 연결고리가 떨어지기도 해요. 그러면서 중력에 대해서 많이 배웠어요. 아이들은 고리를 여기저기 던지고 떨어뜨리기도 해요. 그러다 보면 남은 것은 28일밖에 안 돼요. 그러면 고리를 더 연결하기 시작해야 합니다. 아이들은 1년을 목걸이로 만들어 거는 것을 정말 좋아한답니다."

5월 말 지역 미술관에서 '영겁'을 구성하는 일곱 개 작품이 전시되었다. 하나는 길게 몸을 늘려 미술관 바닥을 가로지르며 서서히 움직이는 거대한 용수철 장난감 슬링키처럼 보였다. 다른 하나는 특수 목적으로 제작된 거대한 산업용 파이프처럼 보였다. 지름이 30센티미터가 넘는 그 작품은 바닥에서 시작해 천정까지 닿았다. 중간중간 형광 노란색과 빨간색 라벨이 매달려 있었는데 캔 고리 길이로 사람들 나이를 표시한 것이었다. 또 다른 작품은 거대한 화환을 연상시켰다. 바닥에서 고리 모양을 이루며 시작되어 여러 나무 기둥을 타고 위로 올라가 마침내 미술관 창 하나를 통해 밖으로 뻗어 있었다.

그 작품들은 많은 학생이 8개월 동안 시간과 공을 들여 만든 것이었다. 아이들은 그런 구조물을 조립함으로써 시간이라는 것을 우리가 만지고 그 주변을 걸어 다니며 눈으로 볼 수 있는 물체로 변형시킨 것이었다. 만들기 작업은 그 자체로도 강력하고 대담하고 복잡했다. 그리고 굉장히 멋진 일이었다. 눈으로 보기는 더 어렵더라도 훨씬 더 매력적인 것은 다름 아닌 만들기 프로젝트를 진행하는 동안 아이들 마음속에 떠오는 생각들이다. 8개월 동안 아이들은 시간과 공간의 성질, 생각을 3차원 공간에 구현하는 일, 캔 고리와 시간처럼 서로 측정 기준이 다른 개념의 관계, 무한대가 어떤 것인지에 관해 생각하고 서로 이야기를 나눴다. 어떤 때는 아이들의 논의가 일관성 있고 논리정연했다. 또 어떤 때는 집중하여 관찰하는 관찰자를 제외하면 누구에게도 의미가 없을 것 같은 의견과 순간을 모아놓은 듯했다. 만일 그 프로젝트가 몇 주 만에 끝내는 단기 프로젝트였더라면 또는 아이들에 관한 관심뿐만 아니라 아이들의 생각에도 많은 관심이 있는 어른이 지도하지 않았더라면 아이들의 사색은 일어날 수 없었을 것이다. 앨리스가 일주일에 하루가 아닌 여러 날을, 그것도 정규 수업이 있는 날에 더 작은 규모의 학생들과 프로젝트를 진행할 수 있었다면 어떤 일이 벌어졌을지 상상해보라. 좋은 사고는 시간이 필요하다.

이제 우리는 어린아이들이 열정적인 사색가임을 안다. 아이들은 언제든 삶의 수수께끼를 발견할 준비가 되어 있다. 그리고 열심히 수수께끼를 해결하려고 한다. 그러나 그것은 시작에 불과하다. 아이가 성장해서 탐구, 발명, 생각 이렇게 세 가지 요소가 어우러진 삶을 살지 이런 요소가 결핍된 삶을 살지는 다름 아닌 아이에게 지성의 불을 지펴줄 어른이 옆에 있느냐 없느냐에 달려 있다.

감사의 말

이 책을 쓰는 동안 나는 여러 친구와 동료들로부터 귀중한 도움을 받았다. 그분들은 새로운 정보와 무엇인가에 관해 생각하는 새로운 방식을 내게 소개해줬고 그저 든든한 격려의 말을 해주기도 했다. 몇몇 분은 나를 도와주고 있다는 것을 자각하지 못했을 수도 있다. 캐슬린 코리보, 케이시 에릭슨, 스티브 페인, 하워드 가드너, 폴 해리스, 크리스 무어, 레일라 루히, 제노 토핑 그리고 나의 탐구·발명·생각 세미나 수업을 들은 학생들 모두 감사하다. 끊임없는 열정으로 그 연구 프로젝트의 다양한 측면에서 나를 도와준 휘트니 스탠포드에게 특별히 고마운 마음을 전하고 싶다.

늘 그랬듯이 고맙게도 자신들의 삶과 생각을 거리낌 없이 보여준 많은 어린이와 부모님, 교사들에게 감사드린다. 그들이 없었다면 내가 하는 일을 할 수 없었을 것이다. 특히 20여 년 전에 어린 시절에 관한 이야기를 처음 들려준 로저 볼튼에게 감사하다. 더할 나위 없이 흥미로운 그의 이야기는 항상 내 마음에 남아 있었고 내가 더 말해달라고 부탁하면 그는 언제나 부탁을 들어줬다.

이 책의 집필을 시작할 때부터 방향을 안내해준 편집자 앤드류

키니에게도 감사하다. 그는 저자가 말하려고 하는 것을 제대로 파악하고 그것을 개선할 수 있는 놀라운 능력을 지녔다. 그처럼 우수한 편집자가 많지 않은 요즘 내가 그와 작업하게 되다니 믿을 수 없다. 이 책의 최종 원고를 맡아 꼼꼼하고 세심하게 살펴준 편집자 줄리아 커비에게도 감사하다.

무수히 많은 대화를 통해 내가 생각을 할 수 있도록 도와준 제이크 레빈, 실카 클란즈맨, 윌 레빈, 니콜 캠파나레 그리고 샘 레빈에게도 감사하다.

이 책을 집필하는 동안 세상에는 많은 나쁜 일이 일어났다. 하지만 놀랍고 멋진 일이 두 번이나 일어났다. 바로 나의 손자 헨리 레빈과 손녀 리나 레빈이 태어난 것이다. 두 아이에게 이 책을 바친다.

주

들어가며

1 J. Seabrook, "The Flash of Genius," *New Yorker*, January 11, 1993.

2 L. Peake, "The Great Pacific Cleanup," Resource 78 (Autumn 2014). Also see C. Kormann, "A Grand Plan to Clean the Great Pacific Garbage Patch," *New Yorker*, February 4, 2019; and B. Slat, "How the Oceans Can Clean Themselves," TEDx Delft, October 5, 2012, https://www.tedxdelft.nl/2012/08 /performer-boyan-how-the-oceans-can-clean-themselves/.

3 R. Dawkins, *The Selfish Gene* (Oxford, UK: Oxford University Press, 1976).

4 D. Kahneman, *Thinking Fast and Slow* (New York: Farrar, Straus and Giroux, 2011).

5 L. Festinger, H. Riecken, and S, Schachter, *When Prophecy Fails: A Social and Psychological Study of a Modern Group that Predicted the Destruction of the World* (New York: Harper & Row, 1964).

6 C. M. Steel and J. Aronson, "Stereotype Threat and the Intellectual Test Performance of African Americans," *Journal of Personality and Social Psychology* 69, no. 5 (1995): 797-811.

7 S. Metcalf, "Neoliberalism: The Idea that Swallowed the World," *Guardian*, August 18, 2017, https://www.theguardian.com/news/2017/aug/18/neoliberalism-the-idea-that-changed-the-world.

8 For two examples of such work, see B. B. Henderson, "Parents and Exploration: The Effect of Context on Individual Differences," in *Exploratory Behavior. Children Development*, 55, no. 4 (1984): 1237-1245; and G. Lowenstein, "The Psychology of Curiosity: A Review and Reinterpretation, *Psychological Bulletin* 116, no. 1 (1994): 75-98.

1장

* Four-year-old child in CHILDES TalkBank database. Access the database at https://childes.talkbank .org/.

1 J. Kagan, *Surprise, Uncertainty, and Mental Structures* (Cambridge, MA: Harvard University Press, 2002).

2 K. Nelson. *Young Minds in Social Worlds: Experience, Meaning, and Memory* (Cambridge, MA: Harvard University Press, 2007).

3 K. Nelson, Event Knowledge: Structure and Function in Development (Hillsdale, NJ: Erlbaum, 1986); S. Engel, *The Hungry Mind: The Origins of Curiosity in Childhood* (Cambridge, MA: Harvard University Press, 2016).

4 G. S. Hall, *The Contents of Children's Minds on Entering School* (New York: E. L. Kellogg, 1893).

5 D. E. Berlyne, *Conflict, Arousal, and Curiosity* (New York: McGraw Hill,

1960); D. E. Berlyne, "Curiosity and Exploration," *Science* 153, no. 3731 (1966): 25-33.

6 C. K. Hsee and B. Ruan, "The Pandora Effect: The Power and Peril of Curiosity," *Psychological Science* 27, no. 5 (2016): 659-666.

7 L. E. Schulz and E. B. Bonawitz, "Serious Fun: Preschoolers Engage in More Exploratory Play When Evidence Is Confounded," *Developmental Psychology* 43, no. 4 (2007): 1045-1050.

8 C. Cook, N. D. Goodman, and L. E. Schulz, "Where Science Starts: Spontaneous Experiments in Preschoolers' Exploratory Play," *Cognition* 120, no. 3 (2011): 341-349.

9 R. W. Magid, M. Sheskin, and L. E. Shulz, "Imagination and the Generation of New Ideas," *Cognitive Development* 34 (2015): 99-110.

10 D. Kelemen, M. A. Callanan, K. Casler, and D. R. Pérez-Granados, "Why Things Happen: Teleological Explanation in Parent-Child Conversations," *Developmental Psychology* 41, no. 1 (2005): 251-264.

11 S. M. Baker and J. W. Gentry, "Kids as Collectors: A Phenomenological Study of First and Fifth Graders," *Advances in Consumer Research* 23 (1996): 132-137.

12 M. M. Chouinard, P. L. Harris, and M. P. Maratsos, "Children's Questions: A Mechanism for Cognitive Development," *Monographs of the Society for Research in Child Development* 72, no. 1 (2007): i-129.

13 M. Gauvain, R. L. Munroe, and H. Beebe, "Children's Questions in Cross-Cultural Perspective: A Four-Culture Study," *Journal of Cross-Cultural Psychology* 44, no. 7 (2013): 1148-1165.

14 Gauvain, Munroe, and Beebe, "Children's Questions in Cross-Cultural Perspective," 1160, quoting B. MacWhinney and C. Snow, "The Child Language Data Exchange System," *Journal of Child*

Language 12, no. 2 (1985): 271-295.

15 M. L. Rowe, K. A. Leech, and N. Cabrera, "Going beyond Input Quantity: Wh-Questions Matter for Toddlers' Language and Cognitive Development," *Cognitive Science* 41 (2017): 162-179.

16 P. L. Harris, *Trusting What You're Told: How Children Learn from Others* (Cambridge, MA: Harvard University Press, 2012). Also see P. L. Harris and M. A. Koenig. "Trust in Testimony: How Children Learn about Science and Religion," *Child Development* 77, no. 3 (2006): 505-524.

17 G. Wells, *The Meaning Makers: Children Learning Language and Using Language to Learn* (Portsmouth, NH: Heinemann Educational, 1986).

18 B. Hart and T. R. Risley, *Meaningful Differences in the Everyday Experience of Young American Children* (Baltimore, MD: Paul H. Brookes, 1995).

19 P. L. Harris, *Trusting what you're told: How children learn from others.* (Cambridge, MA: Harvard University Press, 2012). Also see P. L. Harris and M. A. Koenig. "Trust in Testimony: How Children Learn about Science and Religion," *Child Development* 77, no. 3 (2006): 505-524; and J. D. Lane and P. L. Harris, "Confronting, Representing, and Believing Counterintuitive Concepts: Navigating the Natural and the Supernatural," *Perspectives on Psychological Science* 9 no. 2 (2014): 144-160.

20 S. Carey, *The Origin of Concepts* (New York: Oxford University Press, 2009).

21 Chouinard, Harris, and Maratsos, *Children's Questions*.

22 T. H. Beery and K. S Lekies. "Childhood Collecting in Nature: Quality Experience in Important Places," in *Children's Geographies: Special Viewpoint Collection: Youth-full Geographies* 17, no. 1 (2019): 118-131.

23 Chouinard, Harris, and Maratsos, *Children's Questions*, 50, fig. 20.

24 Chouinard, Harris, and Maratsos, *Children's Questions.*

25 M. T. Chi, R. Glaser, and M. J. Farr, *The Nature of Expertise* (New York: Psychology Press, 2014).

26 J. Piaget, *The Child's Conception of the World*, trans. J. Tomlinson and A. Tomlinson (London: Kegan Paul, Trench, Trubner, 1929).

27 For an excellent set of papers describing first approaches to using computers to model the developing mind, see R. Siegler, ed., *Children's Thinking: What Develops?* (New York: Psychology Press, 1981).

28 M. T. Chi, J. E. Hutchinson, and A. F. Robin, "How Inferences about Novel Domain-Related Concepts Can Be Constrained by Structured Knowledge," *Merrill-Palmer Quarterly* (1982-), 27-62. For an example of the psychologists arguing at the time that expertise in a domain is related to a child's "level of development," see D. Klahr, "Information Processing Approaches to Cognitive Development," in R. Vasta, ed., *Annals of Child Development* (Greenwich, CT: JAI Press, 1989), 131-185. Republished in R. Vasta, R., ed., *Six Theories of Child Development* (London: Jessica Kingsley Publishers, 1992).

29 C. Gobbo and M. Chi, "How Knowledge Is Structured and Used by Expert and Novice Children," *Cognitive Development* 1, no. 3 (1986): 221-237.

30 Gobbo and Chi, "How Knowledge Is Structured," 225.

31 Gobbo and Chi, "How Knowledge Is Structured," 228.

32 A. L. Brown, "Transforming Schools into Communities of Thinking and Learning about Serious Matters," *American Psychologist* 52, no. 4 (1997): 399-413.

33 A. Newman, "William Reese, Leading Seller of Rare Books, Is Dead at 62," obituary, *New York Times*, June 15, 2018.

34 F. Spuford, *The Child That Books Built: A Life in Reading* (New York: Henry Holt / Metropolitan, 2002), quote page 81.

35 R. Mead, *My Life in Middlemarch* (New York: Broadway Books, 2014).

36 CHILDES TalkBank, https://childes.talkbank.org/; B. MacWhinney, *The CHILDES Project: Tools for Analyzing Talk, vol. 2: The Database*, 3rd ed. (New York: Psychology Press, 2014); B. MacWhinney and C. Snow, "The Child Language Data Exchange System," *Journal of Child Language* 12, no. 2 (1985): 271-295.

37 Research conducted with students was in the context of the Inquiry, Invention, and Ideas advanced psychology Seminar at Williams College, 2018.

38 P. L. Harris, "Children's Understanding of Death: From Biology to Religion," *Philosophical Transactions of the Royal Society B: Biological Sciences* 373, no. 1754 (2018): 20170266.

39 Access the database at https:/childes.talkbank.org/access/Eng-NA/Braunwald.html.

40 P. L. Harris, *The Work of the Imagination* (Oxford, UK: Blackwell, 2000), 168. Chouinard, Harris, and Maratsos, "Children's Questions," 5.

41 S. Isaacs, *Intellectual Growth in Young Children* (London: Routledge and Kegan Paul, 1931); S. Isaacs, *Social Development in Young Children* (London: Routledge, 1933).

42 Isaacs, *Social Development*, quotes on 190, 191, 193.

43 J. Colantonio and E. Bonawitz, "Awesome Play: Awe Increases Preschooler's Exploration and Discovery," OSF Preprints. May 16. doi:10.31219/osf.io/pjhrq.

44 J. McPhetres, "Oh, The Things You Don't Know: Awe Promotes Awareness of Knowledge Gaps and Science Interest," *Cognition and*

Emotion 33, no. 8 (2019): 1599-1615.

45 Chouinard, "Children's Questions"; P. L. Harris, *Trusting What You're Told: How Children Learn from Others* (Cambridge, MA: Harvard University Press, 2012); P. L. Harris, D. T. Bartz, and M. L. Rowe, "Young Children Communicate Their Ignorance and Ask Questions," *Proceedings of the National Academy of Sciences of the United States of America* 114, no. 30 (2017): 7884-7891; K. H. Corriveau and K. Kurkul, "Why Does Rain Fall?": Children Prefer to Learn from an Informant Who Uses Non-circular Explanations, *Child Development* 85 (2014): 1827-1835; K. E. Kurkul and K. H. Corriveau, "Question, Explanation, Follow-Up: A Mechanism for Learning from Others?" *Child Development* 89, no. 1 (2018): 280-294.

46 J. I. Rotgans and H. G. Schmidt, "The Relation between Individual Interest and Knowledge Acquisition," *British Educational Research Journal* 43, no. 2 (2017): 350-371.

2장

* B. Rose, "One of the Most Vital, Radical, and Optimistic Artists in the Past Century, Claes Oldenburg," *Interview* 45, no. 10 (Dec. 2015 / Jan 2016): 150-167, 154.

1 R. Bolton, "Place Prosperity vs. People Prosperity Revisited: An Old Issue with a New Angle," *Urban Studies* 29, no. 2 (1992): 185-203, quote on 194.

2 L. S. Vygotsky, *Thought and Language* (Cambridge, MA: MIT Press, 1962);

S. Engel, *The Stories Children Tell: Making Sense of the Narratives of Childhood* (New York: W. H. Freeman, 1995).

3 M. Root-Bernstein, *Inventing Imaginary Worlds* (New York: Rowman and Littlefield, 2014).

4 S. R. Beck, I. A. Apperly, J. Chappell, C. Guthrie, and N. Cutting, "Making Tools Isn't Child's Play," *Cognition* 119, no. 2 (2011): 301-306.

5 N. Cutting, I. A. Apperly, and S. R. Beck, "Why Do Children Lack the Flexibility to Innovate Tools?" *Journal of Experimental Child Psychology* 109, no. 4 (2011): 497-511.

6 "Overlooked No More: Bette Nesmith Graham, Who Invented Liquid Paper," obituary, *New York Times*, July 11, 2018.

7 D. Faulkner, "Does a Lack of Knowledge Prevent Young Children From Inventing When They Otherwise Could?," Williams College Honors Thesis, 2019.

8 K. Neldner, J. Redshaw, S. Murphy, K. Tomaselli, J. Davis, B. Dixson, and M. Nielsen, "Creation across Culture: Children's Tool Innovation Is Influenced by Cultural and Developmental Factors," *Developmental Psychology* 55, no. 4 (2019): 877-889.

9 L. S. Vygotsky, *Thought and Language*.

10 A. Bell, R. Chetty, X. Jaravel, N. Petkova, and J. van Reenen, "Who Becomes an Inventor in America? The Importance of Exposure to Innovation," *Quarterly Journal of Economics* 134, no. 2 (2018): 647-713.

11 W. Sandford, "Does Language Help Children Invent?," Unpublished Honors Thesis, Williams College, 2020.

12 A similar finding was reported by Elizabeth Bonawitz and her colleagues. Children in their study engaged less in creative

exploration of materials if they had been provided with instruction on a use of those things. E. Bonawitz, P. Shafto, H. Gweon, N. D. Goodman, E. Spelke, and L. Schulz, "The Double-Edged Sword of Pedagogy: Instruction Limits Spontaneous Exploration and Discovery," *Cognition* 120, no. 3 (2011): 322-330.

13 A. Meltzoff, "Understanding the Intentions of Others: Reenactments of Intended Acts by 18-Month-Old Children," *Developmental Psychology* 31, no. 5 (1995): 838-850.

14 A. N. Meltzoff and R. Brooks, "'Like Me' as a Building Block for Understanding Other Minds: Bodily Acts, Attention, and Intention," in B. F. Malle, L. J. Moses, and D. A. Baldwin (eds.), *Intentions and Intentionality: Foundations of Social Cognition* (Cambridge, MA: MIT Press, 2001): 171-191.

15 M. A. Defeyter and T. P. German, "Acquiring an Understanding of Design: Evidence from Children's Insight Problem Solving," *Cognition* 89, no. 2 (2003): 133-155. Also see K. Duncker and L. S. Lees, "On Problem-Solving," *Psychological Monographs* 58, no. 5 (1945), i.

16 The "Alternative Uses Test" was developed by Joy Paul Guilford in the 1960s to measure what he termed "spontaneous flexibility" and is now widely called divergent thinking. J. P. Guilford, "The Structure of Intellect," Psychological Bulletin 53, no. 4 (1956): 267-293.

17 A. Gopnik, S. O'Grady, C. G. Lucas, T. L. Griffiths, A. Wente, S. Bridgers, R. Aboody, H. Fung, and R. E. Dahl, "Changes in Cognitive Flexibility and Hypothesis Search across Human Life History from Childhood to Adolescence to Adulthood," *Proceedings of the National Academy of Sciences* 114, no. 30 (2017): 7892-7899.

18 A. Gopnik and D. M. Sobel, "Detecting Blickets: How Young

Children Use Information about Novel Causal Powers in Categorization and Induction," *Child Development* 71, no. 5, 1205-1222. Also see David Dobbs, "Playing for All Kinds of Possibilities," *New York Times*, April 23, 2013.

19 C. G. Lucas, S. Bridgers, T. L. Griffiths, and A. Gopnik, "When Children Are Better (Or at Least More Open-Minded) Learners Than Adults: Developmental Differences in Learning the Forms of Causal Relationships," *Cognition* 131, no. 2 (2015): 284-299.

20 A. Gopnik, T. L. Griffiths, and C. G. Lucas, "When Younger Learners Can Be Better (Or At Least More Open-Minded) than Older Ones," *Current Directions in Psychological Science* 24, no. 2 (2015): 87-92.

21 Lucas et al., "When Children Are Better."

22 Beck et al. "Making Tools Isn't Child's Play"; Cutting et al., "Why Do Children Lack the Flexibility."

23 V. Horner and A. Whiten, "Causal Knowledge and Imitation/Emulation Switching in Chimpanzees (Pan troglodytes) and Children (Homo sapiens)," *Animal Cognition* 8, no. 3 (2005): 164-181.

24 K. Carr, R. L. Kendal, and E. G. Flynn, "Imitate or Innovate? Children's Innovation Is Influenced by the Efficacy of Observed Behavior," *Cognition* 142 (2015): 322-332.

25 N. Ratner and J. Bruner, "Games, Social Exchange and the Acquisition of Language," *Journal of Child Language* 5, no. 3 (1978): 391-401.

26 F. Subiaul, E. Krajkowski, E. E. Price, and A. Etz, "Imitation by Combination: Preschool Age Children Evidence Summative Imitation in a Novel Problem-Solving Task," *Frontiers in Psychology* 6 (2015), article 1410.

27 M. Nielsen, "Imitation, Pretend Play, and Childhood: Essential Elements in the Evolution of Human Culture," *Journal of Comparative Psychology* 126, no. 2 (2012): 170-181.

28 C. Sunstein and R. Thaler, "The Two Friends Who Changed How We Think about How We Think," review of *The Undoing Project: A Friendship That Changed Our Minds*, by Michael Lewis, *New Yorker*, December 7, 2016.

29 M. Lewis, *The Undoing Project: A Friendship That Changed Our Minds* (New York: W. W. Norton, 2016), 132.

30 M. Eddy, "This 14-Year-Old Prodigy Does Not Want to Be Called 'a New Mozart,'" *New York Times*, June 14, 2019, A8.

3장

* Ursula, quoted in S. Isaacs, *Intellectual Growth in Young Children: With an Appendix on Children's "Why" Questions by Nathan Isaacs* (New York: Harcourt, Brace, 1931; repr. London: Routledge, 2018), 365.

1 P. Gay, Freud: *A Life for Our Time* (New York: W. W. Norton, 1998).

2 Galen, *Works on Human Nature: Volume 1, Mixtures (De Temperamentis)*, trans. P. N. Singer and P. J. van der Eijk (Cambridge, UK: Cambridge University Press, 2018); Hippocrates, *Volume I: Ancient Medicine*, trans. W. H. S. Jones, Loeb Classical Library 147 (Cambridge, MA: Harvard University Press, 1923).

3 A. Abu-Asab, H. Amri, and M. S. Micozzi, *Avicenna's Medicine: A New Translation of the 11th-Century Canon with Practical Applications for Integrative*

Health Care (New York: Simon and Schuster, 2013).

4 H. von Helmholtz, *Helmholtz's Treatise on Physiological Optics Volume* III, ed. J. P. C. Southall (Menasha, WI: Optical Society of America, 1925), 1866.

5 A. Shtulman and J. Valcarcel, "Scientific Knowledge Suppresses But Does Not Supplant Earlier Intuitions," *Cognition* 124, no. 2 (2012): 209-215; K. E. Stanovich and R. F. West, "Reasoning Independently of Prior Belief and Individual Differences in Actively Open-Minded Thinking," *Journal of Educational Psychology* 89, no. 2 (1997): 342-357; J. W. Stigler, K. B. Givvin, and B. J. Thompson, "What Community College Developmental Mathematics Students Understand about Mathematics," *MathAMATYC Educator* 1, no. 3 (2010): 4-16; D. Kuhn, *Education for Thinking* (Cambridge MA: Harvard University Press, 2008).

6 J. W. Astington, P. L. Harris, and D. R. Olson, eds., *Developing Theories of Mind* (Cambridge, UK: Cambridge University Press, 1988).

7 I borrow the term from literary theory. See, for example, T. Todorov, *Mikhail Bakhtin: The Dialogical Principle*, trans. Wlad Godzich (Manchester, UK: Manchester University Press, 1984).

8 Anna Deloi, "Storytellers and Philosophers: How Children Learn to Think about Ideas," Senior Honors Thesis, Williams College, 2018.

9 P. L. Harris, "Children's Understanding of Death: From Biology to Religion," *Philosophical Transactions of the Royal Society B: Biological Sciences* 373, no. 1754 (2018): 20170266.

10 M. Giménez and P. Harris, "Children's Acceptance of Conflicting Testimony: The Case of Death," *Journal of Cognition and Culture* 5, no. 1-2 (2005): 143-164.

11 W. Faulkner, *As I Lay Dying* (New York: Jonathan Cape and Harrison

Smith, 1930).

12 P. Boero, N. Douek, and R. Garuti, "Children's Conceptions of Infinity of Numbers in a Fifth-Grade Classroom Discussion Context," paper presented at the 27th International Group for the Psychology of Mathematics Education Conference, Honolulu, July 2003, vol. 2, 121-128, https://files.eric.ed.gov/fulltext/ED500910.pdf, quotes 125.

13 I. Wistedt and M. Martinsson, "Orchestrating a Mathematical Theme: Eleven-Year-Olds Discuss the Problem of Infinity," *Learning and Instruction* 6, no. 2 (1996): 173-185, quote 179-180.

14 L. Kohlberg, *Essays on Moral Development*, vol. 1: *The Philosophy of Moral Development* (San Francisco: Harper and Row, 1981).

15 P. R. Blake and K. McAuliffe, "'I Had So Much It Didn't Seem Fair': Eight-Year-Olds Reject Two Forms of Inequity," *Cognition* 120, no. 2 (2011): 215-224. P. R. Blake, K. McAuliffe, and F. Warneken, "The Developmental Origins of Fairness: The Knowledge-Behavior Gap," *Trends in Cognitive Sciences* 18, no. 11 (2014): 559-561.

16 C. E. Smith, P. R. Blake, and P. L. Harris, "I Should but I Won't: Why Young Children Endorse Norms of Fair Sharing but Do Not Follow Them," *PLoS One* 8, no. 3 (2013): e59510.

17 C. C. Helwig and U. Jasiobedzka, "The Relation between Law and Morality: Children's Reasoning about Socially Beneficial and Unjust Laws," *Child Development* 72, no. 5 (2001): 1382-1393.

18 M. Schäfer, D. B. Haun, and M. Tomasello, "Fair Is Not Fair Everywhere," *Psychological Science* 26, no. 8 (2015): 1252-1260.

19 W. Damon, *Moral Child: Nurturing Children's Natural Moral Growth* (New York: Simon and Schuster, 2008), quote from 42-44.

20 J. Piaget, *The Child's Conception of the World*, trans. J. Tomlinson and A.

Tomlinson (London: Kegan Paul, Trench, Trubner, 1929).
21 Piaget, *The Child's Conception of the World*, 202.
22 L. P. Butler and E. M. Markman, "Finding the Cause: Verbal Framing Helps Children Extract Causal Evidence Embedded in a Complex Scene," *Journal of Cognition and Development* 13, no. 1 (2012): 38-66.
23 N. Pramling, "'The Clouds Are Alive Because They Fly in the Air as If They Were Birds': A Re-Analysis of What Children Say and Mean in Clinical Interviews in the Work of Jean Piaget," *European Journal of Psychology of Education* 21, no. 4 (2006): 453-466.
24 G. B. Matthews, *Dialogues with Children* (Cambridge, MA: Harvard University Press, 1984).
25 K. Bartsch and H. M. Wellman, *Children Talk about the Mind* (New York: Oxford University Press, 1995), 40.
26 C. Baer and O. Friedman, "Fitting the Message to the Listener: Children Selectively Mention General and Specific Facts," *Child Development* 89, no. 2 (2018): 461-475.
27 I. Bascandziev and P. L. Harris, "The Role of Testimony in Young Children's Solution of a Gravity-Driven Invisible Displacement Task," *Cognitive Development* 25, no. 3 (2010): 233-246.
28 Deloi, "Storytellers and Philosophers."
29 C. A. Schult and H. M Wellman, "Explaining Human Movements and Actions: Children's Understanding of the Limits of Psychological Explanation," *Cognition* 62, no. 3 (1997), 291-324.
30 H. M. Wellman, A. K. Hickling, and C. A. Schult, "Young Children's Psychological, Physical, and Biological Explanations," in H. M. Wellman and K. Inagaki, eds., *The Emergence of Core Domains of Thought: New Directions for Child and Adolescent Development*, no. 75, New

Directions for Child Development series (New York: Jossey-Bass, 1997): 7-25, quotes 21.
31 A. K. Hickling and H. M. Wellman, "The Emergence of Children's Causal Explanations and Theories: Evidence from Everyday Conversation," *Developmental Psychology* 37, no. 5 (2001): 668-683.
32 A. G. Greenwald, "The Totalitarian Ego: Fabrication and Revision of Personal History," *American Psychologist* 35, no. 7 (1980): 603-618.
33 M. R. Banaji and A. G. Greenwald, *Blindspot: Hidden Biases of Good People* (New York: Random House Delacorte, 2013), 34-41.
34 A. G. Greenwald and M. R. Banaji, "The Implicit Revolution: Reconceiving the Relation between Conscious and Unconscious," *American Psychologist* 72, no. 9 (2017): 861-871.
35 M. J. Sandstrom and R. Jordan, "Defensive Self-Esteem and Aggression in Childhood," *Journal of Research in Personality* 42, no. 2 (2008): 506-514.
36 Mark Hensch, "Clinton: We Must Fight 'Implicit Bias,'" *The Hill*, September 26, 2016.
37 L. Wright, *Remembering Satan* (New York: Knopf, 1994); J. Sherman, B. Gawronski, and Y. Trope, *Dual-Process Theories of the Social Mind* (New York: Guilford Press, 2014).

4장

* E. Duckworth, *The Having of Wonderful Ideas and Other Essays on Teaching and Learning* (New York: Teachers College Press, 2006).

1 B. Hart and T. R. Risley, *Meaningful Differences in the Everyday Experience of Young American Children* (Baltimore, MD: Paul H Brookes Publishing, 1995).

2 J. Brooks-Gunn, A. S. Fuligni, and L. Berlin. *Early Child Development in the 21st Century: Profiles of Current Research Initiatives* (New York: Teachers College, 2003).

3 D. A. Phillips and J. P. Shonkoff, eds., *From Neurons to Neighborhoods: The Science of Early Childhood Development* (Washington, DC: National Academies Press, 2000); D. L. Kirp, *The Sandbox Investment: The Preschool Movement and Kids-First Politics* (Cambridge, MA: Harvard University Press, 2009); J. J. Heckman, *Giving Kids a Fair Chance* (Cambridge, MA: MIT Press, 2013).

4 D. Kelemen, "The Magic of Mechanism: Explanation-Based Instruction on Counterintuitive Concepts in Early Childhood," *Perspectives on Psychological Science* 14, no. 4 (2019): 510-522.; D. Kelemen, N. A. Emmons, R. Seston Schillaci, and P. A. Ganea, "Young Children Can Be Taught Basic Natural Selection Using a Picture-Storybook Intervention," *Psychological Science* 25, no. 4 (2014): 893-902; T. Ruffman, L. Slade, and E. Crowe, "The Relation between Children's and Mothers' Mental State Language and Theory-of-Mind Understanding," *Child Development* 73, no. 3 (2002): 734-751.

5 E. Bonawitz, correspondence with author, 2018.

6 Deborah Loewenberg Ball, "Mathematical Knowledge for Teaching," video, accessible at https://www.youtube.com/watch?v=leasL_kk8XM.

7 William Pene du Bois, *Lion* (New York: Viking Press, 1956).

8 C. E. Snow, "Academic Language and the Challenge of Reading for

Learning about Science," *Science* 328, no. 5977 (2010): 450-452; C. E. Snow, P. Uccelli, and C. White, "The Conditions for and Significance of Children's Acquisition of Academic Language," unpublished manuscript; B. A. Fonseca and M. T. Chi, "Instruction Based on Self-Explanation," in *Handbook of Research on Learning and Instruction*, eds. R. E. Mayer and P. A. Alexander, 296-321 (New York: Routledge, 2011); J. Riley and D. Reedy, "Developing Young Children's Thinking through Learning to Write Argument," *Journal of Early Childhood Literacy* 5, no. 1 (2005): 29-51.

9 S. Sengupta, "Becoming Greta: 'Invisible Girl' to Global Climate Activist, with Bumps along the Way," *New York Times*, February 18, 2019.

찾아보기

아이의 생각은 어떻게 만들어지는가?

1판 1쇄 발행 2021년 8월 31일
1판 3쇄 발행 2024년 2월 20일

지은이 수전 엥겔
옮긴이 허성심

펴낸이 김유열 | **디지털학교교육본부장** 유규오 | **출판국장** 이상호 | **교재기획부장** 박혜숙
교재기획부 장효순 | **북매니저** 박성근

책임편집 이만근 | **디자인·일러스트** 말리북 | **인쇄** (주)우진코니티

펴낸곳 한국교육방송공사(EBS)
출판신고 2001년 1월 8일 제2017-000193호
주소 경기도 고양시 일산동구 한류월드로 281
대표전화 1588-1580 | **이메일** ebsbooks@ebs.co.kr | **홈페이지** www.ebs.co.kr

ISBN 978-89-547-5952-6 03370